周锡冰 | 著

浙商
创业法则

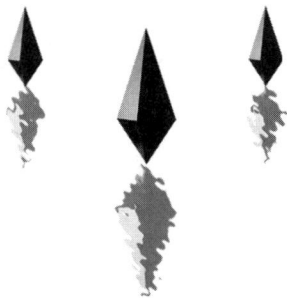

中国出版集团　现代出版社

图书在版编目（CIP）数据

浙商创业法则 / 周锡冰著 . -- 北京：现代出版社，
2023.6
　ISBN 978-7-5231-0282-4

　Ⅰ. ①浙… 　Ⅱ. ①周… 　Ⅲ. ①创业 - 成就 - 浙江
Ⅳ. ① F279.275.5

中国国家版本馆 CIP 数据核字 (2023) 第 068438 号

浙商创业法则

著　　　者：周锡冰
责任编辑：姚冬霞　张　瑾
出版发行：现代出版社
通信地址：北京市安定门外安华里 504 号
邮政编码：100011
电　　话：010-64267325　64245264（传真）
网　　址：www.1980xd.com
印　　刷：三河市宏盛印务有限公司

开　　本：710mm×1000mm　1/16
印　　张：19.5　　　　　　　　字　　数：240 千
版　　次：2023 年 6 月第 1 版　　印　　次：2025 年 5 月第 2 次印刷
书　　号：ISBN 978-7-5231-0282-4
定　　价：52.00 元

绪论　创业者向浙江商人学什么

　　鲲鹏击水三千里，勇立潮头踏浪行。浙江民营企业家凭借"走遍千山万水，想尽千方百计，说遍千言万语，吃尽千辛万苦"的"四千"精神和"白天当老板，晚上睡地板"的"两板"精神，以及一股开拓进取、敢为人先的"弄潮儿"精神，让"天下没有难做的生意"，书写了一个又一个令人叹为观止的精彩传奇。

　　面对原料涨价、一箱难求、逆全球化、中美贸易摩擦、俄乌战争等因素的影响，浙江民营经济的韧性，再一次被证明。在过去的几年时间里，浙江民营企业面临的挑战更甚于过往。在一次次市场的风浪中颠簸前行，在一次次淬炼中越发坚韧，它们是浙江经济社会发展中最活跃的因子。2022年1月7日，浙江召开全省民营经济发展大会，并再一次亮明自己的态度："民营经济是浙江发展的金名片，是浙江经济的最大特色和最大优势，民营企业家是浙江最宝贵的资源、最宝贵的财富。"[1]

　　这三句话道出浙江经济社会发展长期领跑全国的秘诀，浙江的民营经济十分强大，浙江优质民企的发展是全国民企发展的领头羊。2022年9月7日，全国工商联发布2022中国民营企业五百强榜单，大考成绩出炉——107家

---

　　[1]　金梁，方臻子，拜喆喆.不惧风浪再起航　浙江推进民营经济高质量发展［N］.浙江日报，2022年1月10日.

浙江企业入围，入围企业数量连续 24 年名列全国首位。并且，2022 年浙江入围企业的总营业收入也超过广东，跃居全国第一。①

根据澎湃新闻披露的统计数据显示，2022 年 5 月以来，规模以上工业中，民营企业加快恢复，增长速度持续高于规模以上工业企业。2022 年，民营企业增加值 15385 亿元，比 2021 年增长 5.2%，增速高于规模以上工业企业 1.0 个百分点，占规模以上工业的 70.3%，比重比上年提高 0.8 个百分点，拉动规模以上工业增加值增长 3.5 个百分点，贡献率达 83.2%。2022 年，民间投资增长 4.7%，占全部固定资产投资的 56.4%，拉动全部投资增长 2.8 个百分点，增长贡献率 30.2%。其中，民间制造业投资增长 16.3%。2022 年，民营企业进出口增长 16.9%，占全省 78.3%，比重提升 2.5 个百分点，拉动全省进出口增长 12.8 个百分点，增长贡献率 97.7%。2022 年 1 月至 11 月，规模以上服务业企业中，民营企业营业收入同比增长 4.4%，高于规模以上服务业增速 1.6 个百分点，拉动规模以上服务业营业收入增长 2.3 个百分点，增长贡献率为 82.9%。2022 年，浙江全省新设企业中民营企业 46 万户，占新设企业数的 93.5%。在册民营企业 308 万户，个体户 604 万户，合计占市场主体的 96.8%。②

十四届全国人大一次会议闭幕后，国务院总理李强出席记者会并回答中外记者提问。新加坡《联合早报》记者杨丹旭向李强总理提问："您早年当过温州市委书记，温州市以及您后来任职的浙江、江苏以及上海都是中国民

---

① 方臻子 . 连续 24 年! 浙江蝉联中国民营企业 500 强"榜一"［N］. 浙江日报，2022 年 9 月 8 日 .

② 彭艳秋 . 2022 年浙江 GDP 为 77715 亿元，同比增 3.1%［EB/OL］. 2023 年 1 月 19 日 . https：//www.thepaper.cn/newsDetail_forward_21626517.

营经济非常发达的地方，您对民营经济有很深的了解。请问您认为中国还需要采取哪些措施提振民企的信心、支持民企的发展？还有哪些地方做得不够、需要补齐？"

李强总理的回答令关注记者会直播的浙商群体深感振奋，全国人大代表、德力西集团董事局主席胡成中说道："温州是民营经济的主要发祥地之一，李总理作为从温州走出来的领导干部，对民营经济有着深厚感情，对民营经济发展历程也非常熟稔。总理提到的'四千'精神，我是亲身经历者，这次在中外记者见面会上听他再次提起，感慨万千。1977年，我还是个16岁的小伙子，怀着改变命运、致富亲友的梦想，第一次走出温州，寻觅商机。经历的种种坎坷和艰难，正如'四千'精神概括的那样。那时候跟我一样奔走在全国各地的温州年轻人，号称'十万供销大军'。这批人实际上也是'地瓜经济'的早期先行者，在外开阔了眼界、积攒了资金和人脉，后来又回到家乡投资办厂，成就了温州作为民营经济的发展高地。今天，民营经济的发展环境已经今非昔比，民营企业的发展水平也是天翻地覆。但正如总理所说，以'四千'精神为代表的民营企业披荆斩棘的创业精神永远不会过时。过去我们为了致富而奋斗，今天我们更要为产业振兴、国家强盛、民族复兴而奋斗。党和国家把我们当'自己人'，这份温暖将一直激励我们坚守主业、做强实业，为国家发展和人民幸福做出更大贡献。"①

与胡成中一样，浙江省政协委员、耀有光科技集团董事长李捷听到"四千"精神备受感动和鼓励："20世纪80年代温州人吼出了'四千'精神，

---

① 孙岚.总理记者会重提"四千精神"，浙商有话说……[EB/OL].2023年3月14日. https://news.hangzhou.com.cn/zjnews/content/2023-03/14/content_8491675.htm.

作为一名温州人，今天（2023年3月13日）再次从李强总理口中听到'四千'精神，我备受感动和鼓励。近些年，一些地方多变的营商环境、复杂的国际形势等确实对民营经济产生了不小的冲击。国内形势上，目前，企业的运营成本越来越高。同时，网络上出现的一些极端分子，攻击、污名化民营企业家的言论，对民营企业家的精神也是一个沉重的打击；国际形势上，可以说，中美贸易战虽然没有赢家，但对我们国内的实体经济打击也确实是存在的，让人措手不及。为了应对当前的国际形势，政策推动经济双循环，我们需要时间来构建新发展格局。在经济发展领域，新赛道大多与世界科技发展前沿相关，往往源于重大技术创新和转化应用，因此我们不仅要利用好以技术引进为主的'后发优势'，更要强调打造以自主创新为主的核心优势，发挥好我国市场规模、产业基础和组织优势，拥抱新一轮科技革命和产业变革。同时，借助历史机遇带来的'机会窗口'，培养全球视野，不断试水，实现新赛道上的超车，在新的全球性科技和产业竞争中抢占先机、赢得主动。"[1]

全世界的眼球都会聚于此之时，李强总理以"四千"精神寄语民营企业家，足见其分量之重。当然，李强总理呼唤民营企业家谱写新的创业史，意在：

第一，让更多的中国企业"走出去"，拓展全球市场，以此来提升中国企业在全球市场的竞争力和话语权。根据澎湃新闻披露的统计数据显示，作为外贸大省，2022年浙江进出口规模持续扩大，进出口、出口、进口分别为4.68万亿元、3.43万亿元和1.25万亿元，比2021年分别增长13.1%、14.0%和10.7%，

---

[1] 孙岚.总理记者会重提"四千精神"，浙商有话说……［EB/OL］.2023年3月14日.https://news.hangzhou.com.cn/zjnews/content/2023-03/14/content_8491675.htm.

规模分别居全国第三、第三和第六位，对全国的增长贡献率分别为 18%、18.5% 和 16.3%，其中，出口的贡献率居全国首位，进出口、进口贡献率居全国第二位。对东盟、欧盟、美国进出口分别增长 19.6%、10.3% 和 5.4%，对"一带一路"沿线国家、RCEP 其他成员国进出口分别增长 21.3% 和 12.5%。①

由此可见，有浙江人的地方就有生意，有生意的地方就有浙江人，没有什么能阻挡浙江人把商品卖到全世界。他们不怕生意做得小，只要有得赚，几分几厘也不嫌少；他们不怕路途远，一根扁担也能把货挑到西北的戈壁滩；他们不怕有危险，冒着炮火也愿用脚步丈量世界。只要把人的主观能动性激发出来，什么事情都能做成，一切皆有可能。②

第二，打破美国在科技战中对中国的"卡脖子"问题。(1)中国政府大力推动培育"小巨人"和"单项冠军"企业计划，促进关键技术领域的自给自足。(2)重新分配资金，提高中国在一系列技术领域的自给自足能力和该行业的主导地位。中国正通过工业和信息化部管理的两个项目来达到这个目标，包括为一些被评选为"小巨人"的企业提供支持。这些企业是工信部认为拥有掌握核心技术潜力的小型专业化企业。另一个被称为"单项冠军"的计划旨在识别和支持那些已经或即将成为全球重要细分市场排头兵的中国企业。"小巨人"和"单项冠军"名单上包括多家航空航天、可再生能源、电子和半导体等新兴领域企业。③

① 姚似璐．浙江去年 GDP 增 3.1% 达 77715 亿元，民营经济贡献大［EB/OL］. 2023 年 1 月 19 日．https://www.thepaper.cn/newsDetail_forward_21626619.

② 之江轩．再提"四千"精神，有何深意［EB/OL］. 2023 年 3 月 14 日. http://zjnews.china.com.cn/cncao/pz/2023-03-14/370412.html.

③ 联合早报．华尔街日报：为应对美国科技围堵 中国大力培育"小巨人"和"单项冠军"企业计划［N］.联合早报. 2023 年 3 月 20 日.

第三，落地"专精特新"企业战略，藏富于民，实现共同富裕的中国国家战略目的。所谓"专精特新"企业是指具有"专业化、精细化、特色化、新颖化"特征的工业中小企业，企业规模符合国家《中小企业划型标准》(工信部联企业〔2011〕300号) 的规定。(1)"专"是指采用专项技术或工艺通过专业化生产制造的专用性强、专业特点明显、市场专业性强的产品。其主要特征是产品用途的专门性、生产工艺的专业性、技术的专有性和产品在细分市场中具有专业化发展优势。(2)"精"是指采用先进适用技术或工艺，按照精益求精的理念，建立精细高效的管理制度和流程，通过精细化管理，精心设计生产的精良产品。其主要特征是产品的精致性、工艺技术的精深性和企业的精细化管理。(3)"特"是指采用独特的工艺、技术、配方或特殊原料研制生产的，具有地域特点或具有特殊功能的产品。其主要特征是产品或服务的特色化。(4)"新"是指依靠自主创新、转化科技成果、联合创新或引进消化吸收再创新方式研制生产的，具有自主知识产权的高新技术产品。其主要特征是产品 (技术) 的创新性、先进性，具有较高的技术含量，较高的附加值和显著的经济、社会效益。①

对于"专精特新"中小企业的申报，主要分为两种：一种是通过省级工信主管部门认定的"专精特新"企业，现改名"专精特新"中小企业；另一种是通过国家工信部认定的"专精特新"企业，统一称为国家级"专精特新小巨人"企业。一般来说，只有通过省级部门认定的"专精特新"企业，才具有申报国家级"专精特新小巨人"企业的资格。

---

① 湖北省经济和信息化厅. 什么是"专精特新"？[EB/OL]. 2022年10月20日. http://jxt.hubei.gov.cn/bmdt/ztzl/zjtx/kpzs/202210/t20221020_4359334.shtml.

对于"专精特新"企业战略，2022年4月5日，浙江省人民政府办公厅在浙政办发〔2022〕19号《浙江省人民政府办公厅关于大力培育促进"专精特新"中小企业高质量发展的若干意见》（以下简称《意见》）披露，浙江省以数字化改革为牵引，深入实施新一轮制造业"腾笼换鸟、凤凰涅槃"攻坚行动，健全完善"专精特新"中小企业梯度培育机制，引导支持中小企业专业化、精细化、特色化、创新型发展，为打造全球先进制造业基地、高质量发展建设共同富裕示范区提供坚实保障。

与此同时，浙江省还制定了相关的培育目标。《意见》提到，到2025年，累计培育创新型中小企业5万家以上、省级"专精特新"中小企业1万家以上、省级"隐形冠军"企业500家、国家级"专精特新小巨人"企业1000家，新增国家制造业单项冠军企业130家左右，打造成为补链强链和引领经济高质量发展的中坚力量，推动"专精特新"中小企业培育发展工作继续走在全国前列。

这就意味着浙江省和浙江民营企业家参与全球市场竞争的力度从未衰退。40多年前，浙江被称为"三无"省份，在自然资源、国家扶持、政策优惠方面无任何优势。当时，浙江土地面积仅为全国的1.1%，人口为全国的3.8%，人均资源拥有量仅相当于全国平均水平的11.5%，居全国倒数第三。短短几十年，浙江经济总量就从全国十多位跃升到如今的全国第四位，成为中国经济发达的省份之一。"浙江之所以能，既是靠改革开放的时代机遇，也是靠浙江人敢闯敢拼敢干的一股子气、一股子劲。"[1]

---

[1]　之江轩.再提"四千"精神，有何深意［EB/OL］.2023年3月14日.http://zjnews.china.com.cn/cncao/pz/2023-03-14/370412.html.

不可否认的是，没有改革开放，就没有这一批民营企业家。财经作家吴晓波曾经写道："尽管任何一段历史都有它不可替代的独特性，可是，1978—2008年的中国，却是最不可能重复的。在一个拥有近13亿人口的大国里，僵化的计划经济体制日渐瓦解了，一群小人物把中国变成了一个巨大的试验场，它在众目睽睽之下，以不可逆转的姿态向商业社会转轨。"

2016年5月，在接受《新华每日电讯》记者专访时，任正非坦言："华为的发展得益于国家政治大环境和深圳经济小环境的改变，如果没有改革开放，就没有我们的发展。'深圳1987年18号文件'明晰了民营企业产权。没有这个文件，我们不会创建华为。"

对于中国改革开放，美国《纽约时报》(The New York Times)报道称，"中国大变革的指针正轰然鸣响"。《纽约时报》的观点不无道理，中国几千年的历史其实就是一部改革与革命不断交替的历史。

纵观中国历史，从秦到清的多个帝国王朝中，改革成功者寥寥无几，而革命成功者"多如繁星"，使得改革的作用常被忽视，其中一个原因是改革不如激进的革命那般波澜壮阔和惊心动魄。经济学家许小年直言："对于社会的发展、对于中华文明的成长、改革给民族和国家带来的影响，远远超过那些成功的革命。那些成功的革命大多是改朝换代，重复循环，没有对中国社会的演进产生实质性影响，而成功的改革却带来了深刻的和实质性的变化。"

在许小年看来，历史发展到今天，改革的作用仍然巨大，许小年举例道："在1978年开始的农业改革中，我们解散了人民公社，实行家庭联产承包责任制，从根本上改变了农民的激励机制，调动了农民的生产积极性。城镇经济改革和鼓励民营企业的着眼点同样在激励机制，由利润驱动企业家，由绩效工资激励工人，同时对外、对内开放，允许资源较为自由地流动。"

一般地，人们把"开放"的着力点理解为对外的开放，其实开放分为对内和对外两种。对内开放的作用常被忽略，事实上，对内的开放，其重要性丝毫不亚于对外的开放。许小年教授解释道："取消国家计划委员会，取消指令性计划后，资源摆脱了行政部门的束缚，在市场价格信号的指导下，朝着最有效率的地方配置，从低效的农业流入高效的城镇工商业，从低效的国有部门流入高效的民营企业。激励机制和资源配置方式的改变带来了总体经济效率的提高，表现为国内生产总值的高速增长。"[①]

对于对内开放的作用，作为参与者的海尔集团创始人、董事局名誉主席张瑞敏更是感触颇深："改革开放 40 年最大的成就是什么？是生产力的极大增长。但本质是什么？其实是对人的积极性的解放。积极性来自哪里？从制度看，一个是要满足参与约束，一个是要满足激励相容[②]。改革开放前很多人没有机会，改革开放后都有机会了。"

在改革开放前，不管干多少，农民就是挣不够 360 斤口粮，工人就是挣死工资。张瑞敏回忆道："我刚开始工作是在'文革'期间，很多工人十几年没有涨一分钱的工资，生产投入和成就没有任何关系。改革开放改变了这一点，所以是对人性的极大解放。"[③]

---

① 许小年：中国历代变法为何只有商鞅和邓小平成功了［EB/OL］. 2017 年 2 月 20 日. http://finance.sina.com.cn/roll/2017-02-20/doc-ifyarrcf4991942.shtml.

② 参与约束是指行为人参加工作的收益不小于不参加工作的收益；激励相容是指人都有自利的一面，要让其追求个人利益的行为正好与企业价值最大化的目标相吻合。

③ 秦朔. 秦朔专访张瑞敏：听中国商界的苏格拉底详解人单合一［EB/OL］. 2017 年 9 月 20 日. https://tech.sina.com.cn/csj/2017-09-20/doc-ifykywuc7820218.shtml.

专题片《我们走在大路上》第九集《改革春潮》回顾了改革开放初期中国私营经济蓬勃兴起的故事。温州姑娘章华妹在那个时候拿到了改革开放后的第一张个体工商业营业执照。

1980 年 12 月 11 日，敢为人先的 19 岁的浙江省温州籍姑娘——章华妹勇闯商海，领到了温州市工商行政管理局颁发的"东工商证字第 10101 号"营业执照，见图 0-1。

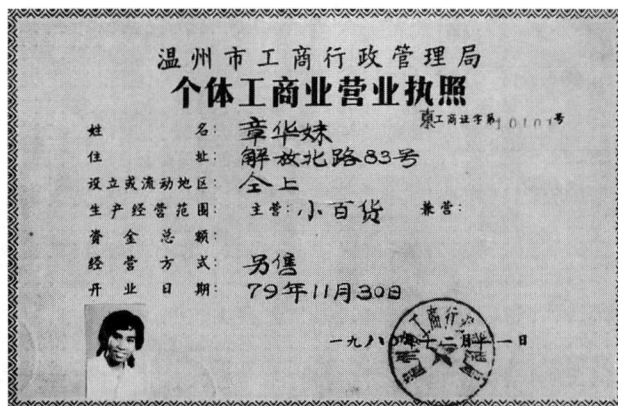

资料来源：澎湃新闻网

图 0-1 改革开放后颁发的第一张个体工商业营业执照

这张用毛笔字填写并附有章华妹照片的营业执照见证了中国改革开放的新浪潮，其历史意义非同小可，因为它是由政府颁发的第一张个体工商户营业执照，章华妹成了中国改革开放后第一个合法的个体经营户。

今天的人们很难想象照片上这个扎着两个麻花辫、绽放着灿烂笑容的年轻姑娘，竟然是中国改革开放第一批敢于"吃螃蟹"的人。

当时，温州姑娘章华妹家境不是很富裕，母亲生病，父亲每月的工资仅有 30 多元。30 多元的收入要想养活一家 9 口人实在不是一件容易的事情。

在计划经济时代，普通年轻人的出路不外乎三种——考大学、到工厂上班、在家待业，工作完全是国家分配，就业机会十分稀少。章华妹的父母退休后，两个哥哥顶替了上班名额，章华妹只能待业在家，自谋出路。

1979 年，一些温州人迫于生计，尝试在自家门口摆个地摊，销售一些日常生活用品，章华妹的父亲头脑比较灵活，也鼓励 18 岁的章华妹做些小生意。

在这样的背景下，章华妹学着街坊的样子，在自家门口摆放一张小桌子，出售一些针线、纽扣、表带、纪念章等小商品。这样的尝试得到了回报，章华妹一个月可以挣到 20 多元。章华妹非常开心。

在计划经济时代，个体经商属于"投机倒把"行为，地方政府专门设立"打击投机倒把办公室"，工作人员时常在街上巡查，一旦抓住像章华妹这样的"投机倒把分子"，通常就会罚款、没收商品。

一发现巡查人员，章华妹就赶紧收摊关门，等他们走了再把商品摆放好。"像这样的东西摆在外面，同学、朋友看到我都躲得远远的。"章华妹回忆说，"当时我们温州成立了一个'打击投机倒把办公室'，他们一过来，我们就赶紧把东西拿回家里，或者跑到巷子里。"

像章华妹这样的"投机倒把分子"在当时的温州有很多。温州三面环山，一面靠海，资源匮乏，交通闭塞。改革开放之初，当地就业难问题十分突出，回城知青需要工作，转业军人需要工作，本地青年也需要工作。于是，精明、务实的温州人悄悄地寻找起了出路。据当地政府掌握的数据，到 1980 年，整个温州市已有 2000 多个无证商贩。[①]

---

① 郭兴. 走在大路上·细节 用毛笔书写的中国第一张"个体户"执照［EB/OL］. 2019 年 9 月 20 日. https://www.ccdi.gov.cn/yaowen/201909/t20190920_201014.html.

此外，这样的经营者在当时很受歧视。在计划经济时代，温州人和其他地方的人一样，认为只有去机关、工厂上班才算是体面的工作，看不起做小生意的自谋出路的经营者。

章华妹摆摊后，很多朋友、同学不再和章华妹说话，即使在路上碰见有些人也不理睬她。这让当时的章华妹十分难过。

为了家人的生计，章华妹也不能去计较，但是有一天，情况有了些许改变。正在摆摊的章华妹看到一个工作人员朝她走来，她正要收摊，却被来人叫住并告诉她，现在国家政策放开了，私人可以做买卖了，她来工商局登记领个营业执照，就可以合法经营了。[①]

接到办理营业执照的通知，章华妹欣喜之余，有些犹豫：办理营业执照，必然会登记在册，以后再"割资本主义尾巴"时，营业执照就会成为"铁证"。

章华妹犹豫不决时，得到父亲的大力支持。其父深信，既然国家说要改革开放发展经济，办理营业执照断然不会有错。

在父亲的支持下，章华妹第二天就去鼓楼工商所，填写了注册信息，提交了两张照片。过了一段时间，章华妹领到了温州市东城工商局发的编号为"东工商证字第 10101 号"的个体工商业营业执照。营业执照的注册信息是用毛笔填写的：

姓名：章华妹

住址：解放北路 83 号

---

① 郭兴 . 走在大路上·细节　用毛笔书写的中国第一张"个体户"执照［EB/OL］. 2019 年 9 月 20 日 . https://www.ccdi.gov.cn/yaowen/201909/t20190920_201014.html.

设立或流动地区：同上

生产经营范围：主营小百货

经营方式：零售

开业日期：1979 年 11 月 30 日

营业执照的左下角贴有章华妹的照片，右下角的发证日期为 1980 年 12 月 11 日，盖有温州市工商行政管理局的公章。①

章华妹勇敢地领取了营业执照，把它高高挂了起来。之前，章华妹的同学见了她都把脸转过去。章华妹当时并没有意识到，她领到的是中国改革开放后第一张个体工商业营业执照，更没有意识到，他们这些做小生意的个体户已成为中国改革开放的排头兵。不久，社会上就有了这样的顺口溜："政治上是光荣户，生产上是斗争户，倒不如去当个体户。"②

穷则思变的浙江人，善于捕捉商业机会的洞察力，拥有敢闯、敢拼、敢干的一股子气、一股子劲，也就是传统的"四千"精神。所谓"四千"精神，是指浙江人民在特定历史阶段勇闯改革大潮的一种精神状态。"走遍千山万水"，才能穷尽一切发展的机会；"说遍千言万语"，才能寻求一切合作的可能；"想尽千方百计"，才能找到各种成功的办法；"吃尽千辛万苦"，才能看到风雨过后的彩虹。③

---

① 郭兴.走在大路上·细节　用毛笔书写的中国第一张"个体户"执照［EB/OL］.2019 年 9 月 20 日.https：//www.ccdi.gov.cn/yaowen/201909/t20190920_201014.html.

② 刘青松.人民不会永远沉默：真话［M］.北京：九州出版社，2009.

③ 之江轩.再提"四千"精神，有何深意［EB/OL］.2023 年 3 月 14 日.http：//zjnews.china.com.cn/cncao/pz/2023-03-14/370412.html.

当然，"四千"精神涵盖浙江商人的诸多共同点，例如商业嗅觉敏锐，敢于冒险，从小生意做起，诚信为本，吃苦耐劳，崇尚节俭，上阵父子兵，穷则思变，精打细算，抱团打拼，重商精神，团结立会，快人一步，读懂消费者需求……想当初，温州民营企业创业时，很多人"白天当老板，晚上睡地板"是常有的事；绍兴很多乡镇企业创办伊始，缺少资金、设备、技术、人才，等等，许多厂长和供销人员攻克一个又一个难关；为了解决资金难题，台州人靠"出硬股、打天下"，开了中国股份合作办企业的先河；为了破解技术瓶颈，萧山、慈溪一带的乡镇企业聘请"星期日工程师"，让先进理念和先进技术流动起来；在义乌、永康等地，很多人勇闯天涯、四海为家，"用拨浪鼓摇出大市场"，在"五金工匠走四方、府府县县不离康"中把手艺传遍天下。[1]

正是在"四千"精神的激励下，浙江的"老板"从一个个小生意做起，凭着对市场的灵敏嗅觉，敏锐发现商机、善于把握时机、主动捕捉契机，将"小生意"谈成了"大买卖"，"小商品"汇成了"大市场"，"小作坊"变成了"大企业"，赢得了把生意做遍天下的美名。"四千"精神造就了鲁冠球、步鑫生、宗庆后、徐冠巨、南存辉、李书福等一大批叱咤商海的风云人物，同时也滋养了千千万万个开着小店、网店的"草根"老板，书写了浙江民营经济发展的传奇。[2]

美国财经杂志《福布斯》2022年11月10日发布2022年福布斯中国富豪榜，在上榜的400名富豪中，农夫山泉创始人钟睒睒以623亿美元净资产

---

① 之江轩. 再提"四千"精神，有何深意［EB/OL］. 2023 年 3 月 14 日 . http：// zjnews.china. com.cn/cncao/pz/2023-03-14/370412.html.

② 同①。

位居首富之位。①（见表 0-1）

表 0-1　2022 年福布斯中国富豪榜浙江人榜单

排名	姓名	财富（亿美元）	年龄	财富来源	居住地
1	钟睒睒	623	67	农夫山泉 / 万泰生物	杭州
5	马云	206	58	阿里巴巴	杭州
8	丁磊	187	51	网易	杭州
14	李书福	147	59	吉利控股	杭州
24	罗立国	102	66	合盛硅业	宁波
41	张和君	72	70	德业股份	宁波
45	宗庆后	69.5	77	娃哈哈集团	杭州
47	李水荣	68	66	荣盛控股	杭州
51	林建华	65	60	福斯特	杭州
52	邬建树	64	58	拓普集团	宁波
59	马建荣	57.5	57	申洲国际	宁波
65	王峻适	52	73	锦浪科技	宁波
77	阮学平	46.5	50	公牛集团	宁波
78	阮立平	46	58	公牛集团	宁波
87	尤小平	41.5	64	华峰集团	温州
89	阮洪良	40.8	61	福莱特	嘉兴

2022 年 9 月 7 日，全国工商联发布 2022 年中国民营企业五百强榜单。浙江 107 家企业入围中国民营企业五百强，94 家入围中国制造业民营企业五百强，16 家入围中国服务业民营企业一百强。入围中国民营企业五百强

① 福布斯中国 .2022 福布斯中国内地富豪榜［EB/OL］. 2023 年 3 月 23 日 . https://www.forbeschina.com/lists/1795.

数量连续 24 年居全国首位。

由此可见，李强总理重提浙江"四千"精神，不仅是肯定浙江民营企业在国家中的贡献，同时也是在给深受逆全球化、中美贸易摩擦、俄乌战争、疫情影响的企业家鼓劲。

根据《经济观察报》的报道数据，改革开放 40 余年来，中国民营经济从小到大、从弱到强，不断发展壮大。截至 2017 年底，我国民营企业数量超过 2700 万家，个体工商户超过 6500 万户，注册资本超过 165 万亿元。概括起来说，民营经济具有"五六七八九"的特征，即贡献了 50% 以上的税收，60% 以上的国内生产总值，70% 以上的技术创新成果，80% 以上的城镇劳动就业，90% 以上的企业数量。相比之下，公有制经济的相对贡献率是"五四三二一"。截至 2022 年 9 月底，中国有 1.6 亿户市场主体，其中个体工商户达 1.1 亿户。其中各类公司（含有限责任公司与股份有限公司）近 5000 万家。①

英国作家查尔斯·狄更斯（Charles Dickens）在《双城记》一书中说："这是最好的时代，也是最坏的时代。"（It was the best of times，it was the worst of times.）对于那些创业者或者打算创业的人来说，眼下正是"创业最好的时代，也是最坏的时代"。

这里说是创业最好的时代，主要是对那些准备充分、思维敏锐、敢想敢干的创业者而言。而最坏的时代，主要指在商品经济大潮的冲击下，许多创业者或者想创业的人尽管创业热情很高，但由于毫无准备，或者畏首畏尾，

---

① 王雅洁.中国人民大学法学院教授刘俊海：建议将《民营经济促进法》列为一号立法 [N].经济观察报，2023 年 3 月 12 日.

结果不是投资失败，就是管理不善而步履维艰，甚至惨遭淘汰。

很多人畏首畏尾，出于诸多原因而放弃创业，这样的人即使拥有微软创始人比尔·盖茨和李嘉诚一样的创业项目，也最多是一闪而过的想法而已。而浙江商人创业，凭借"艰苦奋斗、敢闯敢干、勇于创新、团结共进"的创业精神，创造了新中国一个又一个财富神话。由此可见，"四千"精神是浙江人民宝贵的精神财富。正如习近平著作《之江新语》中的《不畏艰难向前走》一文所说："浙江之所以能够由一个陆域资源小省发展成为经济大省，正是由于以浙商为代表的浙江人民走遍千山万水、说尽千言万语、想尽千方百计、吃尽千辛万苦，正是由于历届党委、政府尊重群众的首创精神，大力支持，放手发展。"①

---

① 之江轩. 再提"四千"精神，有何深意［EB/OL］. 2023 年 3 月 14 日. http：//zjnews.china.com.cn/cncao/pz/2023-03-14/370412.html.

目 录
CONTENTS

01

第一部分

穷则思变，发现机会

改革的第一拨春潮中，浙江第一支生力军偏偏是从地势险峻、大山深处沟壑纵横的最贫困地区崛起。当年，游走天下的 650 万浙商，70% ~ 80%来自浙江南部，这个特征在世界半径都非常罕见。而且他们 80% 是农民出身，80% 是初中以下文化水平。从贫困出发、实现绝地反击的浙商，深刻显现出"共同富裕"的特征。同时量大面广的浙商带动群体共富，使得浙江显现出了叠加效应的共同富裕。

　　——澎湃新闻副总编辑、浙商总会新媒体委员会轮值主席　胡宏伟

第一章　与时俱进

浙商向来商业嗅觉灵敏。哪个地方的商机刚冒出小苗，浙商都能捕捉到，并和当地的有识之士共同灌溉，将小苗培育成参天大树。

——上海浙商会执行会长、上海致达科技（集团）股份有限公司董事长　严健军

打破禁锢

1978年5月11日，《光明日报》头版刊发特约评论员文章《实践是检验真理的唯一标准》，文章指出，检验真理的标准只能是社会实践，任何理论都要不断接受实践的检验。由此引发了一场关于真理标准问题的大讨论。这场讨论，推动了全国性的马克思主义思想解放运动，是党的十一届三中全会实现新中国成立以来我党历史上具有深远意义的伟大转折的思想先导，[①]为改革开放拉开思想解放的序幕。

---

① 光明日报网上报史馆. 发表《实践是检验真理的唯一标准》[EB/OL]. 2009年6月1日. https://www.gmw.cn/history/2009-06/01/content_933695.htm.

在改革开放政策的指引下，中国政府破除所有制问题上的传统观念束缚，为非公有制经济发展打开了大门，激活了尘封20余年的以私有制为核心的民营企业之路，同时也给浙江创业者登上历史舞台、实现自我价值，提供了千载难逢的机会。

1979年，中共中央、国务院批转第一个有关发展个体经济的报告："各地可根据市场需要，在取得有关业务主管部门同意后，批准一些有正式户口的闲散劳动力从事修理、服务和手工业者个体劳动。"①

作为改革开放前沿阵地、商业经济重镇的浙江省，率先扬帆起航，如同久旱逢甘霖般开始恢复勃勃生机。1980年，在台州，一个叫李书福的19岁青年也踏上了自己的创业之旅，撬开创业的窄门。李书福敢于在"铁饭碗"盛行的时代从事个体工商业，一个重要的原因就是洞察到党的十一届三中全会的政策风向。

1978年12月18日至22日，党的十一届三中全会正在进行激烈的讨论。据了解，出席会议的中央委员169人、候补中央委员112人。1978年12月22日晚上，十一届三中全会举行闭幕大会。大会通过关于增补中央委员、中央政治局委员、中央政治局常委和副主席，大会讨论了加快农业生产问题和1979年、1980年两年国民经济计划的安排，通过《中国共产党第十一届中央委员会第三次全体会议公报》。1978年12月24日，《人民日报》第一版刊发《中国共产党第十一届中央委员会第三次全体会议公报》。公报明确表示："把全党工作的着重点和全国人民的注意力转移到社会主义现代化建

---

① 郭兴 . 走在大路上·细节　用毛笔书写的中国第一张"个体户"执照［EB/OL］. 2019年9月20日. https://www.ccdi.gov.cn/yaowen/201909/t20190920_201014.html.

设上来。"

不久前的 1978 年 11 月 24 日晚上,四川省、安徽省的农村正在拉开中国改革开放的序幕。在这场运动中,以凤阳县凤梨公社小岗村的"家庭联产承包责任制"掀起了变迁的盖头。1978 年 11 月 24 日晚上,在凤阳县凤梨公社小岗村西头严立华家低矮残破的茅屋里,挤着 18 位"大包干"带头人,分别是关延珠、严立富、严立华、严立坤、严金昌、严家芝、严学昌、严立学、严俊昌、严美昌、严宏昌、严付昌、严家其、严国品、关友申、关友章、关友江、韩国云。(见图 1-1)

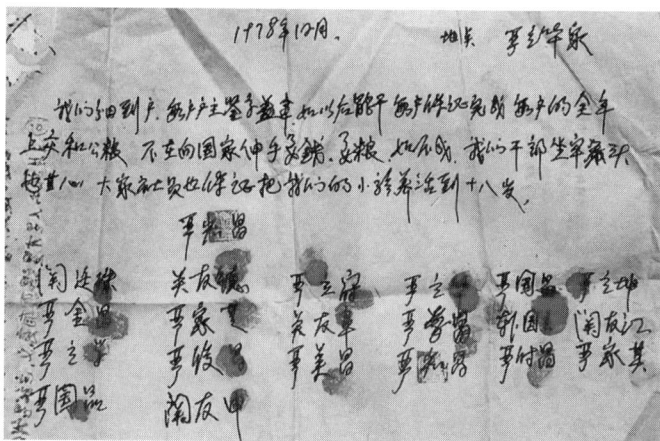

资料来源:环球网

图 1-1　1978 年冬,安徽凤阳县小岗村的 18 位农民签下"生死状"

他们聚集在严立华家,主要讨论土地承包问题。经过一系列的讨论,达成了一份不到百字的包干保证书。其中最主要的内容有三条:一是分田到户;二是不再伸手向国家要钱要粮;三是如果干部坐牢,社员保证把他们的小孩儿养活到 18 岁。

在此次关乎 18 人前途和命运的会上,队长严俊昌特别强调,"我们分田到户，瞒上不瞒下，不准向任何人透露"。

中华人民共和国成立后，经过轰轰烈烈的社会主义改造运动，私有制度已经被消灭，农村的土地归集体所有。此次土地承包给家庭，需要承担法律风险，尤其是干部。

让 18 位"大包干"带头人没有想到的是，正是他们敢为天下先的精神，冒天下之大不韪的举动，拉开了中国农村改革的序幕，成为一个影响中国历史的伟大壮举。1979 年 10 月，小岗村土地承包证明了其活力，当年粮食总产量 66 吨，相当于全队 1966 年到 1970 年 5 年粮食产量的总和。

小岗村的活力释放，给沉闷的中国农村改革提供了一个范本。此刻，还在读初中的李书福已经嗅到中国改革开放的信号，为他日后的创业做好了准备。李书福说道："上初中一年级时，党的十一届三中全会召开，改革开放的浩荡春风吹遍神州大地，吹进了校园和乡村。虽然我沉浸在放牛的快乐生活之中，但改革开放的春雷在我心中激起千层浪花，散发无穷涟漪，农村的土地可以承包经营，农民可以离土不离乡地搞乡镇企业，甚至还允许搞个体私营经济，我真以为自己的耳朵出了毛病，天下还有这样的大好事？因此，我无心上学了，开始研究党的十一届三中全会以来的一系列文件，一系列方针和政策。三年初中学业我用了两年时间就匆匆完成了，以优异的成绩考上了路桥中学尖子班。"

1982 年，19 岁的李书福高中毕业，此刻的他迫不及待地开始创业尝试。李书福说道："随着改革步伐的不断加快，我对高中学习失去了耐心，人在学校，心在游离，引起我父亲的极度不满，几次受到惩罚。高中还没有毕业，我就开始规划参与市场经济活动的各种梦想。"

多年后，李书福在接受媒体采访时说道："党的十一届三中全会召开的时候我正上初中，听大人们在讲可以把土地分给农民，还可以从事商业活动，从事经济活动。那时候就没有心思上学了。当时我就猜中国改革开放的潮流要来了。"①

说干就干，李书福大胆地向父亲借了120元，购买了一款海鸥牌的照相机。结果"出师未捷身先死"，李书福购买的照相机居然被人偷走了，首次创业项目还没展开就夭折了。

面对首次创业的血本无归，李书福没有气馁，而是执着地再试一次。在李书福看来，自己能够感知时代的大势。李书福说道："对变化的世界要有自己的客观判断，判断明天有可能发生什么……我拍照片时虽然没有营业执照，但是做这件事情是符合改革方向的，造汽车也一样。"②

于是，李书福再次从父亲那里借了80多元，再一次创业。他耗资70多元购买了一台"虎丘牌"照相机，把剩下的10多元购买胶卷和相纸。正是凭借从父亲那里借到的80多元创业资金，李书福迈出了创业的致富之路，完成一个"草根"创业者最为原始的资本积累。

正如李书福的判断，随后掀起的创业浪潮一浪高过一浪。两年后的1984年被誉为中国民营企业的创始元年。1984年12月26日，35岁的张瑞敏临危受命，开始了自己做强、做大海尔（Haier）的漫漫长路。

同年，"四十不惑"的柳传志在中国科学院（Chinese Academy of Sciences，简称"中科院"）计算所所长曾茂朝的支持下，创办了北京计算机新技术发展公司，该公司就是日后中国最大的电脑公司——联想集团（Lenovo Group）。

---

① 钱蕾.李书福讲述创业故事：感知大势才能研判未来［N］.第一财经日报，2013年11月15日.

② 同①。

同年，在广东三水县，李经纬创办了饮料工厂，其后该厂赞助中国奥运代表团，"健力宝"产品由此风靡全国。

在这个喧嚣年代里，"十亿人口九亿商，还有一亿在观望"，社会上掀起了"我们都下海吧"的创业热潮。

相比张瑞敏、柳传志等创业者，李书福的起点似乎要低得多。李书福回忆道："刚开始根本不是照相馆，就是买了个小相机，骑个破自行车满街给人照相。"

20世纪80年代，在乡镇上给人照相的师傅的确不少，不过，李书福并不满足于照相。李书福的照相生意做得有声有色，半年就赚到1000元，他就正式开起了照相馆。李书福说道："家里有辆自行车，我向父亲要了几百元买了一台手提照相机开启了我的创业生涯，走街串巷，见人就问要不要照相。由于我服务热情，照相质量也不错，很快赚了几百元。后来开了照相馆，用现在的话说，我的业务已经升级了。由于资金有限，我照相馆的所有设备几乎都是自己设计、制作的，包括大型座机、灯光、道具，等等。当然，那个年代开照相馆也是不容易的，必须要公安局批准。因为照相行业属于特种行业，我没有特种营业执照，多次接受教育与处罚。可能是因为我的态度比较好，即使要求关门停业，照相馆仍然坚持了近两年时间。后来因为开放的力度越来越大，我就寻求新的机会，进入了转型发展时期。"

按照惯常的逻辑，李书福会把照相馆的规模做大，但李书福不走寻常路。他经常购买一些零件自己组装照相机，甚至把分离提取出来的金和银背到杭州出售。几经倒腾后，李书福关了照相馆，专门做这个买卖。

时任温州市工商局个体经济管理科科长陈寿铸介绍，1980年，温州市发出全国第一批个体营业执照，共 1844 张。到 1982 年，温州市申领个体工商户营业执照的数量达 10 万余户，占到全国的 1/10。很多温州人成了老板，成了中国最早的一批"万元户"。[①] 改革开放激活了浙商的创业之路，善于捕捉商业机会的浙商开始活跃在世界各地。

回顾改革开放后的浙商历史，很多浙江商人都是在无资金、无技术、无经验的情况下，凭借着敏锐的商业嗅觉，觉察到并抓住改革开放中的潜在的、巨大的商业机会，完成了资本的原始积累。40 多年时间里，浙江商人积累了巨额财富。

当然，浙江商人的商业嗅觉成功地证明了他们对商业机会把握的天分。一般地，敏锐的商业嗅觉主要是对外界变化的敏感，尤其是对商业机会的快速反应。

在浙江商人的意识中，商业机会对任何一个人而言都是均等的，就在每一个人身边。然而，只有拥有商业头脑、对商机反应敏锐的商人，才会及时发现并抓住商业机会；而那些缺乏商业头脑，又对商机迟钝的商人，往往对商业机会视而不见，更谈不上抓住商业机会了。

在一个企业家论坛上，一个浙江商人曾举例说："商机就像飘在天上的白云，它在每个人的眼前飘过，只有敏锐的慧眼才注意它，才盯住它。以深刻而敏锐的眼力或洞察力去发现商机，才是企业家精神的本质。"

不难看出，商业嗅觉在很大程度上影响了浙江商人，为浙江商人创造巨额财富打下了坚实的基础。2019 年中美贸易摩擦后，中美之间的合作变成

---

① 郭兴. 走在大路上·细节　用毛笔书写的中国第一张"个体户"执照［EB/OL］. 2019 年 9 月 20 日. https：//www.ccdi.gov.cn/yaowen/201909/t20190920_201014.html.

竞争，浙江商人遭遇了前所未有的挑战，但他们用敏锐的眼光和灵敏的嗅觉化解了经营窘境。

《中国青年报》的报道称，2023年1月10日至13日举办的德国法兰克福国际家用及商用纺织品展览会，是许多浙江外贸企业出海的下一站。为了应对风云莫测的国际局势，越来越多的企业开始尝试"不把鸡蛋放在一个篮子里"，积极开拓新市场，寻找新的可能性。[①]

曾经的封控让浙商无法正常开展业务，疫情管控政策放开后，积极向上的浙商又开始奔忙于世界各地。《中国青年报》报道，50万欧元的订单就像一剂"强心针"，让嘉兴瑞丽家纺有限公司的董事长费中富备感振奋。2022年底，国内疫情防控调整后的第一时间，费中富就和许多浙商踏上飞往欧洲的航班，到海外寻找商机。这笔订单数额虽然不算大，但在费中富看来能鼓舞士气。他铆足了劲儿想要拿回更多的订单，抢回因疫情"失速"的3年时间。[②]

德国法兰克福国际家用及商用纺织品展览会开展时，费中富将其视为自己的下一个"战场"。正因如此，浙商被誉为"东方犹太人"。对此，时任上海浙商会执行会长、上海致达科技（集团）股份有限公司董事长严健军在"中国西部现代商贸跨越式发展峰会"上坦言："浙商向来商业嗅觉灵敏。哪个地方的商机刚冒出小苗，浙商都能捕捉到，并和当地的有识之士共同灌溉，将小苗培育成参天大树。"

在严健军看来，哪里有商机，哪里就有浙商。在数百万浙江商人中，严

---

① 王雪儿，蒋雨彤.浙商出海：在"大变局"中觅商机［N］.中国青年报，2023年1月10日.

② 同①。

健军只是其中的一个。正是浙江商人的打拼，给浙江经济的高速发展提供了强有力的引擎。2022 年 1 月 2 日，中商产业研究院的研究报告数据显示，截至 2021 年 12 月 31 日，沪深 AB 股上市企业中，浙江省共 607 家上市公司，总市值达 85995.03 亿元。38 家上市公司市值超 500 亿元，两家上市公司市值超 2000 亿元。其中，海康威视市值最高达 4884.49 亿元，宁波银行、荣盛石化排名第二和第三，市值分别为 2527.85 亿元、1838.80 亿元。合盛硅业、华友钴业、福斯特、正泰电器、福莱特、泰格医药、公牛集团进入前十，依次排名第四至第十名。前十名企业总市值共达 17608.08 亿元，占全部上市公司市值的 20.48%[①]。（见表 1-1）

表 1-1　2021 年中国浙江省上市公司市值排行榜（前十名）

排　名	证券代码	证券名称	所属行业	城　市	总市值（亿元）
1	002415.SZ	海康威视	计算机	杭州市	4884.49
2	002142.SZ	宁波银行	银行	宁波市	2527.85
3	002493.SZ	荣盛石化	石油石化	杭州市	1838.80
4	603260.SH	合盛硅业	基础化工	嘉兴市	1417.58
5	603799.SH	华友钴业	有色金属	嘉兴市	1347.14
6	603806.SH	福斯特	电力设备	杭州市	1241.67
7	601877.SH	正泰电器	电力设备	温州市	1158.62
8	601865.SH	福莱特	电力设备	嘉兴市	1128.88
9	300347.SZ	泰格医药	医药生物	杭州市	1057.28
10	603195.SH	公牛集团	轻工制造	宁波市	1005.78

数据来源：中商产业研究院

---

① 中商产业研究院 .2021 年浙江省上市企业市值排行榜（附榜单）[EB/OL] . 2022 年 1 月 2 日 . https://top.askci.com/news/20220102/1505191712898.shtml.

截至 2022 年 3 月 31 日收盘，浙江省上市公司共有 614 家，相比 2022 年 2 月总数增加了 6 家。2022 年 3 月新上市企业，杭州 2 家（和顺科技、华是科技），嘉兴 2 家（C 万凯、浙江恒威），温州 1 家（万控智造），宁波 1 家（均普智能）。[①]

2022 年 3 月浙江省上市公司总市值排行榜数据显示，排在前十的公司如下：海康威视以 3867.62 亿的市值占据第一名，宁波银行以 2469.08 亿元排名第二，荣盛石化以市值 1447.95 亿元排名第三，华友钴业以市值 1194.53 亿元排名第四，合盛硅业以市值 1124.11 亿元排名第五。后几位排名变化不大，第六名到第十名分别是福斯特、福莱特、泰格医药、正泰电器和杭州银行，杭州银行 2022 年首次冲入前十名，前十企业中有 6 家企业总市值超千亿元。[②]（见表 1-2）

表 1-2　2022 年 3 月浙江省上市公司总市值排行榜（前十名）

序　号	证券代码	证券名称	总市值（亿元）	上市日期	城　市
1	SZ002415	海康威视	3867.62	20100528	杭州市
2	SZ002142	宁波银行	2469.08	20070719	宁波市
3	SZ002493	荣盛石化	1447.95	20101102	杭州市
4	SH603799	华友钴业	1194.53	20150129	嘉兴市
5	SH603260	合盛硅业	1124.11	20171030	嘉兴市
6	SH603806	福斯特	1079.41	20140905	杭州市
7	SH601865	福莱特	966.10	20190215	嘉兴市

---

① 浙江董秘俱乐部 .2022 年 3 月浙江省上市公司市值排名［EB/OL］.2022 年 4 月 13 日.https：//www.bilibili.com/read/cv16116646.

② 同①。

序　号	证券代码	证券名称	总市值（亿元）	上市日期	城　市
8	SZ300347	泰格医药	938.74	20120817	杭州市
9	SH601877	正泰电器	850.96	20100121	温州市
10	SH600926	杭州银行	835.57	20161027	杭州市

数据来源：哔哩哔哩

此外，媒体还披露了浙江省上市公司数量分布区域。截至 2022 年 3 月 31 日收盘，浙江省上市公司数量最多的地区依然是杭州市，总数占浙江省上市公司总量的 33%，共有 203 家；宁波市位居第二，占比 18%，共有 109 家上市公司；绍兴市位列第三，占比 12%，共有 73 家上市公司[①]。

值得关注的是，媒体还披露浙江省上市公司市值区域分布。截至 2022 年 3 月 31 日收盘，浙江省市值超过 500 亿元的上市公司共有 28 家，其中有 6 家市值超千亿元；市值在 100 亿元到 500 亿元的公司共有 139 家，相比 2022 年 2 月减少了 1 家；市值在 50 亿元到 100 亿元的公司共有 135 家；市值在 50 亿元以下的公司共有 312 家。2022 年 3 月浙江省上市公司市值总额为 80808.2 亿元，2022 年 3 月总市值为 73738.28 亿元[②]。

2023 年 1 月 23 日，览富财经网数据中心发布的数据显示，截至 2022 年 12 月 31 日浙江省上市公司共计 656 家，总市值达 71299.03 亿元。其中，海康威视市值排名第一，为 3270.64 亿元；宁波银行排名第二，市值 2142.87 亿元；荣盛石化排名第三，市值 1245.44 亿元。

---

① 浙江董秘俱乐部 .2022 年 3 月浙江省上市公司市值排名［EB/OL］. 2022 年 4 月 13 日. https://www.bilibili.com/read/cv16116646.

② 同①。

捕捉商业机会

梳理发现，敏锐的商业嗅觉体现了浙江商人的商业智慧和能力，主要表现在以下三个方面。

第一，对商机反应敏锐。浙江商人对商机反应较为敏锐，在其他省市的商人、研究人员等还没有意识到或者没有发现商机之前，浙江商人就已经对该商机了解清楚了。例如，20 世纪 80 年代，改革开放政策才刚刚颁布，浙江商人就全民皆商，纷纷出门创业。

第二，对商机看得深，看得远。事实上，浙江商人对商机看得深、看得远主要体现在，浙江商人不单单能及时发现较为明显的、已经出现的商机，同时还能发现隐藏的、潜在的、长远的巨大商机。

第三，对发现的商机投资快，决策果断。的确，浙江商人发现商机之后，投资快、决策果断是能够占据市场先机的重要因素。

从这个层面上来讲，浙江商人具备较强的商业敏感度，感知市场机会的变化，从而有效地发现商业机会、识别机会、快速地把握机会，由此脱颖而出。在这里来分享一下浙江万向集团董事局原主席兼党委书记鲁冠球的创业经历。

1944 年 12 月 16 日，鲁冠球出生在浙江省杭州市萧山区宁围镇一个叫童家塘的地方。鲁冠球最初的梦想就是进县城当工人，他当工人的理由很简单："很简单的道理，要摆脱贫困。农民真的是面朝黄土背朝天，早上三四点钟天蒙蒙亮就出来种菜，好的卖给城里人吃，坏的、差的自己吃。晚上蚊子很多，他们还在外面劳作，就这样都富不起来。"

正当鲁冠球憧憬未来时，他听闻了一个让他欣喜的消息——城里正在招工。鲁冠球介绍说："正好有个机会，城市里需要工人，我们就去了。一开始14块钱，还有2块钱衣服费。我干了3年，工资最高涨到35.5块，拿了2个月。"

1958年，鲁冠球为了减轻家庭负担，初中没毕业便到萧山县城厢镇铁器社当学徒。3年学徒快满，正当他对未来满怀憧憬时，命运却戏弄了他。1961年，因政策变化，鲁冠球被精简回乡，[①] 鲁冠球的"工人梦"就此破碎。鲁冠球说："城里养不活我们了，现在叫下岗，那时候叫精简。1961年，全国精简2000万工人，我是其中一个。不想回农村，怎么办？当工人3年有了点儿手艺，开始在农村修自行车、钢丝车，一个人开始，就是要摆脱贫困。"

为了改变面朝黄土背朝天的命运，1962年，鲁冠球开启了自主创业的历程。他先后办过粮食加工厂、修车铺、五金加工修配厂。在屡屡被当作"资本主义尾巴"割掉的情况下，他审时度势，抢抓机遇，倾家闯关。[②]

在鲁冠球看来，这种寻求脱贫的个人努力，从中华人民共和国成立后就没有间断过。鲁冠球说："即使在'文化大革命'那个年代，我们萧山、绍兴照样也有民营企业存在。"

正是这3年的工匠经历，让鲁冠球觉察到机械农具市场的商业前景，在此基础之上，鲁冠球把一个小小的农机小作坊办成了一家跨国公司。

在中国"走出去"的大战略中，鲁冠球果断出击。2001年8月28日，鲁冠球收购纳斯达克上市公司UAI，开了中国乡镇企业收购海外上市公司的先例。

---

① 李树林，林宏伟，莫小平.鲁冠球：新时代民营企业家的榜样［N］.中华工商时报，2021年11月9日.

② 同①。

不仅如此，与其他乡镇企业大多昙花一现不同的是，鲁冠球获得了数不清的桂冠。2018年10月，鲁冠球被中央统战部、全国工商联推荐为改革开放40年百名杰出民营企业家。2018年11月，鲁冠球入选100名改革开放杰出贡献人物。2018年12月18日，党中央、国务院授予鲁冠球改革先锋称号，颁授改革先锋奖章，并获评乡镇企业改革发展的先行者。2019年9月，鲁冠球获得"最美奋斗者"荣誉。2022年7月，2022年美国汽车名人堂博物馆铭刻仪式在底特律举办，中国万向集团创始人鲁冠球入选本届汽车名人堂，成为史上首位入选的中国人，万向也是第一家以清洁能源汽车入选的公司。学者何德军评价说："从一个洗脚上田的打铁匠到全球经济一体化背景下的企业家，鲁冠球向我们展示了一个农民传奇般的成长故事。"①

取得如此的佳绩，当然离不开鲁冠球敏锐的市场洞察力及其商机意识。20世纪五六十年代，中国实行计划经济，把创业的想法付诸实践那可是一件非常了不起的有关前途的大事情。

鲁冠球在不佳的创业环境中创业——办了一家米面加工厂。随后，鲁冠球开办的米面加工厂被人指斥为地下黑工厂不得不关停，加工米面的机器也被廉价拍卖。为了还清开办米面加工厂时向亲友借贷的3000元启动资金，鲁冠球只好卖掉刚过世祖父的遗产——三间旧房，鲁冠球的第一次创业几乎赔得倾家荡产。

然而，机会总是眷顾敢于站在潮头的人。1969年7月8日，鲁冠球带着妻子章金妹等6人创办"宁围人民公社农机修理厂"，即万向集团的前身，开始书写"万向传奇"和新的奋斗史。宁围人民公社农机修理厂创办之

① 何德军.鲁冠球：中国最会赚钱的"农民"［J］.中国乡镇企业，2009（3）：105—107.

初，立足当地农民和农业生产需要，主要生产锄头、镰刀等农具和农机配件。1969年，实现产值7800元，利润100元；1970年产值58000元，利润8700元；1971年，产值和利润分别飙升到171511元和10839元。企业在经历了奋斗后，终于形成了"粗放型多角经营"的格局，在计划经济的夹缝中生存下来。①让鲁冠球欣喜的是，正是这些产品完成了最初的原始积累。

完成原始积累之后，鲁冠球开始战略转型。1979年，《人民日报》的一篇社论文章——《国民经济要发展，交通运输是关键》，吸引了鲁冠球的注意。鲁冠球由此判断，中国将大力发展汽车业，他决定砍掉其他项目，集中优势力量专业化生产汽车的万向节。万向节是汽车传动轴和驱动轴的连接器，像一个十字架，大的长度近一尺，小的长不过一手指，4个头的横断面平光如镜子，磨掉一根头发的1/6就得换新的。②

在当时，由于设备和工人等因素，万向节产品的良品率不高。1980年，安徽芜湖一个客户来信说万向的产品质量有问题，要求派人去处理。鲁冠球发现产品确实存在质量问题。对此，他不仅按客户的要求全部退货、调换，还立刻组织了30多人去全国各地进行产品质量排查，结果背回了3万多套不合格的万向节。③

面对问题产品，鲁冠球敏锐地意识到今后的市场将充满竞争，必须诚信经营，品质为先。如何处理这些问题万向节产品，一度在企业内部引起分歧。鲁冠球力排众议，召集职工在背回的3万多套产品前召开现场会，他对大家

---

① 李树林，林宏伟，莫小平.鲁冠球：新时代民营企业家的榜样［N］.中华工商时报，2021年11月9日.

② 鲁冠球，任正非：时代的"弄潮儿"［N］.长江商报，2018年11月10日.

③ 同①。

说，这样的产品是搬起石头砸自己的脚啊，不仅是砸"钱潮"这块牌子，更是砸自己的饭碗！开完会，他下令将这3万多套产品送到了废品收购站，以6分钱一斤当废铁卖掉。一算账，损失了43万元，许多职工喊"肉痛"，鲁冠球却认为，只有痛到肉里，才能刻在心里，质量第一的思想才能牢固地树立起来。①

鲁冠球按照标准，有针对性地进行全面整顿。1980年，鲁冠球主动对照第一机械工业部企业整顿验收十二项标准，对企业进行全面整顿，完善和提高以质量为中心，包括职工素质、技术、设备在内的各项基础管理，企业的整体素质显著提高。1980年底，企业以99.4分的成绩通过验收，被确定为全国三家万向节定点生产企业之一。

1983年3月，当人们还在观望改革如何进行时，鲁冠球为了获得自主创业、自主经营的权利，以自家自留地里价值两万多元的苗木做抵押，承包了工厂，主动与乡政府签订厂长个人风险承包合同，开三项先例。一是自我加压，承包利润指标翻一番；二是以个人两万多元家产做抵押，现场公证；三是厂长获得经营自主权。当时社会对"风险"二字还很陌生，鲁冠球以开拓者的胆识开了浙江企业承包改革的先河，这份合同成为后来企业承包经营的范本，影响全国。实现承包经营后，鲁冠球层层落实责任，抓住分配"牛鼻子"，首创兼顾国家、企业、员工三者所得的"联利计酬浮动工资制"，员工积极性空前高涨，企业效益大增，被国内众多企业效法。1984年，鲁冠球带领万向人尝试股份合作制，初步推行企业内部职工入股分红，将企业和

---

① 李树林，林宏伟，莫小平.鲁冠球：新时代民营企业家的榜样［N］.中华工商时报社，2021年11月9日.

员工融为一体。①

1984 年，鲁冠球首次把万向产品销往美国，迈出了"从田野走向世界"的第一步，由此打开了一片更为广阔的天地。②

1988 年，商业嗅觉敏锐的鲁冠球判断，随着改革开放的深入，万向节产品的市场需求必定很大，他再次有意明晰万向产权。同年，鲁冠球提出"花钱买不管"，和政府明晰万向产权。在我国企业史上，鲁冠球是产权意识较早苏醒的企业家之一。他将企业净资产的一半——1500 万元划给宁围镇政府。后来，当地政府的一家客车厂濒临倒闭，宁围镇政府以股权换得万向的援手，最终政府的股份变为 1/3。1994 年，鲁冠球创办的集团核心企业万向钱潮股份公司上市。③

在 20 世纪 90 年代，鲁冠球不满足本土市场，提出了新的战略方针——"大集团战略、小核算体系、资本式运作、国际化市场"，把"钱潮牌"作为万向节产品的商标。然而，这样的战略转型证明了鲁冠球的判断——成功把"钱潮牌"万向节产品卖给了日本、意大利、法国、澳大利亚，以及中国香港特别行政区等 18 个国家和地区。2001 年，企业实现营收 86.36 亿元，利润 7.06 亿元，出口创汇 1.78 亿美元。

2022 年 3 月 30 日，万向 2021 年年度报告显示，2021 年，万向实现营业总收入 143.22 亿元，同比增长 31.62%；归母净利润 6.86 亿元，同比增长 57.41%；扣非净利润 5.45 亿元，同比增长 57.28%。从产品来看，2021 年度

---

① 李树林，林宏伟，莫小平．鲁冠球：新时代民营企业家的榜样［N］.中华工商时报社，2021 年 11 月 9 日.

② 同①。

③ 同①。

公司主营业务中，汽车零部件收入 87.66 亿元，同比增长 13.42%，占营业收入的 61.21%；钢材、铁合金等收入 46.80 亿元，同比增长 84.71%，占营业收入的 32.67%。

凭借良好的商业触觉，鲁冠球取得了卓绝的成绩。鲁冠球说："我们搞企业不光是为社会提供丰富的产品，不是挣几块钱，而是在奉献一种改革思想、一种探索精神，为中国的改革探索一条成功之路。"

回首鲁冠球的创业轨迹不难发现，鲁冠球对时局能精确把握，能扎实运用商业手段，把握住每个稍纵即逝的机会。2005 年 7 月 18 日，杭州市政府对万向给予 300 万元奖励，半年后杭州萧山区政府又因万向对地方经济的突出贡献，奖励其宝马车一辆。在媒体和官方众口一词的好评面前，万向这家影响力非凡的企业并没有在功劳簿上睡觉，万向的产业布局正在向纵深推进。[①]

关于万向的发展，官网用一句话来概括——"奋斗十年添个零"：

第一个 10 年，从万向创始到 20 世纪 70 年代末，是多角化经营，"工场式"生产。生产过犁刀、铁耙、轴承、万向节等五花八门的产品。员工已达到三四百人，年产值超过 300 万元。企业实现日创利润 1 万元，员工最高年收入超过 1 万元。

第二个 10 年，20 世纪 80 年代，开始专业化生产万向节，并建立了"总厂式"直线职能管理制度，提高了效率。工厂生产的万向节在国内市场脱颖而出，工厂成为全国仅有的三家万向节定点生产企业之一。

---

① 何德军.鲁冠球：中国最会赚钱的"农民"[J].中国乡镇企业，2009（3）：105—107.

到80年代末，企业实现日创利润10万元，员工最高年收入超过10万元。

第三个10年，20世纪90年代，管理模式从"总厂式"转变为"集团化"，实现爆发增长。产品线也逐步丰富起来，产品从零件到部件再到系统，实现了专业化生产、系列化产品、模块化供货。这第三个10年，企业日创利润达100万元，员工最高年收入超过100万元。

第四个10年，进入21世纪，除传统制造业继续发展，奠定中国汽车零部件行业龙头地位，万向在金融、服务、现代农业等领域都取得了突破性增长，逐步成为一家现代化企业集团。

第五个10年，整合全球资源，以清洁能源为主线，做世界上受人尊敬的公司。2009年，万向创业40周年，鲁冠球提出，要把"奋斗十年添个零"继续下去，即到2019年，企业日创利润和员工最高年收入都要达到1亿元。为达到这个目标，万向要做三件事：坚持"实业"与"金融"结合，提高效率；坚持"走出去""引进来"，融通资源；坚持发展新能源，抢占制高点。目前，万向正在投资建设"万向创新聚能城"。这座城是万向转型的集大成之作；这座城围绕清洁能源产业，将成为开放、共享的创新创业平台；这座城通过产业投资，实现产、城、人融合，将建设成绿色、智能的新城典范。①

当然，在浙江商人中，能够把握商机的并非只有鲁冠球一个人，像他那样能把握商机的企业家成千上万。商业嗅觉主要体现在浙江商人看准机会就

---

① 万向官网.发展历程——奋斗十年添个零［EB/OL］.2023年3月23日. http://wanxiang. com.cn/index.php/about/history.

敢于快速出手抓住机会，梳理发现，影响浙江商人敏锐的商业嗅觉的因素主要有如下几个。第一，人多地少，使得浙商这一群体更加注重商业经营，提升了发现商机的能力。第二，浙江本身具有地理优势，地处中国东南沿海长江三角洲南翼，东临东海，南接福建，西与江西、安徽相连，北与上海、江苏接壤。第三，浙江是吴越文化的发源地，是典型的山水江南、鱼米之乡，经济繁荣，工商业发达。

第二章　穷则思变

很久以前，从温州到杭州，要坐 10 多个小时的车。有一次过年外出，在公路上遇到大雪堵车，一堵就是 3 天 4 夜，就是因为那时温州经济不发达，路况不好。温州的耕地很少，如果单靠种地，一家人都吃不饱饭，在这种情况下，为了生存，温州人只能走出去，到其他城市发展。

——吉林省浙江商会会长　缪明伟

创业维艰

浙江拥有悠远的、浓厚的重商精神，浙商在恶劣的自然生存环境下被动走了出来。时任吉林省浙江商会会长、吉喆农业生态科技有限公司董事长缪明伟在接受《长春晚报》采访时坦言，浙商之所以能被中国其他城市所熟悉，能遍布全国乃至世界各地，不仅仅是因为浙江人有做生意的天赋、对财富的嗅觉十分灵敏，更是因为"穷则思变"。

缪明伟回忆说："很久以前，从温州到杭州，要坐 10 多个小时的车。

有一次过年外出，在公路上遇到大雪堵车，一堵就是 3 天 4 夜，就是因为那时温州经济不发达，路况不好。温州的耕地很少，如果单靠种地，一家人都吃不饱饭，在这种情况下，为了生存，温州人只能走出去，到其他城市发展。"

浙江省属丘陵地带，背靠山岭，面向大海，人多地少。资料显示，浙江地形复杂，山地和丘陵占 70.4%，平原和盆地占 23.2%，河流和湖泊占 6.4%，耕地面积仅 208.17 万公顷，故有"七山一水两分田"之说。地势由西南向东北倾斜，大致可分为浙北平原、浙西丘陵、浙东丘陵、中部金衢盆地、浙南山地、东南沿海平原及滨海岛屿等 6 个地形区。①

在农业社会，地少人多的后果就是穷，这也是浙江人纷纷外出创业、谋求生存的最主要原因。正是这样的恶劣自然条件养成了浙江商人"穷则思变，穷走天下"的性格。

例如，位于浙江省南部的温州市，处在长江三角洲和珠江三角洲两大经济区之间，因气候温和而得名。温州虽地处东南沿海，但并没有什么特别的经济发展条件，人们通常用"三少一差"来概括改革开放前的温州。所谓"三少"，即国家投资少、人均耕地少、资源少；所谓"一差"，即交通条件差。"跳一跳，温州到"，是当时崎岖路况的真实写照。②

又如，位于浙江省沿海中部的台州，农业人口人均拥有的土地面积仅为 0.41 亩。可能有读者不明白 0.41 亩地的大小，可以换一种说法，0.41 亩土

---

① 浙江省人民政府.地理概况.［EB/OL］.2023 年 3 月 23 日. http://www.zj.gov.cn/col/col922/index.html.

② 王东京，赵振华，梁朋，等.温州改革开放的经验与启示［J］.理论动态，2009（2）：16—18.

地种植农作物是养不活全家人的。要想解决温饱问题，必须靠经商来贴补家用，由此激发了浙江人的创业冲动，也催生了他们的经商意识。对此，缪明伟把浙江商人的成功归结为三个必备因素："一个是遗传因素；另一个是环境因素；还有一个就是教育。浙江商人的成功，主要就是受环境因素影响，可以不客气地说，浙江人经商是被'逼'出来的。"

缪明伟在接受《长春晚报》采访时坦言："东北土地肥沃、资源丰富，这是好事，却难免会让人产生一种惰性，很多人大事不会做，小事不愿做。"缪明伟在经历过商贸、地产、矿产等10多个行业后，对这一点日渐笃定，并将所有的美好期望都聚焦在吉林省西部千万亩盐碱地的开发上。他在这片黑土地上待了6年。缪明伟在接受《钱江晚报》采访时说道："到东北如果不投资农业，那就浪费浙商的智慧了。"①

对于为何选择农业作为创业项目，缪明伟说道："我是浙商，也是浙农，做一个高科技农民，一样可以实现理想嘛。"

《钱江晚报》报道，在转行做农业以前，缪明伟是做房地产的，房地产是很多浙商做的行业，最后缪明伟把目光投向东北黑土地。在缪明伟看来，再富贵的人也不能离开农业，于是他挥师北上。在东北松嫩平原西部，有373万公顷的盐碱化土地，被称为"不毛之地"。在此之前，没有人瞧得上这里。平均10.37的pH值早已让这片土地形同荒漠，绝收多年。缪明伟打算背水一战："浙江人就是敢为天下先。投资自然有风险，如果能在最不可能的地方实现梦想，那么还有什么不可以做？而且选择这个'死角'的时候，

---

① 毛卫星.种粮、做汽配、搞旅游，12万浙江人吉林打拼 黑土里挖出了"金矿"[N].钱江晚报，2011年8月27日.

我也已经做好了 3000 万元资金颗粒无收的准备。"[①]

在"浙商两会"节目中，主持人对全国人大代表、正泰集团董事长南存辉说："我觉得还有一个传统的问题，我来自江西，那边的农民刚刚包产到户，大家把所有的精力都放在田地里面了，就没有浙江的传统。"

在南存辉看来，恶劣的环境使得浙江商人不得不选择应对方法。南存辉说："也不是传统。当时也是被环境所逼。江西可能土地资源丰富一点儿，富饶一点儿，也辽阔一点儿。那时的温州人口很多，很小的一块土地上面，人都是扎堆的。那时比较偏僻，交通不便，没有公路、没有铁路，也没有飞机，一条马路破破烂烂的，当时信息比较闭塞。在这样的环境下面逼迫着你去生存，这种吃苦耐劳的创业的习惯，在这种环境下被逼出来了。一旦遇到了改革开放这么好的时代，大家的创造力就激发了。应该说一个企业的成功，一个地方的发展，跟天时地利人和都有关系。"

作为浙商的代表，缪明伟和南存辉客观地评价了"穷则思变"对浙商的影响。在"穷则思变"的创业路上，他们为第一桶金付出了血汗，付出了艰辛与奋斗。

创业之初，南存辉咬牙拔出锥子，用一片破纸包上伤口，含泪为客人补好鞋。回忆充满艰辛与磨难的少年时代，南存辉说："修鞋那阵子，我每天赚的钱都比同行多，就凭自己的速度快，修得用功一点儿，质量可靠一点儿。"

在浙江商人中，像南存辉这样"穷则思变"的企业家数不胜数。1985

---

① 毛卫星.种粮、做汽配、搞旅游，12 万浙江人吉林打拼 黑土里挖出了"金矿"[N].钱江晚报，2011 年 8 月 27 日.

年对于浙江萧山人徐传化来说，无疑是不幸的一年，其子徐冠巨突然患上了溶血性贫血症。在短短两个月时间里，徐传化就欠下 2.6 万元的外债。

为了还债，徐传化不得不独辟蹊径。在背水一战的情况下，徐传化创办了一个家庭手工作坊，主要生产液体洗涤剂。

创业初期的艰难难以想象。没有反应锅，徐传化就用水缸来替代；没有锅炉，徐传化就用铁锅加烧柴来替代；没有搅拌机，徐传化就用人工来替代。徐冠巨有病在身，但还是需要承担重要的经营角色。他们分工明确，徐传化负责对外工作，徐冠巨负责内务。

徐冠巨在接受媒体采访时回忆说："1986 年，改革开放才开始不久，许多领域还有很多计划经济的残余，当时的原料很难采购，我父亲要通过一些单位的熟人，才能买到一些，而且量很小。销售那块，也是我父亲负责。当时我一边养病，一边做企业内部工作，比如财务会计、企业日常管理、宾客接待等。另外，我还学习新工艺，研究开发新产品。"

1986 年 10 月，徐传化父子设备简陋的家庭作坊诞生了。徐冠巨在接受媒体采访时回忆说："一开始因为资金少，我们只能晚上生产，白天用自行车驮着液体洗涤剂到各村各户去叫卖，再把卖来的钱采购原料再生产，如此循环往复。"虽然设备简陋，却取得了不错的业绩。1987 年，其销售额达到了 33 万元，利润超过了 3 万元。与此同时，徐传化还清了所欠的债务，还成了浙江萧山当地先富起来的典型。更让徐传化欣喜的是，徐冠巨原本很难治的病，大有好转。

由于液体洗涤剂供不应求，徐传化决定扩大规模。1988 年，徐传化租用村里房子作厂房，扩大生产规模。此时徐家的一些亲戚朋友也加入生产和销售中来，家庭作坊逐渐演变为家族型企业。1989 年，徐传化和他们的企业又向前跨出一步。他们向当地政府租用了 3 亩地，盖起了厂房，安装了锅炉。在继续拓展液体洗涤剂市场的同时，产品开始向印染助剂类扩展，企业规模继续扩大，职工人数已达几十人。从此之后，徐传化父子的企业逐渐走上正轨。[①]

方法总比困难多

1978 年，17 岁的义乌女青年周晓光高中毕业后就没有继续上学。由于全家有 10 口人，无论其母持家怎么精打细算，也只能是解决温饱而已。

为了改变家庭现状，周晓光记住母亲的叮嘱——"会做的不如会算的"，就跟其他浙江商人一样，挑着货郎担卖绣花样去了。

走出家门的周晓光，挑着货担，走了 6 个小时的山路之后，才到达义乌火车站，乘上了去东北的火车，其艰辛是很多人无法想象的。

时隔多年，周晓光说起当年第一次坐火车时兴奋的心情，依然记忆犹新。据周晓光介绍，挑货郎担"跑码头"的本钱是母亲借来的，仅仅几十元。

为了不耽误挤火车、赶汽车的时间，周晓光有效地利用时间，白天摆地摊做生意，晚上乘车赶路。尽可能地做到夕发朝至。周晓光敢于走南闯北，在 6 年时间里，她就走遍了大半个中国。在当时，周晓光拿着一本中国地图，沿着公路、铁路向前走。

在周晓光的意识中，"闯"是为了让家人过上更好的生活。功夫不负有心人，经过 6 年时间的"跑码头"，周晓光终于赚到了两万元。20 世纪 80 年代，两万元可是一笔巨款。到 20 世纪 90 年代，中国才有"万元户"概念。

---

① 朱国栋. 徐冠巨新传：再造传化物流帝国［N］. 上海证券报，2007 年 10 月 16 日.

1985 年，有了第一桶金的周晓光嫁给了同样卖绣花样的东阳人虞云新。婚后，周晓光夫妇拿出所有的积蓄开始了第二次创业，在义乌第一代小商品市场里购买了一个摊位，为以后的发展打下了坚实的基础。

在东北销售绣花样时，周晓光看到东北女子喜欢戴花花绿绿的头饰。凭着女人的敏感，周晓光选定了经营饰品。于是，虞云新到广东进货，周晓光则在义乌摆摊销售。

1995 年 7 月，周晓光夫妻两人创办了一家饰品加工厂，其投资额达 700 万元。饰品加工厂以连年销售翻番的速度发展，并在全国建立起销售网络。截至 2003 年 7 月 25 日，周晓光的个人资产上亿元，成为中国饰品行业的领头羊。义乌市现在已有 1800 家饰品生产企业，10 万人从业，年产值 60 亿元。[1]

从周晓光的案例中我们不难发现，第一桶金的积累对于创业者来说十分重要。周晓光的第一桶金就是"穷则思变，穷走天下"。

济南茂昌眼镜公司董事长黄益治，在济南是一个响当当的人物，被济南人誉为"眼镜大王"。20 世纪 80 年代，黄益治不过是一个独自一人"闯世界"的浙江人。到达济南之初，黄益治没有多少做生意的本钱，就在城市的街道边摆地摊。经过一段时间的积累，黄益治攒够了租房开店的费用。黄益治大胆地在济南市开了一家眼镜店。

经过 4 年的发展，黄益治积累了不少财富。其后，黄益治回到浙江创办了一家眼镜厂，并利用自己在济南开眼镜店的经验，在行业中率先研发成功了板材眼镜。黄益治在浙江有自己的眼镜生产基地，在济南有当地最大的眼

---

[1]　崔砺金．草根浙商［N］．人民日报，2003 年 7 月 25 日.

镜贸易企业。2005年，黄益治与他人合作，投资5亿元，在济南成功开发了"总部经济园区"。黄益治在济南的社会影响力越来越大，先后当选为济南市人大代表和济南市总商会副会长。[①]

在20世纪七八十年代走出浙江的商人中，许多人最开始做的都是一些最苦最累的零碎活，如弹棉花、补皮鞋、擦皮鞋、卖纽扣等。这些浙江商人经过一段时间的艰苦创业，完成了做规模较大生意所需的原始积累。[②]

重商传统

20世纪70年代末到90年代，浙江商人能够在改革开放后快速积累起巨额的财富，离不开浙江十分优越的人文土壤。对此，济南外海房地产开发有限公司总经理杨易成说，在浙商形成的众多因素中，地域文化是浙商大面积活跃的最主要的深层次文化基因。浙江文化元素中最强有力的是重商价值观。浙商特别能够顺应时势，应时趋变，在他们心目中，哪里有变革，哪里就有商机。浙江人注重乡谊，团结协作，在庞大的浙商群体内部，盛行着以私人资金拆借为表现形式的民间借贷，我们的中小企业大喊"融资难"时，浙商80%的融资都是靠民间"钱库"。浙商出击全国和世界，所到之处必集合同乡，组织商会，以谋互助发展。浙江商会、温州商会等同乡组织，是浙商群体的凝聚中心，也是浙商在他乡的利益代表。[③]

---

① 殷洪军.浙商研究会执行会长王曙光:浙商靠什么角逐世界［N］.威海日报,2008年6月21日.

② 同①。

③ 张云强,卞思杰.探访济南浙商系列报道之三［N］.济南日报,2005年6月25日.

事实证明，浙江商人全民皆商背后的重要因素就是浙江历代的重商文化。对此，浙江省委党校教授陈立旭认为，从宋代的永嘉事功学派、明代的王阳明心学，到清代浙东学派，重商思想一以贯之。基本观点大体都没有脱离"经世致用""义利兼容""工商皆本"等重利重商的实用范畴。浙东学派强调个性、个体、能力、功利、重商的基本思想，经过几百年的浸染，已经渗入浙江人的血液骨髓。在这样的人文土壤里，浙江的广大民众有着强烈的创业欲望和浓厚的商品经济意识。民间经济细胞有活力、有韧性，有浓厚的务工经商传统和商品经济意识，有百折不挠、卧薪尝胆、自强不息的艰苦创业的精神。①

学者撰文指出，浙江商人这个群体的精神支撑是"重商价值观"。这是浙江商人能够积累巨额财富的一个重要因素。作为新时代的浙江商人，郭羽在 IT 行业创业，而且很成功。

郭羽接受《瞭望东方周刊》采访时，面对为什么浙江商人能够成功这个问题，郭羽首先强调的是文化因素。郭羽说："浙江的地域文化就是重视工商业，并且敢闯敢干，老一代浙商有的优良品质，新生代浙商也同样具备，所以当新的机会来临时，他们立即抓住了。"

郭羽坦言，浙江传统的重商主义传统文化，对年轻人影响很大。20 世纪七八十年代，从事民营企业活动的商人多数学历较低、来自农村，对于那个年代来说，人们大多寻求当官、研究学问，未必都会选择做企业。但是，拥有重商主义文化的浙江，哪怕是新生代拥有高学历、家境颇好的年轻人也

---

① 中国产经新闻报.新浙商崛起："种子好""土壤好""气候好"［N］.中国产经新闻报，2010 年 7 月 29 日.

放弃了其他选择，开始了商业生涯。①

在郭羽看来，浙江人的重商主义文化已经植入浙江人的血液之中，郭羽以白居易的《琵琶行》来印证。郭羽说："《琵琶行》中有两句'老大嫁作商人妇，商人重利轻别离'，毫无疑问，白居易这首诗对商人这个职业是批评的，但在浙江人看来，一个成功的商人，娶了个年纪较大的女子，还为她抛家离子到外面做生意养家，这是多么可贵的精神。"

作为浙江商人，孙德良非常强调经商的传统。在接受《瞭望东方周刊》记者采访时，孙德良说："在我眼里，浙江商人总体比较踏实，图的就是实实在在，并且很努力，很能吃苦，又有智慧。其实，互联网产业和许多新产业一样，从本质来讲也是可以赢利的事业，所以浙江商人在该领域取得成功并不奇怪，如果再冒出个新产业，可能浙江人也能取得成功。"

在孙德良看来，重商主义文化为浙江全民皆商提供了条件，重商主义文化主要体现在开放和务实两个方面，即强调"工商皆本"和"义利并重"。

在重农抑商的时代，浙江地区的家族长辈通常都会鼓励家族成员拜师学艺、出外创业，有的浙江人甚至举家外迁。早在20世纪七八十年代，浙江商人就进入了"个体户""私营业主""小商贩"时代。在此阶段，很多地区还鄙视商人，但浙江重商主义文化非常浓厚，拥有较高学历、家境较好的浙江人也非常乐意放弃被认为既有保障又被社会崇尚的其他职业，而义无反顾地选择经商。

梳理发现，浙江商帮的再次形成是在20世纪80年代，原因就是改革开放后，经商的限制被解除。经过40多年的发展，浙商成为华夏大地一个强

---

① 徐盈迎.IT浙商为什么会成功——重商的传统文化［J］.瞭望东方周刊，2006（7）：25—26.

盛的商帮。

生性柔和、为人低调的浙江人，在改革开放的 40 多年时间里，形成了一个庞大的商人群体，并在人数、商业活动范围、经营产品种类、创造财富的数量等方面，大大超过了 1949 年前的老浙商。[①]

确实，重商主义文化是催生浙江商人创业经商的一个重要因素，尽管人们对重商主义文化评价不一，但是浙江存在重视工商业的文化土壤，中国实行改革开放之后，受重商主义文化的影响，成千上万的浙江商人已为走出浙江做好了思想上的准备。

重商主义文化同样在推动浙商的复苏。不可否认，一定地域内的人文传统，对于这个地方的经济发展，尤其是企业家群体品格的锻造，能起到非常重要的作用。浙江是一个具有炽热企业家精神的地方。浙商文化是缔造企业家的文化土壤和孕育企业家群体的温床。[②]

学者贾春峰如是说："重商的文化传统对于浙江人民善于经营、开拓市场、有效地进行商贸活动产生了积极的影响，它造就了一种世代相传的商业智慧和商业技巧。"[③]

贾春峰认为，重商的文化传统对浙江商人的创业经商产生了积极影响。而今，浙江人的重商意识更加根深蒂固。做生意、当老板、开公司、办企业，这些财富之梦和人生之梦，对于浙江人来说，太司空见惯了，许多浙江人正在追求着、实践着。他们从土地上，从政府机关、新闻媒体、学校等事业单

① 谭晓锋.十年接力展新锐魅力 薪火相传续浙商情怀 以青春的名义 践行新时代浙商精神［N］.浙江日报，2018 年 5 月 3 日.

② 章剑鸣.浙商文化的社会价值［J］.探索与争鸣，2006（12）：28—29.

③ 贾春峰.文化力［M］.北京：人民出版社，1996：56—57.

位走出来下海做生意，自己当老板。正是浙江人这种特有的重商的价值观念，孕育了浙江规模庞大的民营经济主体和队伍庞大的商人群体。[①]

对此，企业观察家杨轶清如此评价："浙商的厉害，主要不是叱咤风云的名人大家，而是深厚的民间基础和庞大的群体阵容。浙商是当今中国人气最旺的财富军团，人数之多，比例之高，分布之广，行业之宽，都在全国首屈一指。浙商成为全国人数最多，比例最高，分布最广，行业最宽，影响最大的投资者、经营者群体。"[②]

① 章剑鸣.浙商文化的社会价值［J］.探索与争鸣，2006（12）：28—29.
② 杨轶清.浙商制造［M］.杭州：浙江人民出版社，2003：46—47.

第三章　敢于尝试

　　敢想的人多，敢干的人少，想到了就做才能抓住机遇，否则就是徒增烦恼，在困难面前寻找解决困难的方法，不能总是事先就做最坏的打算而裹足不前。

——浙江商人　郭向东

敢想更要敢干

　　在浙江商人追求财富的道路上，第一个要素就是敢想敢干的创业精神。浙江商人创富的过程就是一个敢想敢干的过程。在这个过程中，不仅需要吃苦耐劳的精神，还需要有"穷则思变"及突破现状的勇气。

　　来岛船坞企业集团的创始人坪内寿夫对创业必须要有足够的胆量的观点十分赞同，他在接受《朝日新闻》采访时强调："只要肯做，任何事情都可以做到。但大部分人还没有去做，就说做不到，首先要去除这种心理。努力作为，七成以上的成功率是跑不了的。"

　　回望当年，老一辈浙商以逢山开路、遇水架桥、敢为天下先的一股子拼劲闯劲，走出一条创业发展的光明大道，书写了时代辉煌，实现了"无中生有"，"四千"精神也为一代人集体创造，成为闪亮标签，为后人留下宝贵的精神财富。外因是通过内因起作用的，弘扬"四千"精神，正是要凸显人的主观能动性，彰显以人为本。①

改革开放之初，浙商敢想敢干，"突破规则"闯出了一方天地。某种程度上，一部中国企业发展史，就是一部企业家交替登场的风云录。敢想敢干的"鲁冠球""宗庆后""徐冠巨""南存辉"，闯出了一片天。世纪之交，尤其是中国加入WTO后，市场经济活力充分涌流，中国企业势如破竹，冲向国内国际两个市场，为全球经济带来巨大机遇。②

提及浙江商人，不得不提郭向东。我们把时间回拨到1980年，这一年，刚刚大学毕业的郭向东承继了"父辈的衣钵"，回到浙江东阳县，在一所乡镇中学当上了数学老师。

20世纪80年代，人们的"金饭碗"意识非常强，然而，郭向东有些不安分。郭向东执教10年之后，毅然离开教师岗位，从东阳县老干局秘书职位做起。在郭向东的履历中，他先后担任过街道办主任、镇党委副书记和经济开发区主任，在当时，郭向东是东阳县最年轻、潜力最大的干部。

郭向东再次选择放弃仕途。1998年，时年37岁的郭向东决定辞职创业。在跟随郭向东多年的东兆长泰党委书记梁界潮看来，郭向东的人生和事业，各自都经历过一次"三部曲"，前者是从乡镇教师到公务员，再到辞职下海，与那个时代公职人员下海通常要走过的历程并无二致，而事业上的"三部

---

① 涂建敏.重温"四千"精神 激励奋发有为［N］.杭州日报，2023年3月14日.
② 张萍，王超，毛传来.从企业家身上看信心［N］.浙江日报，2023年1月28日.

曲"，则可谓步步惊心。①

公开资料显示，郭向东创业之后接手的第一个项目，是参与 1998 年重庆第一建筑集团（简称"重庆一建"）的国企改制项目。"重庆一建"是一家经营境况不佳的国企。郭向东采用"内强素质、外树形象"的方法，为"重庆一建"注入了活力，取得了不错的业绩——产值规模、实现利税、上缴税收等主要经济指标翻 10 倍的经营业绩。

2005 年，"重庆一建"改制后业务相对稳健，其后却遭遇房地产萧条。为了应对经营危机，郭向东开始转型升级，具体措施是向相关行业拓展，形成土建、市政路桥、钢结构、建筑装饰、园林等相关行业联手发展的"产业链"。然而，2008 年，住宅地产遭遇政策调控和市场渐趋饱和的双重危机。郭向东迈出了事业的第二步，即收缩住宅地产业务，转而推出商业综合体项目，有效地规避了单一产品结构给企业带来的经营风险。②

在这样的背景下，从 2009 年开始，郭向东主动出击——由房地产相关多元化向非相关多元化大踏步地展开扩张，先后成立了重庆浙商投资集团、矿业集团，还控股了一个海外网络教育的上市公司。

然而，当郭向东提出上市时，上证指数已经跌破了 2000 点。不过，上证指数的低迷并未阻碍郭向东的上市征程。郭向东坦言："企业要生存发展必须与时俱进，从全球大公司发展的一般历程看，上市是汇聚资本、铸造品牌、规范化运营和可持续发展的最佳路径。"

郭向东经过多年的经营，旗下 20 家子公司年营业总收入逾 190 亿元，

---

① 吴刚.学浙商当老板　郭向东：既要敢想又要敢干［N］.重庆日报，2012 年 10 月 9 日.
② 同①。

七大业务板块中的新燕幕墙、园林、商品混凝土、磷铁矿、装饰、建筑业务等板块，初步具备从集团业务中剥离出来单独上市的条件。与此同时，和当年参股涪陵榨菜的操作手法类似，东兆长泰或将通过对外参股控股投资，输入资本和管理，培育了一批上市企业。在梁界潮看来，郭向东用30年实现从乡镇教师到亿万富翁的"蝶变"，其秘诀有二：首先是想象力，即敢想；其次是行动力，即敢干。郭向东人生和事业的三部曲，都是"敢想"加上"敢干"的结果。[①]

在2012年新春团拜会上，郭向东这样训诫他的高管团队："敢想的人多，敢干的人少，想到了就做才能抓住机遇，否则就是徒增烦恼，在困难面前寻找解决困难的方法，不能总是事先就做最坏的打算而裹足不前。"

付诸实践

创业者要想成功创业必须踏出创业的第一步，这不仅需要勇气，也需要胆量。研究发现，创业者基本可以分成以下三种类型：生存型创业者、变现型创业者、主动型创业者。

由此可见，不管是哪类创业者，其迈出第一步都是需要胆量的。毕竟创业就意味着冒险，特别是在20世纪八九十年代，中国刚开始改革开放，很多不确定因素依然存在。

众所周知，创业不仅需要商业眼光，而且需要胆量。北京华夏圣文管理咨询公司在2007年做过的一项调查显示，85.47%的年轻人都有创业意向，但真正付诸实施的只有7%。这一现象颇值得探究。

---

① 吴刚. 学浙商当老板　郭向东：既要敢想又要敢干［N］. 重庆日报, 2012年10月9日.

正如一些业内专家认为的那样，创业面临着很多困难，比如创业环境不佳、投资政策不好、创业时机未到、好项目有限、启动资金筹集难等，这些都是困难。从 20 世纪 90 年代中后期以来，中国出台了一系列帮扶政策，国内的创业环境已有了很大改善，为什么还是有那么多有创业意向的年轻人不能将创业计划付诸实践呢？因此，冒险精神和足够的敢想敢干的创业胆量，以及务实创业的精神才是创业者成功的重要因素。

来自浙江乐清的商人吴云前是大连百年城集团有限公司董事长，如今他可谓是功成名就。在大连做生意期间，他敢想敢干。在吴云前领导下的百年城集团已经成为大连业界令人瞩目的商业地产新秀。

吴云前的故事跟其他浙江商人一样。1988 年 8 月，吴云前只有 17 岁。在如今看来，17 岁正是上学的年龄，吴云前却孤身来到大连开始了人生的创业之旅——做服装生意。

吴云前在大连做生意时就野心勃勃。他在城区散步时，就曾指着城区最繁华、商业竞争最激烈的青泥洼桥附近区域，说："以后我一定要在这里盖大商场。"

吴云前的想法立刻遭到别人的嘲笑，甚至有人认为吴云前是"痴人说梦"。面对别人的嘲讽，吴云前却不认为自己的想法有什么不妥。

吴云前曾经做过服装、纺织品贸易以及餐饮生意，为了实现自己的梦想，开始从事商业地产开发工作。

当业内人士还在评价大连商业地产"存在局部过热的问题"时，吴云前开始涉足商业地产领域，这是吴云前最冒险也最成功的一次尝试。当时，有人劝吴云前暂时"停一停"，别再冒险了，观察一下再说。

吴云前说："没有冒险就没有成功。作为商人，我很清楚自己在做什么，我也不能让自己停下来。因为，经商不怕赔，就怕停。"就这样，吴云前不但没有停止，反而把眼光盯住了他心目中一直想要的大连商业竞争最激烈的青泥洼桥区域，开始了第一个商业地产项目——百年城。经过坚持不懈的努力，这个项目一炮走红。①

在本案例中，吴云前的成功有三点。一是他15年来一直坚持做一件事情，那就是在大连最繁华的地方拥有自己的项目。从刚到大连时的梦想到最终心想事成，他的奋斗轨迹没有离开这一目标。二是他坚信并践行着温州人做生意的一个理念：不怕赔，就怕停！因为赔了可以赚回来，而停了就意味着赚钱的机会没了。三是他很清楚自己在做什么。现在许多商界人士失败的原因是他们不清楚自己的定位，不知道自己想干什么。②

---

① 殷洪军.浙商研究会执行会长王曙光:浙商靠什么角逐世界［N］.威海日报，2008 年 6 月 21 日.

② 同①。

第四章　敢闯敢冒险

没有个性，没有点儿冒险精神，什么事也做不成！

——浙江商人　王坚强

挑战自我

没有冒险精神，永远都不可能成为一名成功的企业家。这句话在浙江创业者身上得到了充分的体现。没有冒险精神，即使遇到再好的商业机会，如果不敢冒险、害怕失败、不敢去抓住这个商业机会，那么一切也都是空谈。

究其原因，从事商业活动本身就是一场冒险，那些中外独角兽企业，往往都是那些愿意去做、愿意去冒险的企业家打造的。《福布斯中国》报道称，"过去十余年中，全球独角兽公司像兔子一样快速繁衍、野蛮生长，数量从2013 年的 10 余家增长了 100 倍。在繁荣市场中，每个人都可以是梦想家，充足的资金让创业公司的淘汰率降低。但当寒风来袭，一切又将回归均值，淘去沙砾留下金子。福布斯中国首次推出'大洪水'后的新生代独角兽榜单。我们追踪了 2000 余家在过去一年（2021 年）拿过'大钱'（单笔融资超过 2亿元人民币或者 3000 万美元）并且可能跨入独角兽行列的创业公司。通过桌面研究与问卷调研，福布斯中国研究团队筛选出 74 家中国的新晋独角兽企业。而全球范围内独角兽公司新增总量则达到了 330 家"。[1]

　　与此同时，2022 年全球独角兽的总数量超过 1500 家。2023 年 1 月 30 日，《福布斯中国》发布的"2022 年新晋独角兽全名单"数据显示，2022 年全球独角兽的总数量达 1597 家。主要集中在 4 个国家或地区，占全球总数独角兽的 90%。具体数据如下：美国拥有 746 家，比 2021 年新增 182 家；中国拥有 368 家，比 2021 年新增 74 家；欧洲拥有 264 家，比 2021 年新增 54 家；印度拥有 103 家，比 2021 年新增 23 家；其他国家或地区拥有 116 家。[2]（见图 4-1）

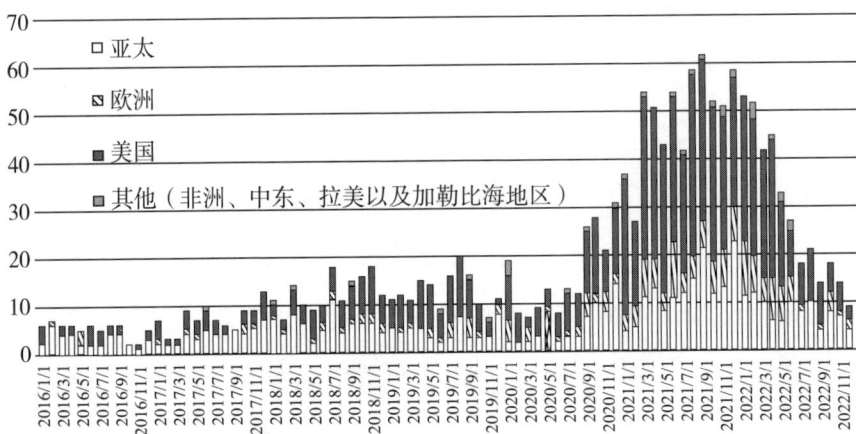

资料来源：福布斯中国

图 4-1　2016 年 1 月—2022 年 12 月全球独角兽公司新增数量

　　这一组数据说明，在商业经营中，冒险是企业家的天性，企业家必须具

————————

　　① Forbes China. 福布斯中国新年首份观察：2022 年新晋独角兽全名单披露［EB/OL］. 2023 年 1 月 30 日. https://www.forbeschina.com/innovation/63068.

　　② 同①。

备冒险精神。冒险精神是企业家人格的主要构成要素之一，[①]也是企业家精神的重要内涵和重要表现之一。

经济学家和金融家理查德·坎蒂隆（Richard Cantillon，1680—1734）和芝加哥学派（经济）创始人富兰克·奈特（Frank Hyneman Knight，1885—1972）认为，当企业家面对机遇时，往往同时面对着高风险，企业家要勇于承担风险。能不能抓住机遇，敢不敢接受挑战，是考验一个人勇气、智慧、能力的试金石，也是一个人能否成为企业家的分水岭。[②]在新时代，企业家除了要敢于冒险，更要善于冒险。企业家敢于冒险，除了有敢于挑战的勇气，更多的是基于自信。这种自信来自对客观事物的深刻认识、深度调研和对风险的系统评估，对未来的科学预测以及基于此而做出的理性判断等。而善于冒险则进入了实践的领域，包括科学决策、风险控制及科学管理等。[③]

由此可见，企业家天生就具有冒险精神，敢于做他人不敢做的事情，常常兼顾企业家与冒险家两种身份。学者邓云翔认为，企业家与冒险家这两种身份主要有 3 个共通之处。第一个共通之处，他们都勇于探索未知，在面对危险与挑战时有一颗强心脏。商业决策和冒险活动一样，总有困境与死角。一成不变绝不是成功的捷径，发挥主观能动性勇敢地寻找新的道路，才会"柳暗花明又一村"。第二个共通之处，他们都具有冒险精神，在做决断时更容易抓住机遇。做企业本身其实就是一项极限冒险运动，当别人还只守眼前的利益时，有冒险精神的企业家早已把商业

---

① 刘剑非，刘晴辉.企业家人格新论［J］.经济与管理，2003（4）：17—28.

② 方虹.企业家精神与领导艺术［M］.北京：中国人民大学出版社，2012：76—85.

③ 同②。

触角渗入各个领域。第三个共通之处，他们都乐于通过挑战自我，寻找到价值归属。成功登顶某座山峰与成功拿下某个项目的快感其实如出一辙，带领团队不断寻找更高更难的目标，也是实现每一个人价值最高效的方法。①

由此可见，浙江创业者的成功，还是源于自身的企业家精神。浙江大学全球浙商研究院副院长、善导鲁班创始人鲁柏祥说道："浙商的三个特性，非常值得借鉴。第一，冒险精神，以温州人为代表。第二，创新精神，浙商的创业过程完完全全是个创新过程。第三，奋斗精神。浙商长期坚持不懈地奋斗，从来没有因为过于辛苦或是功成名就了就停止奋斗的脚步，几十年如一日。"②

鲁柏祥的观点与企业家自身的定义完全吻合。这里先来介绍一下企业家的定义。企业家的英文是"entrepreneur"，这个词是从法语中借来的，其本义是指"冒险事业的经营者或组织者"。

法国早期经济学家让－巴蒂斯特·萨伊（Jean-Baptiste Say，1767—1832）认为，企业家是冒险家，是把土地、劳动、资本这三个生产要素结合在一起进行活动的第四个生产要素，他们承担着破产的风险。

英国经济学家阿尔弗雷德·马歇尔（Alfred Marshall，1842—1924）认为，企业家是以自己的创新力、洞察力和统率力，发现和消除市场的不平衡性，创造交易机会和效用，给生产过程提出方向，使生产要素组织化的人。

---

① 邓云翔. 管理：成功的企业家都爱冒险［EB/OL］. 2018 年 1 月 8 日. http://www.jobplus.com.cn/article/getArticleDetail/36184.

② 壹点网. 先锋人物｜鲁柏祥总结浙商精神：冒险、创新、奋斗［EB/OL］. 2023 年 2 月 22 日. https://hea.china.com/article/20230222/022023_1227341.html.

美国经济学家约瑟夫·熊彼特（Joseph Alois Schumpeter，1883—1950）认为，企业家是不断在经济结构内部进行"革命突变"，对旧的生产方式进行"创造性破坏"，实现生产要素重新组合的人。

美国管理学家彼得·德鲁克（Peter F. Drucker，1909—2005年）也认为，企业家是革新者，是勇于承担风险、有目的地寻找革新源泉、善于捕捉变化并把变化作为可供开发利用机会的人。

经过上百年的演化，如今的企业家大体分为两类：第一，企业所有者的企业家，即作为企业的所有者，但是仍从事企业的经营管理工作；第二，受雇于所有者的职业企业家，即职业经理人。

在更多的情况下，媒体和研究者通常把企业家的含义归为第一种类型，而常常把第二种类型的企业家称为职业经理人。

那么什么叫企业家精神呢？管理学家彼得·德鲁克认为，"企业管理的核心内容，是企业家在经济上的冒险行为，企业就是企业家工作的组织"。从企业家和企业家精神的定义中我们不难发现，浙商拥有的正是冒险、敢于承担风险和责任，以及创新等企业家精神。

1. 冒险精神

浙商把敢于冒险写进"浙江商人22条军规"中，并且明确把冒险列为其中的一条，其特点是：不是从教条出发，而是从实际出发；敢闯敢试，敢为天下先。不管什么事情，不管旁人怎么讲，我都要试试看。试不成拉倒，试成了就要千方百计地坚持下去。[①]

我们以一个真实的案例分析浙江商人的冒险精神。

---

① 胡宏伟. 为什么是温州？[J]. 瞭望，2018（10）：12—16.

陈金义，1961年出生在浙江省桐庐县毕浦乡方吴村。20世纪80年代初，陈金义高中毕业，当上了乡村民办教师。在教师岗位上仅仅做了两年，陈金义就辞职做起了油漆匠。不久，陈金义改行给一个蜂蜜老板当伙计，月工资120元，这份工作彻底改变了陈金义的一生。

细心的陈金义发现，老板采购、调配蜂蜜，一年就可以赚70万元。这让陈金义意识到，赚到巨额的财富并不难。两年之后，陈金义决定单干，很快就赚到了500万元。

敢于冒险的陈金义，总是看准商机，大胆出手，做到稳准狠，也由此获得了回报。

20世纪90年代初，中国股市刚刚起步，陈金义敏锐地觉察到证券市场的潜力，通过股票认购证就赚到了巨额的财富，成为新中国第一批股市赢家，人称"陈千万"。

1992年，陈金义的财富已经达到5000万元。同年，陈金义手握大把现金，一举收购了上海6家国有商店，成为改革开放后第一位收购国有企业的民营企业家。一时间，"陈金义现象"轰动全国。

多年以后，陈金义如此回忆："我至今还记得很清楚，当时上海黄浦区公开拍卖7家国有集体商店，我一口气拍下了6家。我的动机只不过是想在上海找一个市场的切入点，把金义的产品推向全国。但当时的社会背景使这一次普通的收购被赋予了浓厚的社会意义。"

1993年，陈金义组建浙江金义集团，该集团拥有3000名员工，净资产超过5亿元。1997年，陈金义投资1500多万元，在三峡库区组建产销饮料的浙江金义集团涪陵有限责任公司。

与此同时，当家族企业发展到一定规模后，陈金义进行了家族企业社会化改造——去家族化。陈金义当时的做法还是很冒险的，毕竟这是要甩开曾经帮助过自己创业的亲人们。然而，陈金义果断地改造"家族制"管理。

1998 年，为了去家族化，陈金义做出如下决策，勒令大哥辞去要职，二哥退休，三哥"连降三级"。不仅如此，陈金义还要求妻子从一线退居二线。在此次家族企业社会化改造中，集团管理层裁减了 60%，30 多位直系亲属或降或辞或进修学习。[①]

当家族企业完成了社会化改造，陈金义又开始了新的冒险。2001 年，陈金义又以 3 亿元资金，重组隶属黑河市政府的五大连池矿泉水集团，涉足高档饮用水业务。

随后几年，集团下属金义食品的纯净水、牛奶、乳酸饮料和果冻等饮料产品，年销售额就达到了惊人的 2.1 亿元。陈金义的业务已经横跨饮料、旅游、酒店、房地产、中文搜索引擎、高速公路、制药、水电等多个领域。

2000 年，陈金义以 8000 万美元身家，位列福布斯中国富豪榜第三十五位。2001 年，陈金义以 8 亿身家，位列福布斯中国富豪榜第六十一位。

2002 年 10 月 7 日，陈金义继续书写自己的商业故事，金义集团与新加坡上市公司电子体育世界（eWorld of Sports.Com，eWorld）达成战略合作，eWorld 以每股 0.085 新元（1 新元约合 5 元人民币）定向发售 1.347 亿股新股。陈金义则是把金义集团旗下价值约 5500 万元人民币的杭州金义食品饮料有限公司（简称金义食品）所有资产和业务（包括商标和专利权）注入eWorld，实现了金义食品和 eWorld 合二为一，eWorld 主席吴振华兄弟三人

---

① 彭晓红. 浙江商人的追求［J］. 财富，2004（9）：23—26.

共同持有该上市公司 41.23% 股权，陈金义持有 31.54% 股权（其中极少量由管理层持有），其余 27.23% 股权由公众持有。

据了解，吴振华家族早年的发家之地在马来西亚，靠鞋业起家。截至 2002 年 10 月 7 日，吴振华三兄弟持有 4 家新加坡上市公司。截至 2002 年 10 月 7 日，eWorld 是一家电子商务和体育用品零售商，在新加坡拥有特许经营连锁店 30 家，马来西亚、文莱等地近 10 家店。

对于与陈金义的战略合作，吴振华直言："选择与金义合资并非因为 eWorld 经营不善，而是看好中国内地巨大的潜在市场。"在吴振华看来，金义食品可以正面影响 eWorld 的股票价值。公开信息显示，金义食品 2001 年已经有大约 1794 万元的盈利。浙江金义集团不出一分钱，成为电子体育世界的第一大股东，成为国内首家在新加坡借壳上市的企业。①

在陈金义看来，对于任何商业活动而言，有成功的机会就一定存在着失败概率，冒险就有失败的可能。对于陈金义的资本运作，中国经济体制改革研究会会长、浙江大学管理学院院长高尚全说道："金义集团能走出去，在新加坡上市，是一个很好的现象。金义集团在海外借壳上市对浙江省的企业来说很有启示意义。"

新加坡《联合早报》评论说："浙江金义集团在新加坡的借壳上市之举，为中国民营企业走向海外资本市场打开了新路。对中国的所有企业来说具有破天荒的意义。"

可以说，敢于冒险是浙江商人的一个特质，在浙江商人的意识中，在商

---

① 孟怀虎. 开内地先河　民营企业金义集团新加坡买壳上市［EB/OL］. 2002 年 10 月 22 日. https://finance.sina.com.cn/roll/20021022/1521269867.html.

业机会面前，商人不敢冒险、求稳求妥，在很多商业机会面前犹豫不决，就会白白错失良机。陈金义的冒险就证明了这个道理。

2. 敢于承担风险和责任的精神

彼得·德鲁克认为，"企业家是敢于承担风险和责任，开创并领导了一项事业的人"。这样的定义得到了经济学家许小年的认同："我认为这个定义是准确的，虽然表达得还不够精练。我想强调，企业家承担的不是一般的风险，而是前人和同行未曾承担过的风险。"

许小年认为，开创并领导一项事业也就意味着企业家做的是前人和同行没有做过的事，如果做同行和前人做过的事，这是职业经理人，而不是企业家。承担这种独特的风险，并对后果负责的人才能称作企业家。

为此，许小年把企业家分成三类。第一类是交易型企业家，其特点是发现和捕捉市场机会，尤其当市场中出现新的需求时，此类企业家会想方设法满足这些需求，在实现自身价值也就是赚到了钱的同时，也为社会创造了价值。第二类是管理型企业家，这类企业家不是一般的职业经理人，不是循规蹈矩、执行命令的管理者，而是管理过程中的创新者。第三类是创新型企业家，如比尔·盖茨、扎克伯格。创新型企业家如果没有与管理型企业家一起合作，他的创新往往会失败。究其原因，创新型企业家往往不擅长管理。

创业筑梦

在电视剧《温州一家人》中，周万顺一家深刻地诠释了浙江商人敢于冒险的精神特质。

2012 年 11 月 10 日，中央电视台播出了电视剧《温州一家人》。该剧以一户普通人家的原生态纪实，与中国改革开放社会转型变化的大历史交汇同构，呈现一代创业者的智慧、意志和情怀。剧中，走在最前沿的温州商人前赴后继地走出家门、走出国门，他们的命运紧系时代的脉搏。

该剧以改革开放初期的温州为背景。故事开始时，主人公周万顺还只是与妻子和一双儿女相依为命的温州瑞安古树村的穷苦农民。在温州创业潮兴起之时，大胆的周万顺毅然做出了一个惊人的决定——将女儿周阿雨送出国外谋求发展，自己则把老宅卖掉，带着妻子赵银花和儿子周麦狗背井离乡来到温州。从此，一家四口人的命运被彻底改写。进城的周万顺从拾荒做起，皮鞋、开关、灯具、石油……什么赚钱做什么。

在各种尝试中，周万顺穷尽精力，试图改变自己贫穷的命运，为家人创造更好的生活条件。剧中，周万顺最大的特色就是敢于"豪赌"人生，在创业之初，敢于卖掉老宅和全部家当，将年幼的女儿送到远隔万里的意大利，而自己带着妻儿徒步上路到温州谋生。周万顺每当发现一条新的创业路，就会不惜赌上此前所赚取的一切来开拓新道路。最为精彩的一幕"豪赌"莫过于在陕北开采石油时期，由于倾尽所有甚至负债所架起的两口油井先后宣告出油失败，面对步步紧逼的追债者，周万顺竟然抬着棺材上阵，以必死的决心向追债者承诺一定会还清所有债务。这一幕是当时陕北油田案中那批外省投资者艰难创业的真实写照，周万顺所经历的起伏、波折、艰辛、成功，成了一个伟大时代的缩影。对此，《杭州日报》报道称，该电视剧表现了浙江商人"敢为天下先"的冒险和闯荡精神，表现了浙江商人不惧千难万险的勇敢和坚韧，更表现了浙江商人的吃苦耐劳和智慧。[1] 他们的冒险精神和商业

---

① 姜雄.《温州一家人》传递浙商"正能量"[N].杭州日报，2012 年 11 月 12 日.

意识，令世人惊叹。从永嘉的商业文化到现代的企业文化，从胡庆余堂的胡雪岩到青春宝的冯根生，都充分反映了浙江商人敢冒风险、善于捕捉商机的特点。①

在 2022 年的财富榜上，宋城集团创始人、董事局主席黄巧灵榜上有名。2022 年，黄巧灵以 165 亿元人民币财富，位列 2022 家大业大酒·胡润全球富豪榜第一千四百零八名。2022 年，黄巧灵以 19 亿美元财富位列 2022 年福布斯全球亿万富豪榜第一千五百七十九位。2022 年，黄巧灵家族以 150 亿人民币财富位列 2022 年衡昌烧坊·胡润百富榜第三百九十九位。

黄巧灵的成功缘于他冒险开发旅游和地产。正是黄巧灵敢于冒险，宋城景区成为中国人气最旺的主题公园，年游客逾 700 万人次。正是黄巧灵敢于冒险，他成功地融资滚动开发了几处颇受欢迎的旅游项目。正是黄巧灵敢于冒险，宋城股份成为中国文化演艺第一股，被评为全球主题公园集团十强企业，连续十一届获得"全国文化企业三十强"称号，创造了世界演艺市场的五个"第一"：剧院数第一、座位数第一、年演出场次第一、年观众人次第一、年演出利润第一。企业以"演艺"为核心竞争力，成功打造了"宋城"和"千古情"品牌。

2021 年 8 月，华经产业研究院数据显示：2020 年宋城演艺总资产为 919534.28 万元，相比 2019 年减少了 184573.41 万元，同比下降 16.72%；净资产为 741228.74 万元，相比 2019 年减少了 220178.18 万元，同比下降 22.9%。（见图 4-2）

---

① 杨轶清.浙商破茧：从追随市场到创造市场［J］.中国经济周刊，2006（15）：24—25.

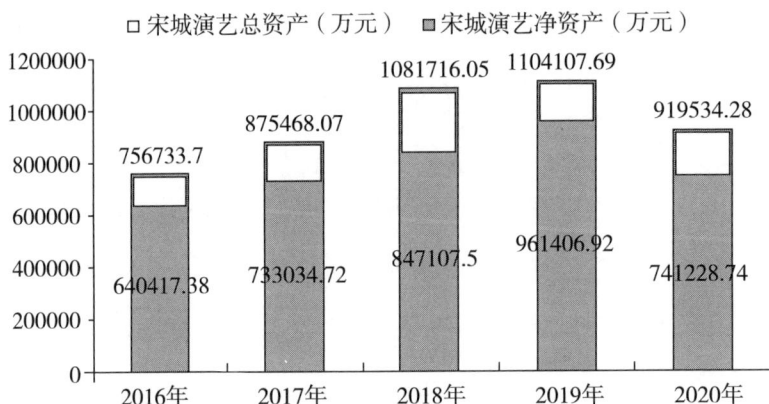

图例：□ 宋城演艺总资产（万元）　■ 宋城演艺净资产（万元）

资料来源：华经产业研究院

图 4-2　2016—2020 年宋城演艺总资产及净资产统计

华经产业研究院数据还显示，2020 年宋城演艺营业收入为 90258.61 万元，相比 2019 年减少了 170916.71 万元，同比下降 65.44%；营业成本为 74098.24 万元，相比 2019 年减少了 40677.11 万元，同比下降 35.44%。（见图 4-3）

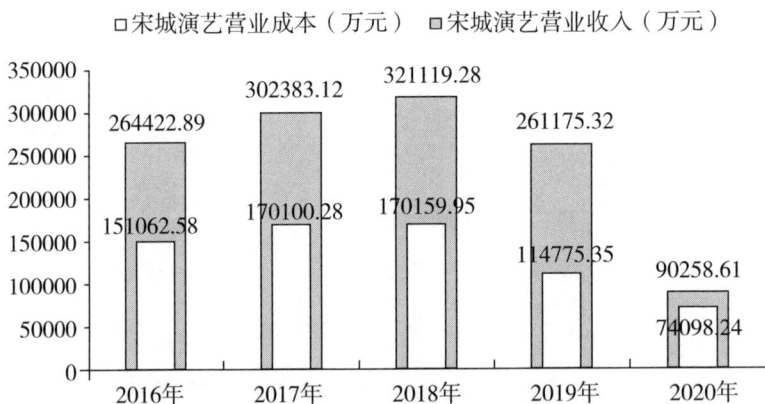

图例：□ 宋城演艺营业成本（万元）　■ 宋城演艺营业收入（万元）

资料来源：华经产业研究院

图 4-3　2016—2020 年宋城演艺营业收入及营业成本统计

宋城集团如今取得了佳绩，与黄巧灵有关。黄巧灵曾经入伍，在部队期间多次立功受奖。退伍后，黄巧灵回到浙江省南部的丽水县管理县新华书店，后担任地方文联主席，还曾师从北京大学乐黛云教授从事文艺理论研究。

尽管喜欢文艺，冒险特质还是把黄巧灵引入了商业。

1987年，黄巧灵弃文从商，只身去海南创业。机会总是给予敢于冒险的人。1989年，黄巧灵参与经营旅游业，因此成为开发海南旅游业的第一人。

1993年，黄巧灵在海南创业取得阶段性胜利——积累的财富达100多万元，回到杭州。黄巧灵回杭州的目的，就是开发其心目中的主题公园——宋城。回到杭州之后，黄巧灵拿出自己积累的100多万元，同时还向各类私人投资者借款，从杭州市政府购买了一些荒地的使用权。宋城集团的股权结构显示，黄巧灵持有5.7934%的股份。（见表4-1）

表4-1　杭州宋城集团控股有限公司股权结构

序　号	股东名称	持股比例	认缴出资额	认缴出资日期
1	曲水新米花实业发展有限公司	90%	90000万（元）	2047-10-24
2	黄巧灵	5.7934%	5793.4万（元）	1997-11-21
3	刘萍	3.36528%	3365.3万（元）	1997-11-21
4	戴音琴	0.42066%	420.7万（元）	1997-11-21
5	黄巧燕	0.42066%	420.7万（元）	1997-11-21

来源：爱企查

事实证明，正是当时黄巧灵"胆大妄为"的冒险精神，为黄巧灵打造今日的旅游集团提供了宝贵的资源储备。2004年，《财富》杂志报道，黄巧灵利用当年购买的土地资源，开发了19个大型项目。最重要的是，这些资源足够支撑企业未来10年的发展。黄巧灵的冒险集中在旅游业的相关行业，开发景观房产、营建杭州休闲博览园、兴建杭州最贵的学校等。黄巧灵甚至在大连拥有一艘购自英国的豪华游艇。[①]

在接受媒体采访时，黄巧灵坦言，当时的项目开发得到了投资者的大力支持。让黄巧灵欣喜的是，投资较少的宋城给投资者带来了丰厚的回报。私人投资者看中了黄巧灵的运作能力，也敢于把资金给黄巧灵使用。不过，黄巧灵很清醒，在操作任何新的项目时，必须保证手中留有2亿元的现金，防患于未然。

对浙江台州的商人王坚强来说，能够参股商业银行无疑是一件大事情。2005年，在接受《法人》杂志采访时，王坚强说："从民间借贷到参股城市商业银行，我的最大目的就是追求利润。"

不仅如此，王坚强还打算成立一家银行："如果有可能，将来我会建立一家我自己的银行！"从王坚强接受媒体采访的内容中不难看出，王坚强丝毫没有掩饰要在金融业扩张的野心。[②]

《法人》披露，王坚强凭借外贸生意，在物流行业做大了自己的企业而积累了第一桶金。不过，王坚强最想做的行业还是金融，他说："当然如果现在有人问我是做什么职业的，我会说我是做金融的，未来的银行家！"

认识王坚强的人，有的说王坚强个性太过张扬，也有的说王坚强敢闯敢干，甚至还有人说王坚强像一个冒险的赌徒。

面对其他人的评价，王坚强有自己的想法。王坚强说："没有个性，没有点冒险精神，什么事也做不成！"当然，王坚强也不否认自己敢于冒

---

① 彭晓红.浙江商人的追求［J］.财富，2004（9）：23—26.

② 张驰.民营经济第三次浪潮：一位民间金融实践者的冒险之旅［J］.法人，2005（8）：52—54.

险，王坚强说："我借出第一笔款的过程就特别刺激，今天回想起来仍然惊心动魄。"

王坚强介绍，他依然清楚地记得自己的第一笔借贷。王坚强回忆，1991年初春，"那天还下着小雨，一个朋友打电话来，说要给我谈点儿事，语气显得很神秘。"

30分钟后，一个名叫阿峰的朋友和他的朋友一起来到王坚强家里。由于清楚王坚强的办事风格，阿峰没有任何的寒暄就说明借钱的来意。王坚强问都没问具体的借款数目，就爽快地答应借钱给阿峰和他的朋友。

王坚强介绍说："这两个人开口就要借100万（元），并且许诺一年之后还款的时候，除了本金外，他们还要给付我银行的双倍利息，这让我没有想到。"

对于当时的王坚强来讲，100万元不是一个小数目。王坚强坦言："它至少要占我公司流动资金的一半以上。"

与此同时，一年借款期限对于王坚强公司资金的使用而言，的确过长。让王坚强忧虑的是，收取双倍利息是违法的事情，有放"高利贷"的嫌疑。对此，王坚强回忆说："别人根本无法体会到那段时间我的压力有多大，也想象不到那段时间我是怎么过来的，无论是在家，还是在公司，我的心思就想着那100万元，我失眠的毛病就是那个时候落下的！"

随后，银行很快就知道了这件事情，当地银行部门与公安部门去查实王坚强有无放贷的情况。王坚强的朋友否认了放贷，王坚强说："还好，亏得朋友够义气，没把事情抖出来，事情也就不了了之了。"

这次借贷让王坚强觉察到，在融资领域无疑有巨大的商业机会。具体的做法是，不但要合法地放贷，还要合法地收息，而目前最好的途径只有两条：

要么自己建一个银行，要么想法参股银行。①

于是，王坚强与助手小李和小艾开始金融考察，从浙江到福建，从广东到山西，从美国到欧洲，为此付出了150万元的考察费。对于机会成本，王坚强认为很有收获："花200万元也值，毕竟办银行是有钱人玩的游戏！"

其后，王坚强开始行动。王坚强介绍说："我先后与山西、河北、东北、广东、福建等省的一些商业银行接触过，但结果不是他们不满意我的投资方案，就是我看不上他们的资质。"

几经努力，王坚强的付出得到了回报。2004年初，王坚强对浙江省商业银行的招股方案较为满意，吸引王坚强目光的是浙江省商业银行民营的身份。随后，王坚强便与有关部门进行了接洽。②

进展却不如王坚强想象的那样顺利。王坚强说："有关部门对我的企业情况、资金来源状况，包括家庭背景做了深入的调查，然后又由几个部门联合对我进行了两次质询。质询完毕，又经过两个月的公示，确定我没问题后，才确定我的股东身份。"

在多轮谈判之后，王坚强终于实现金融梦的第一步，入股浙江省商业银行。王坚强说："当然，我的股份不大，只占全部股份的0.8%。"公开资料显示，浙江省商业银行的注册资本金为300亿元，王坚强的直接投资是2.1亿元。③王坚强如果没有冒险精神，不可能实现自己的金融梦想。

---

① 张驰.民营经济第三次浪潮：一位民间金融实践者的冒险之旅［J］.法人，2005（8）：52—54.

② 同①。

③ 同①。

勇敢改变

19 世纪末至 20 世纪 40 年代，宁波商人曾两次大规模奔赴日本和欧美以及港澳等国和地区进行创业，很多宁波商人成为当地工商界或金融界的巨擘。

浙江商人具有较强的冒险精神，在捕捉商机时较为敏锐，而且从不墨守成规，一旦洞察到潜在的商机，就会及时地调整经营方针，这种能力似乎是与生俱来的。

浙江人王宽诚是香港的巨商，他在 1947 年到达香港，由于战乱平息不久，香港当时的经济一片萧条，地价更是暴跌，房地产并不被商人关注和看好。

王宽诚经过仔细分析，认为香港经济在几年后必定会复苏。在别人不看好的情况下，王宽诚果断大胆地在香港新界购买了大片土地，还建造了数十幢名为"海圆公寓"的高层住宅。

正如王宽诚所预料的，1949 年，大批达官巨商蜂拥至香港，王宽诚建造的"海圆公寓"以极高的价格售出。

王宽诚是浙江商人的代表人物之一，"世界船王"包玉刚也是浙江商人的代表人物之一。20 世纪 80 年代初，航运业如日中天，而此刻，包玉刚却做出了一个惊人的决定——卖掉公司所有船只。

这个冒险的举动让很多人无法理解。在当时，"两伊"战争爆发，导致石油产量减少，油船运输遭受影响。在这样的危机中，包玉刚及时把卖掉船只的资金，投资到香港地下铁路和隧道项目中，自己出任隧道公司主席。

从近代以来，不少宁波商人从事进出口贸易，经销五金、颜料、洋油、洋布、钟表、眼镜、西药等畅销洋货，还有不少人经营房地产业、保险业、证券业、公用事业和新式服务。这些行业都是新兴行业，[①] 经营效益非常好。

不仅如此，宁波商人商业资本的出路也充分体现其开拓冒险精神。他们有了一定资本后，不是买田置地以求保险，而是把商业利润投资于产业，把商业资本与产业资本结合起来。[②] 中国人积累了财富以后，由于担心失去这些财富，在做投资项目决策选择时，往往选择那些风险小而收益稳的行业或干脆固守原有的行业，结果是小步前进，难成大气候。宁波人敢冒风险，锐意进取，也就能够把握高风险与高收益的机会。[③]

众所周知，浙江商人敢冒险，敢去其他地方人不敢去的地方，敢做其他地方人不敢做的生意，用"胆大包天"来形容浙江商人王均瑶再合适不过了。

1966 年，王均瑶出生在苍南县大渔镇渔岙村。1983 年，17 岁的王均瑶辍学经商。一句玩笑话改变了王均瑶的人生轨迹。

1991 年，王均瑶还只是一个在湖南长沙经商的小商人。春节前，王均瑶与一行温州商人承包"大巴"回家过年。从湖南到温州有 1200 千米，途中，王均瑶抱怨汽车太慢，一位温州老乡跟王均瑶开玩笑说："飞机快，你坐飞机回去好了。"

王均瑶想了想："我为什么不能包飞机呢？"于是，王均瑶试着联系了湖南省民航局，让王均瑶没有想到的是，居然把飞机包成了。

不可否认，其艰难让常人难以想象。1991 年 7 月 28 日，时年 25 岁的王均瑶改写了中国的历史，这次包机的航线是从湖南长沙至温州，开了中国

---

① 欧阳逸飞.中国商道 [M].北京：中国华侨出版社，2011：55—57.

② 同①。

③ 欧阳逸飞.中国商道 [M].北京：中国华侨出版社，2011.

民航史上私人包机的先例。美国《纽约时报》记者撰文称，"王均瑶的包机事件将引发中国民营经济的高速发展"。

1992 年 8 月，王均瑶成立民营包机公司——温州天龙包机有限公司，挖到了第一桶金。

1993 年，王均瑶投身乳品经营，在全国建立乳业生产基地，销售网络遍及全国，逐渐做大了均瑶品牌，同时涉足宾馆业、出租车服务业。

在王均瑶看来，牛奶市场巨大。王均瑶说："中国是目前世界上唯一一个白酒年消费量超过牛奶的国家，年人均喝奶不足 7 公斤。富起来的中国会有越来越多的人爱喝奶。"

1995 年 5 月，王均瑶创建温州均瑶集团有限公司，集团化经营格局形成。

王均瑶没有停止投资的脚步，1998 年 2 月，温州均瑶宾馆建成运行，集团开始向产业多元化发展。

1998 年 10 月，王均瑶以 68 万元 / 辆的高价拍下百辆温州出租车经营权。王均瑶的账是这么算的：让每个到温州的人都能先见到"均瑶"。满地跑的"均瑶"品牌，就是一笔巨大的无形资产。但到了 2001 年，王均瑶却以平均每辆 80 万元价格拍卖了百辆温州出租车经营权，因为王均瑶明确了发展主业：航空＋乳业。[①]

1999 年，均瑶集团总部移师上海，在浦东征地 200 亩，建设均瑶集团总部。2002 年，在上海肇嘉浜路买下大楼，重新改造，命名为上海均瑶国际广场，成为上海首座以民营企业命名的甲级商务楼。他又在湖北宜昌开工

---

① 崔砺金．浙江企业家独特现象：九成浙商为何"草根"生［N］．经济日报，2003 年 9 月 4 日．

建设宜昌均瑶国际广场，接着又收购了无锡商业集团。2002年3月，35岁的王均瑶以18%的股份入股东方航空武汉有限公司，成为中国第一家投资国家民航主业的民营企业。紧接着他又收购了无锡商业集团。[①]

第一代浙江商人敢于冒险，源于其自身的文化教育程度低，更重要的是，他们出身"草根"，没有"官本位"思想的约束，彻底打破了官商的束缚。这也是新一代浙商区别于前辈商帮最重要的一点。与此同时，新一代浙商敢于冒险，时常在混沌状态中开拓出属于自己的蓝海市场。正是凭借这种精神，浙商成为中国市场经济的早行者和先知先觉者，因识"天时"而得先发优势。[②]

2010年3月28日，中国民营企业吉利汽车收购全球知名汽车品牌沃尔沃的消息，不仅让全球媒体关注中国，更让吉利汽车的创始人李书福成为焦点人物。

可能读者会问，收购沃尔沃的人为什么是李书福呢？要回答这个问题，先从李书福"冒险王"的称号谈起。

浙江吉利集团创始人李书福有一个绰号叫"冒险王"。他刚开始是"偷偷摸摸"地生产摩托，其后没有牌照就开始生产小汽车，后来又涉足足球业，出于某些原因，一怒之下状告中国足协，再后来收购沃尔沃……

李书福的这些举动在一些人看来，简直就是"肆无忌惮"，"不知道自己是谁"，但是让研究者意外的是，李书福竟然每一次都成功了，不仅在2001年底拿到了汽车牌照，还并购了沃尔沃汽车。有人因此得出结论：李书福的

---

① 张浩，陈亚彰.致敬探路者 | 王均瑶：胆大包"天"第一人 [N].浙江日报，2018年6月8日.

② 徐王婴.浙商，不到传承之时？[N].上海证券报，2006年6月11日.

生存空间正是他胆大包天地打拼出来的，正是因为他比别人胆大，他才能抢先一步，抢得竞争先机，才能一步步地做大。当然他争取的本来就是合理的东西，而那些不合理的制度也正在逐步冰释瓦解之中。①

　　浙江商人有效利用了自身的冒险精神获得财富，那么，冒险精神有哪几点？梳理发现，冒险精神包含如下三点。第一，积极向上，总能看到商业机会，忽视商业机会中存在的问题和风险。第二，创业成败是由自己决定的。浙江商人从不抱怨，而是勇敢地去改变。第三，敢于冒险不等于蛮干，而是建立在正确的思考与对事物的理性分析上。只有把准确的判断力和大胆的冒险有机结合起来，才能真正地降低创业风险。

---

　　① 崔砺金．浙江企业家独特现象：九成浙商为何"草根"生［N］．经济日报，2003年9月4日．

第二部分

精打细算，小就是大

多年来，宗庆后遵循实用主义方法论，在生产制造、渠道配送、市场推广、人力资源、行政管理等方面都最大限度地压缩了成本，从而在行业中做到了成本领先。在快消品行业中，"物美价廉的产品永远是第一位的"。宗庆后抓住关键不放，打造了娃哈哈的核心竞争力。这一绝对优势让竞争对手无不发怵。娃哈哈从来不怕价格战，即使产品价格比竞争对手便宜10%～30%，并且以不弱于对手的广告投放，仍可以获取10%～20%的净利润率。在快消品行业，这无疑是个奇迹。成本优势筑起了难以逾越的护城河，因而娃哈哈在软饮料行业长期稳居中国老大，也跻身世界前几名。

——智荣，《中外管理》

第五章 小生意做成大市场

> 小的产品、小的东西，在区域市场形成大占有，进而提高在全国的市场占有率，最终提高在世界市场的占有率。

> ——上海本原企业咨询研究所所长 沈玉龙

小就是大

在很多商人眼中，只有大生意，才算是真正的生意，因此，他们总是把目光盯在大生意上。在他们看来，大生意的利润丰厚，甚至是暴利。殊不知，经过在红海市场中厮杀之后，真正能做大生意的人凤毛麟角。

浙江商人自然明白这个道理，于是就独辟蹊径，以"微利是图"为基础，从小钱中赚取更大的商业利润，积少成多。反观20世纪80年代的浙商，他们从一盘松紧带中挣几毛钱，从一条拉链中挣几分钱，从一个纽扣中挣几厘钱……

这些看似利润很小的服装辅料蕴藏着丰厚的商业利润，其商业价值被浙江商人开发到了极致，也为浙江商人创业积累了第一桶金。2023年2月5日，媒体报道称："开年人气非常旺！"布商王江峰深耕中国轻纺城北联市场19年，看到熟悉的人气回归，对新年生意信心十足，并预测订单量会比往年"上一个台阶"。作为亚洲最大的布匹市场，位于浙江绍兴柯桥的中国轻纺城经营面料 5 万余种，纺织品远销 192 个国家和地区。2023 年新春复市一周后，该市场客流量超 100 万人次，达到近 3 年来同期最高水平。其中，专注窗帘面料的北联市场开门率接近 100%。[①]

浙商大多数都是通过小商品起家，但小而专，小就是大。小而大是什么概念呢？上海本原企业咨询研究所所长沈玉龙在接受《玉溪日报》采访时，从浙商的角度阐释了小商品起家的真正想法："小的产品、小的东西，在区域市场形成大占有，进而提高在全国的市场占有率，最终提高在世界市场的占有率。例如，浙江有一个西服品牌叫'报喜鸟'，但这个品牌最成功的市场是在大连，通过大连的成功再推向全国。按道理，浙江的中小企业只是一个配角，但实际运作上，它们成为中国经济和中国小商品的主角。"

浙江的中小企业在国民经济中仅仅是一个小小的配角，但是其贡献不可忽略，因为它们是中国小商品的主角。

2022 年 4 月 13 日，前瞻经济学人发布的《2022 年浙江省服装行业市场现状及竞争格局分析 打造国际一流的现代纺织和服装产业基地》分析报告介绍，由于疫情影响，"从浙江省服装行业营业收入及利润总额来看，2016—2020 年，浙江省两项指标波动较大。2020 年，浙江省服装行业规模以上企业营业收入受疫情影响，下降至 1894.7 亿元，降幅达到 12.09%；规模以上企业利润总额为 61.8 亿元，相比 2019 年下降了 40.03%"。（见图5-1）

① 项菁. 探访亚洲最大布匹市场：新春"热开场"布商信心足［N］. 北京青年报，2023 年2 月 5 日.

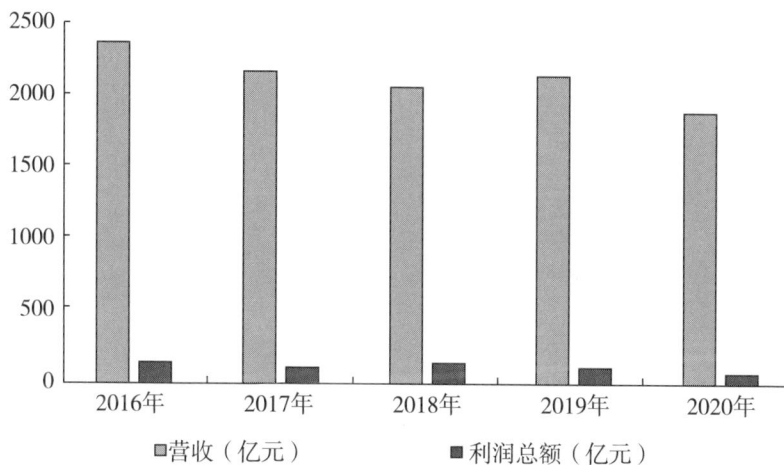

资料来源：浙江省统计局前瞻产业研究院

图 5-1　2016—2020 年浙江省服装行业主要经济指标

该报告还提到，从浙江省服装行业营收占全国服装行业营收比重来看，2016—2020 年，浙江省服装行业营收占全国服装行业营收比重呈上升趋势。2020 年，浙江省服装行业比重为 13.83%，相比 2016 年增加了近 4 个百分点，浙江省服装行业在全国的地位逐渐上升。（见图 5-2）

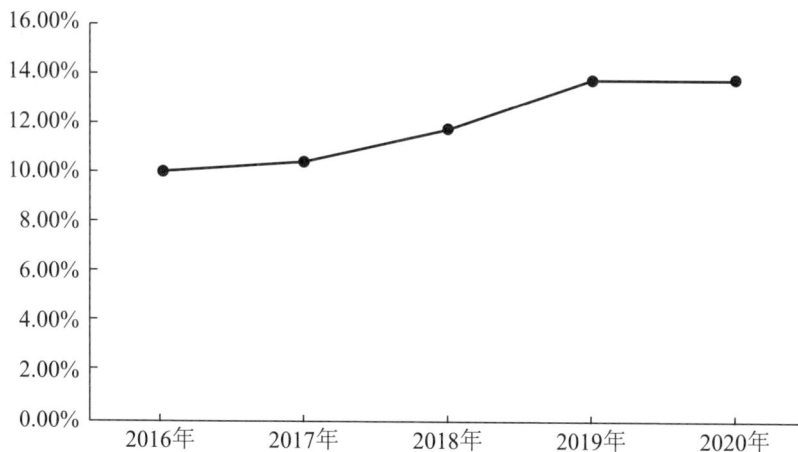

资料来源：国家统计局浙江省统计局前瞻产业研究院

图 5-2　2016—2020 年浙江省服装行业地位变化分析

事实证明，不管是发达国家，还是发展中国家，细小市场都蕴含着巨大的商机，潜在需求巨大。时任《连线》杂志主编克里斯·安德森（Chris Anderson）在 2004 年 10 月发表的《长尾》一文中提到了长尾理论，长尾理论讲述的是经济和文化正在从为数较少的主流产品和市场，向数量众多的狭窄市场转移的现象。（见图 5-3）

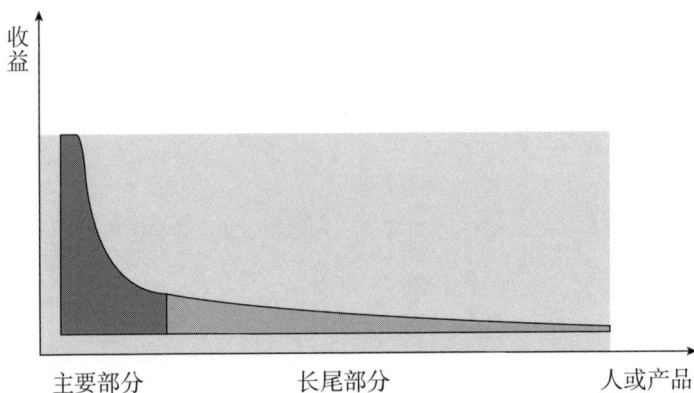

图 5-3　长尾理论模型

由此，克里斯·安德森发现，小众的产品也能同主流的产品一样，散发出辉煌业绩的经济魅力。例如，把那些在传统零售业中销售量不佳的小众产品全部聚集在一个宽广的渠道平台上，将能够与已有的大型主流市场相匹敌，甚至超过大型的主流市场。同理，在农村广袤的市场里，潜在的庞大消费群同样能让看似"滞销"的产品热卖。

浙江商人朱兴良是一个经营拉链的经销商，刚到辽宁省海城市西柳镇的西柳市场时，由于资金不多，不能像其他人一样大宗进货，只能按照先付部分货款再约定时间结清的模式进行采购。

朱兴良在经销中，有一次客户的 10 万元回款没有及时到位，为了兑现和厂家的承诺，朱兴良向亲戚朋友借钱，终于筹集到了货款，按照约定的时间还清了货款。

朱兴良的诚信经营，不仅赢得了厂家的信任，同时也赢得了客户的认可。后来，朱兴良购买了独立门店，专营拉链，每年的收入就有几十万元。

阿里巴巴也是从小市场开始做起的。阿里巴巴在1999年成立于杭州市，经营多项业务，也从关联公司的业务和服务中取得经营商业生态系统上的支援。其业务和关联公司的业务包括淘宝网、天猫、聚划算、全球速卖通、阿里巴巴国际交易市场、1688、阿里妈妈、阿里云、蚂蚁金服、菜鸟网络等，2021全财年收入7172.89亿元。由此可见，细小市场的潜在价值是巨大的。

错位竞争

众所周知，潜力巨大的中国小商品市场一直都存在，只不过就是缺乏挖掘其价值的人而已。中国市场刚刚兴起时，不少浙江商人进军全国，开始淘金。当然，这部分浙江商人很快就找到了商机。

当时的中国服装颜色、款式都相对古板，服装又是一个非常赚钱的行业，看到商机的浙江商人在进入服装这个行业时，选择了"错位竞争"，将拉链、纽扣、配饰等"小"的服装辅料业作为主营业务，巧妙地避开与当地人的正面竞争，这一策略有效地积累了浙江商人的创业资本。

浙江商人会选择拉链、纽扣、配饰等作为切入口，主要是由于这些商品在当地人心目中被认为"挣不了几个钱"，而没有人过多地关注。与此同时，这些小配件在不少地方的加工水平低，质量不尽如人意，这就给浙江商人提供了市场空间。

浙江商人王顺法是一个地地道道的纽扣专业经销商。早在1984年，王顺法开始在辽宁省海城市西柳镇的西柳市场创业。

刚到时，王顺法没有找到更好的创业项目，就是给当地人代卖小商品。进入新市场后，王顺法就租了两个摊位，专门销售纽扣，还从浙江带来了纽扣生产技术。

王顺法以前销售的数百种纽扣都是白的，但客户需要各种颜色的纽扣，王顺法就按照客户要求马上调配出客户需要的颜色。

据王顺法介绍，商品越小其实技术要求越精，有了这些技术才走到了今天。如今他经营的纽扣有100多个系列，500多种，成了西柳市场名副其实的"纽扣大王"。[①] 对此，沈玉龙在接受媒体采访时说："浙江人做的是我们看不懂的生意经，正是依靠这些我们看不懂的生意经，他们成功了。"

沈玉龙举例说，"娃哈哈"纯净水是个定位低端的产品，一块钱一瓶，但"娃哈哈"是中国最大的纯净水企业之一。为什么它成功了呢？沈玉龙说："第一，就是'农村包围城市'；第二，就是让供应商一起挣钱。这是'娃哈哈'市场成功的真理。"[②]

沈玉龙研究发现，在浙江商人中，像"娃哈哈"这样的例子不胜枚举，如温州的打火机。上海打火机厂领导反思说，温州的一次性打火机批发价是0.17元，而其成本就是0.36元。但过了几天，温州的打火机开始论斤卖了。令该领导非常疑惑的是，温州打火机的价格如此便宜，在全国各地又有那么大的市场，竟然可以支撑其渠道成本。

对此，沈玉龙坦言："温州的打火机再便宜都没有关系，因为其业务员的销售策略就是一网打尽，把同一个区域内的打火机全部消灭，这样他的规

---

① 崔宇，朱玉龙．西柳浙商的小生意［N］．鞍山日报，2005年5月18日．

② 潘绍斌，普琼，李春福．做小生意占大市场的浙商［N］．玉溪日报，2007年5月23日．

模大了，最后他一个打火机挣几分钱，也能挣钱了。"

正因如此，浙江001电子集团董事长、总裁项青松把电视接收天线做到了极致。1984年，项青松开始创业，全部创业资金只有374元。

改革开放后的浙江，"下海"热，项青松把创业地点选在龙游县城，依靠自己的所长，开办了宏声电讯电器修理部。

在修理电器的同时，项青松刻苦钻研。1988年8月，项青松创造了中国第一台带有放大器的室外有源电视天线，即"有源多方向全频道电视接收天线"。正是因为发明了"有源多方向全频道电视接收天线"技术，项青松成为1988年浙江省科技致富会议上最年轻、收入最少的"先进典型"。

1988年，为了推广新产品，项青松投资兴办了龙游县宏声电讯电器厂。经过几年的发展，宏声电讯电器厂初具企业规模，后更名为浙江省龙游001电子有限公司。

1992年底，项青松决定改组浙江省龙游001电子有限公司。公司尚名不见经传，却因为一个小小的天线产品创造了巨大的市场。为此，公司不仅从此走上了高速扩张的原始积累之路，而且其研发的新产品拓展了巨大的蓝海市场，取得了诸多的业绩。001商标被评为第二届浙江省著名商标。公司于1995年被评为全国500家最大私营企业第一百零七位。20世纪90年代，经浙江省人民政府批准，项青松组建浙江001电子集团有限公司。1998年，该公司以3.08亿元的产值跻身全国电子企业五百强第二百零一位。[①]

然而，对项青松而言，取得如此的成绩，都是建立在脚踏实地的基础之

---

① 中国科技信息.从300元到1个亿——中国001集团发展探秘［J］.中国科技信息，1999（19）：8—11.

上的。1990 年，为了推广刚投入市场的天线产品，项青松拒绝了能带来巨额利润的代工订单。1990 年 4 月 16 日，上海一家公司到浙江洽谈专利技术联营生产事宜。这家上海公司提出要求，一年包销 10 万套有源天线，每套给宏声电讯电器厂带来 5 元的利润，但是天线必须贴上上海公司的商标。

客观地讲，这样的代工订单对于创办不久的企业而言，无疑是天大的喜事。然而，项青松拒绝了。项青松敏锐地觉察到："上海能打品牌，龙游也能打，我要创造自己的品牌。"

项青松经过深思熟虑，决定发展自己的品牌。他首先起了一个简单易记而有深意的品牌名称——001。在项青松看来，任何企业都是从"0""1"开始成长壮大的。

既然要打造品牌，适当的投入就是必需的，不仅需要投入资金搞技术研发，同时也需要在管理服务、无形资产增值等方面投入资金。

项青松从摆地摊开始推销自己的产品。1990 年，为了推广自己的产品，项青松在浙江省专利技术博览会上摆起了地摊，把特地带来的 50 副天线进行现试、现装，其目的是推销天线产品。

开拓市场非常艰辛，项青松想把天线推向市场，建立覆盖全国的销售网络。1991 年初，项青松在各地形成了 1000 多人的邮销大军，从 1988 年建厂至 1995 年底，001 公司的邮购销售额平均每年以 200% 的惊人速度递增，仅 1995 年就实现邮销额 1600 多万元，项青松被新闻界誉为中国的"邮销大王"。[①]

---

① 中国科技信息 . 从 300 元到 1 个亿——中国 001 集团发展探秘［J］. 中国科技信息，1999（19）: 8—11.

一个小小的电视天线，能够创造出如此巨大的市场，或许是很多创业者没有想到的。但是浙江商人项青松把电视天线这个蓝海市场的价值挖掘了出来。

成功开拓小市场的并非项青松一人。浙江中大集团总经理胡小平坦言："小产品大市场，不要因为产品小而小看了它带来的巨大市场空间。"

在 2006 年浙商大会的小项目分析和推介会上，时任杭州市温州商会秘书长陈旭明认为，浙商青睐三大类项目——房地产、资源类和技术类。

面对众多的项目推介，浙江商人是如何挑选项目的呢？据胡小平介绍："最重要的是选好产业，以中大投资比较成功的两个产业来说，就是小产品大市场！"

胡小平举例说，中大集团成功投资了两家业绩优秀的公司"大东南"和"三花"，"大东南"做的是薄膜，"三花"的产品电液压元器件等也都是小器件，"但是往往小产品的市场消费量是巨大的"。[①]

在浙江商人冯光成的眼中，小小的玻璃同样也能创造大市场，玻璃让冯光成积累起巨额的财富。冯光成的第一桶金要从 1985 年说起。1985 年，浙江省绍兴县第二筹建队成立，同年绍兴县第五建筑工程公司成立。公开资料显示，绍兴县第二筹建队主要由 11 名泥水匠发起成立，而冯光成就是其中之一。

1951 年 9 月 28 日，冯光成出生在绍兴县杨汛桥镇马社村。1972 年，21 岁的冯光成加入其父亲所在的建筑队。

1980 年，冯光成开始西进武汉，承建一个造价约 200 万元的工程——

---

① 夏芬娟 . 小产品　如何做出大市场［N］. 今日早报，2006 年 6 月 5 日 .

武汉大桥工程处的一座住商楼。凭借质量好、造价低、工期短等优点，冯光成崭露头角，给武汉留下了"绍兴人能干"的良好声誉。与此同时，冯光成通过承建该工程也开阔了自己的眼界。

1982年，冯光成率领一部分施工队伍相继在杭州、桐乡等地承接施工项目，并逐步向建筑施工项目迈进，先后承建了水泥厂、机械厂、服装厂、针织厂等工程，年产值600万元以上，大大增强了建筑队的实力。

1985年，冯光成创建绍兴县第五建筑工程公司，以崭新的面貌活跃在竞争激烈的建筑市场，先后在绍兴、嘉兴、上海等地打开局面，站稳脚跟。

从1988年到1992年的5年时间里，冯光成承建300万元以上的项目达49个，并承建了包括绍兴四院、虹桥宾馆、柯桥轻纺城等一大批优良工程，获得"兰花杯""白玉兰杯"等奖项。公司1986年被核定为四级施工企业，1988年晋升为三级，1990年在全省首批跨入二级资质企业行列。绍兴五建，成为当时全省建筑业中的一颗璀璨明珠！ ①

1992年，冯光成抓住机遇，借贷4亿元投资，又先后创办了浙江华强地砖有限公司和绍兴钢板厂。

1993年，冯光成通过对广东沿海经济发达地区的产业结构和产品结构的考察和调研，并深刻分析当时的华东建材市场，决定投资1.5亿元创办年产210万平方米的优质墙地砖厂。在项目建设过程中，他边设计边调研，以严谨的工作精神和科学的工作态度，在当时的行业创造了非凡的速度。仅用

---

① 数码科技.冯光成的坎坷创业历程，浙江玻璃的发展史［EB/OL］.2021年5月26日.
https://www.pengyushicai.com/keji/741445.html.

一年时间就建成了浙江华强地砖有限公司，保证了进口设备的及时安装、调试和生产。随着产品的不断生产，产品销售和企业更加规范化的管理已经提上日程。[①]

1994年，建材市场上玻璃十分走俏，几家国企生产的玻璃远远满足不了需求。1994年5月，绍兴五建斥资5000万元成立浙江玻璃厂。这是一个较为典型的集体所有制企业。

1996年，光宇集团成立了，其后，冯光成参与浙江玻璃厂改组。1998年，浙江玻璃厂改组为浙江浮法玻璃工业有限责任公司。改组之后，浙江浮法玻璃工业有限责任公司的股权结构如下：光宇职工持股会持股47.31%，杨汛桥管理公司持股20.04%，冯光成持股32.65%。

2001年3月2日，光宇职工持股会、杨汛桥管理公司确认其持有的浙江浮法玻璃有限责任公司股权实际出资人为冯光成，分别将各自持有的47.31%和20.04%股权无偿转让给冯光成。[②]据杨汛桥镇的消息显示，当年杨汛桥镇政府所持浙江玻璃股份在退出时收到250万元。

2001年3月2日之后，厘清产权结构的浙江玻璃显示，在"光宇集体"中，冯光成是大股东，持有93%的股权。不仅如此，冯光成100%拥有浙江玻璃。

公开资料显示，在2001年，浙江浮法玻璃的生产规模已经位居中国前五位。

2003年12月10日，"浙江玻璃"在香港上市，"浙江浮法玻璃"公开

---

① 数码科技.冯光成的坎坷创业历程，浙江玻璃的发展史［EB/OL］.2021年5月26日.
https://www.pengyushicai.com/keji/741445.html.

② 中国经营报.冯光成H股上市：财富大厦的玻璃之旅［N］.中国经营报，2003年10月20日.

配售 1.7 亿股 H 股，每股价格是 2.96 港元。

　　"浙江玻璃"根据与包销商野村证券签订的包销及配售协议，在 2003 年 12 月 20 日行使超额配售权，配售 871.3 万股 H 股。"浙江浮法玻璃"扣除 3168.6 万港元上市费用后，净募集资金 5.28 亿港元。

　　"浙江浮法玻璃"公开配售后，公众投资者持有"浙江浮法玻璃"30.88% 的股权，而冯光成持股比例降至 66.36%，冯利文、冯光继、徐海潮和金锦 龙各持有 0.69%。①

　　靠经营玻璃起家的冯光成刚开始创业时，中国玻璃行业竞争达到白热化 程度，仅浙江就有数百家大大小小的玻璃店。但冯光成善于发现适合自己创 业的小气候，独辟蹊径，抓住机遇借贷 4 亿元投资，获得了成功。

---

　　① 中国经营报.冯光成 H 股上市：财富大厦的玻璃之旅［N］.中国经营报，2003 年 10 月 20 日.

第六章　薄利多销

公司 5 年前从事出口，现在 90% 以上的吸管外销，一手的产量占了全球吸管需求量的 1/4 以上，世界各地都在用我们双童的吸管。

——双童吸管公司副总经理　张国俊

微利成多

在浙江商人看来，利不在多，有点儿就行："钱，一厘厘地赚；事，踏踏实实地做。"20 世纪 80 年代初，许许多多的浙江商人涉足非常微利的小商品，有的做鞋子，有的做纽扣，有的做五金……

公开资料显示，不少浙江富豪的创业都非常艰辛。例如，鲁冠球打铁为生，徐文荣躬耕田亩，南存辉摆摊修鞋，吴鹰执三尺教鞭，胡成中一介裁缝，楼明出身军旅，李如成是农民，郑元豹是工人，郑坚江是修理工，汪力成是丝厂临时工。学者破解浙商的致富"密码"是：没有靠山，白手起家，再加上吃苦耐劳、精打细算。①

---

① 林立.踏踏实实致富　傅白水解析浙商"精气神"[N].江苏商报，2006 年 4 月 18 日.

在浙江商人看来，要登上像珠穆朗玛峰那样的高度，是不可能寻求到轻松便捷的路径的，只有脚踏实地、一步一步前行才能达到高峰；他们明白，万丈高楼平地起，大企业来自小企业，亿万财富来自分分角角……浙江的企业家不拒小、不嫌小，修鞋理发，一天赚个几十元；卖个衣服纽扣，赚个几元；摆个摊开个店，一年赚个几万元……但日积月累，积少成多，涓涓细流汇成滔滔江海，所以他们在创业中坚持薄利多销，不以利小而不为，能从赚小钱开始，然后逐步地赚大钱。①

在浙江商人看来，坚持不因利小而不为，亿万富翁林阿信就是其中的一个。在读高中时，林阿信就一边学习，一边做电风扇生意，还把电风扇成功地销售给老师。

1988年，林阿信涉足儿童磁性写字板生意，并赚得了第一桶金。其后，林阿信了解到日本豆腐非常受消费者欢迎，于是开始做制作日本豆腐的机器。

20世纪八九十年代，中国还在倡导争当"万元户"时，林阿信已经积累了百万元财富。在积累财富的过程中，林阿信做的都是不起眼的小商品，例如菜刀、剪刀、皮刀、剃刀、螺丝刀，人称"五把小刀"。②

浙江温岭沿海，盛产海鲜，许许多多的浙江商人因此发家致富。靠贩卖海鲜也能发家致富吗？答案是肯定的。

多年前，温岭的海鲜要想占领北京市场可不是一件容易的事情，原因如下：温岭到北京路途非常遥远，而且当时交通非常不便；海鲜保鲜期、保质期很短。

---

① 王永昌. 浙商的四大文化品质 [J]. 浙商，2010（15）：22—24.
② 庞清辉，田春艳. 浙资：固守　还是突围？[J]. 中国新闻周刊，2010（20）：30—33.

尽管困难重重，但是面对北京庞大的市场，温岭商人还是想尽办法要用海鲜占领北京市场。温岭商人用了一个让人吃惊的方法，就是给每个经营海鲜的商场免费赠送冰柜，商场欣然接受不花钱的大冰柜。

其后，温岭商人把成批的海鲜运到北京之后放在冰柜展示。就这样，温岭商人成功地把海鲜打入了北京市场。

在这个案例中，很多创业者可能认为，浙江商人很傻，给商场赠送冰柜，这不仅需要大笔的资金，还会增加巨额的成本。温岭商人却知道，给商场赠送冰柜，就等于为自己打开了市场，尽管增加了成本，但是仍有利润。温岭商人图的是微利，积少成多，微利就成大利了。

作为浙江商人的陈俊坦言："以五分钱、一毛钱进行原始积累，今非昔比，这批人中很多现在都成了大款。多年前，我们老家温岭市满大街跑的出租车就已经全是帕萨特或红旗，那时北京还是黄面包。"

见利就做

见利就做是浙江商人的经商理念，由此形成了全世界特有的"小商品、大市场，小人物赚大钱"[①]的经商格局。

谈起浙江商人，可能有些创业者会拿江苏商人来与其做比较。在 20 世纪 70 年代末至 80 年代初，浙江商人和江苏商人几乎同时起步。

江苏商人，主要来自苏南的苏州、无锡、常州等地，这些地区交通便利，物产较为丰富；浙江商人绝大多数来自浙江东南部的温州、台州、金华一带，这些地方物产匮乏，交通非常不便。

---

① 姜琳琳.30 年，温州商人这样成长 [N].北京商报，2008 年 12 月 2 日.

在此阶段，浙江商人和江苏商人共同的特征是自产、自销，即一部分家族成员在家庭小作坊生产产品，一部分家族成员跑遍全国各地推销自己生产的廉价产品。

经过40多年的发展，如今中国的小商品市场都被浙江商人控制了，浙江商人在国外的市场上也占有一席之地。江苏商人在竞争中落败，几乎退出了小商品市场。[①] 浙江商人凭借微利生存和壮大。

据媒体报道，一名巴基斯坦客商毫不隐讳地说，浙江商人无论订单大小都接，3.5元一双的高档精纺袜，只赚1分钱也肯卖；而和江苏商人谈生意，同样的袜子，他们不仅要计算自己能赚多少，还要计算别人能赚多少，看到利润大头都被别人赚去，就觉得自己吃亏了，跟人家讨价还价，无论如何也要让对方吐出点儿利润来，这样做的结果只有一个：生意都跑到浙商手里去了。[②]

江苏商人不愿意做微利生意，自然给浙商提供了机会。在浙江商人看来，一笔订单尽管利润微薄，却能培育出成千上万的忠诚客户，在让客户有利可图的情况下，浙江商人就能积少成多。

一部分浙江商人算过这样一笔账：在浙江诸暨市大唐镇，其袜业市场拥有1600间摊位，一年能销售出至少70亿双袜子，平均到每个普通摊位，每月成功销售的袜子就有70万～80万双，就算每双袜子仅赚0.1元，每月也有7万～8万元的利润，一年就能赚取70万～80万元。

由此可见，浙江商人成功的秘诀其实就是微利生存，哪怕只赚0.1元，也能积少成多。

---

① 王伟.苏商浙商两本账［J］.意林，2009（24）：26.

② 同①。

在浙江省义乌市，有一家企业叫双童吸管公司，该公司尽管规模很小，却是赚小钱的"世界冠军"。

许多运货车上都写了"双童吸管——全球最大的吸管供货商"的广告，由此可见双童吸管公司生产吸管的规模。

双童吸管公司副总经理张国俊在接受媒体采访时说："公司5年前从事出口，现在90%以上的吸管外销，一手的产量占了全球吸管需求量的1/4以上，世界各地都在用我们双童的吸管。"

令创业者没有想到的是，双童吸管公司所生产的产品其实就是在大街小巷随处可见的、喝饮料用的塑料吸管。

可能有的创业者对此不屑，因为一根细细的吸管压根儿就没多少价值。

尽管利薄，但是数量大也可以赚得盆满钵满。张国俊在接受媒体采访时坦言："平均销售价在每支8厘~8.5厘钱，其中原料成本50%，劳动力成本15%~20%，设备折旧等费用约15%，纯利润约10%。也就是说，一支吸管的利润为0.8厘~0.85厘钱。"

这样的利润小得不能再小，但是双童公司依然能够赚到巨额利润，其秘密就是有效地控制成本。

为了有效地控制成本，双童吸管公司必须做到杜绝一切浪费：夜里的电费成本低，公司就把耗电高的流水线调到夜里生产；吸管制作需要冷却，生产线上就设计了自来水冷却法……当然，产品的最终质量必须是过硬的。吸管要耐热，所采用的塑料就必须符合安全标准；不同国家的客户对吸管的颜色、形状有不同的需求，有的甚至只需要黑色的吸管，公司就要及时开发。①

---

① 胡喜盈，唐伟. 义乌商人一分钱利润的启示［J］. 经纪人，2006（1）：40—42.

控制成本是双童吸管公司赚取微利的法宝。张国俊在接受媒体采访时说："这是不得已而为之。不精打细算，我们就保不住微利。"

在很多创业者看来，吸管不仅没有什么科技含量，而且利薄，张国俊却将吸管做到了最大规模。因此，有了资本积累的双童又向生产塑料口杯等不起眼的领域扩展，同样很顺利。①

双童吸管公司的成功，在于"薄利"与"多销"，只要形成良性的互动，双童吸管公司自然能赚到巨额的利润。对此，张国俊认为，"商人要赚钱，就要降低生产成本，同时注重薄利多销，从一点一滴中积累财富"。我国很多小企业的利润空间都远远大于 0.8 厘钱，不过，由于不懂得控制成本，不懂得薄利多销，而且在财务管理上水平不高，到最后甚至连 0.8 厘钱的利润空间都保证不了，只能倒闭了之。②

① 胡喜盈，唐伟 . 义乌商人一分钱利润的启示［J］. 经纪人，2006（1）: 40—42.
② 同①。

第七章 "精于计算"

> 浙江商人在做生意的成本上会精打细算，绝不浪费一分钱。在浙江商人看来，再有钱，也不能浪费；再花钱，也要花到实处。对于生意中每一分钱的去向，都要弄得明明白白。
>
> ——《浙江商人的 22 条军规》

精打细算

纵观历史，精打细算本是浙江人民应对困难生活的一种方式。在封建社会，历朝的统治者往往采取"重农抑商"的国家政策，加上农业经济占据主导地位，浙江人只有通过自给自足的方式来发展生产。

在农业经济中，增加人口可以源源不断地提供劳动力，但是人口快速增长，无疑会对土地的利用和资源配置产生负面的影响。浙江省陆域面积 10.18 万平方千米，占全国的 1.06%，是中国面积较小的省份之一。其中，山地丘陵占 70.4%，平原和盆地占 23.2%，湖泊、河流占 6.4%。这导致浙江省人多地少，人口分布不均衡。

从历史的角度来看，浙江省的人口数量逐年增长，这个趋势延续了很长一段时间。资料显示，西汉到唐代天宝年间，浙江省的人口数量从 76 万人增加到 489 万人。

北宋朝廷灭亡后，大批北方人民南迁，大大地增加了江浙一带的人口数量。宋嘉定十二年（1219），浙江省的人口数量竟然达到 880 万人。当时的临安（今杭州），作为南宋朝廷的都城，其人口数量一度达到 120 多万人。

经过一段时间的休养生息，浙江人口数量再次增加。在元代，浙江省的人口数量突破了 1000 万人。在明清时期，浙江省的人口数量更是进入了发展的高峰期，如在清咸丰年间，浙江省的人口数量就达到 3039 万人，约占当时全国总人口的 7.2%。[①]

人口增长，土地没有增长，使大多数浙江人生活在水深火热之中，贫困的人家只能三顿喝稀粥。为了更好地生存和发展，浙江人不得不"精耕细作，精打细算"。

在中国历史上，农业生产占据社会经济的主导地位。然而，在许多王朝开始时，商业都会经历繁荣阶段，这为江浙地区商品经济的萌芽提供了土壤。唐宋时期，中国的经济重心南移，江浙一带成为统领全国经济发展的重要区域。同时，南方的农业领域，精细的农业生产已经较为系统和完善。当耕地开垦到无法开垦时，浙江人在有限的土地上想方设法增加劳动投入，提升土地的价值。在提升土地价值的过程中，浙江人学会了精打细算。

在这样的背景下，浙江人精打细算时必然会审时度势，在种植粮食

---

① 闻欣颖. 以小博天下：浙商为什么成为最会赚钱的商帮 [M]. 武汉：华中科技大学出版社，2012：37—38.

作物的基础上，增加了对棉、麻、桑、茶、果的种植。浙江人发挥比较优势，自己的土地适合哪种经济作物的生长就种哪种，在收获的时候进行交换，从而增加收入。久而久之，浙江人便形成了"精于计算"的性格特点。①

如今，精打细算的生存策略已经融入浙江商人的血液之中。花最少的钱办最多的事情，才符合浙江商人的办事法则。2008 年，不少商人看准了奥运会中的广告宣传优势，然而，精打细算的浙江商人因为逐年递增的投放成本萌生了退意。不少商人对此百思不得其解。

2007 年，为了吸引浙江商人，央视在杭州举办 CCTV 黄金资源广告招标说明会。然而，由于居高不下的成本，一些务实的浙江商人非常理性地对待投标 2008 年央视黄金广告资源的激情和冲动。

时任古越龙山宣传科科长的茹拥政谈起投标 2008 年的央视广告时说，面对奥运会可能带来的种种商机，企业自然趋之若鹜，排除价格因素，确实是一次扩大目标受众群的好机会，但涉及具体预算，他们还未提上日程。茹拥政还说："如果说往年央视的广告价目表按照 10% 左右的速度在增长，明年因为奥运会的金字招牌，价格的增长恐怕不止 20% 了。"

茹拥政坦言，如果决定继续投标，那投放额度比 2007 年增长是必然的，"去是应该会去的，但是投标需要在现场忙上一整天，变数很大"。

时任致中和副总经理的陆建中则明确表示，由于 2008 年投标需要支付过高的广告费，考虑暂时退出竞争行列。陆建中说："在央视投放广告的成

---

① 闻欣颖. 以小博天下：浙商为什么成为最会赚钱的商帮［M］. 武汉：华中科技大学出版社，2012：37—38.

本太高了，现在的浙江企业相对都比较理性，不会盲目跟随热潮。"

在陆建中看来，致中和是一个民族性的老品牌，由于成长周期相对比较长，不可能一蹴而就。陆建中说："退出投标央视广告也不意味着就放弃奥运商机了，可以通过相对成本较低的新兴网络媒体加大投放力度。"

控制成本

浙江商人很精明，很会算经济账，他们能从细小的商品中赚取巨额的利润，但浙江商人从来都是把钱用在刀刃上，不该花的钱一分不花，有时锱铢必较、斤斤计较，甚至"一毛不拔"，追求利益的最大化。

一个浙江商人向日本订购一种食品机械，日企负责人报价150万美元，浙江商人对日方报价也比较认同，但仍与日企负责人讨价还价，要求日企负责人降到145万美元，经过协商，日企负责人同意并申明这是最低价。浙江商人却再次要求日企负责人降到140万美元，日企负责人拒不接受浙江商人的降价要求。当谈判陷入僵局时，浙江商人在谈判桌上不急不躁，表现出非常神秘的样子，日企负责人怀疑另有卖主，无奈之下答应以140万美元成交。

然而，浙江商人又以批量购买作为理由，要求日企负责人再次降价，希望再降5万美元，后来浙江商人又在付款、运输、保险等方面不停地讨价还价，最终以130万美元购买了该设备。

在浙江很多地方，浙江商人用精打细算的方式来组织生产很多企业都不屑一顾的打火机，然而，正是这打火机占据了世界市场70%的市场份额。浙江人能够从别人想不到的地方挣钱，通常在人家找不到生意的地方找生意。正因为找到的是小生意，所以必须用规模支撑，这就决定了浙江人的专注和务实，一心将小生意做出大规模。①

2010 年，金融危机刚过，外贸出口渐渐回升，但是持续上升的人民币汇率和疯狂上涨的原料成本给浙江服装企业老板增加了不少压力。对此，中国服装协会产业经济研究所常务副所长陈国强认为，棉花只是其一，而其他都在涨价，如涤纶、燃料、运输、人工成本等，给那些毛利较低的外贸企业增加了不少经营压力，甚至都不敢接订单。

位于宁波的雅戈尔却能有效应对成本的上涨，至少受的影响没有其他企业大。陈国强坦言："雅戈尔在新疆有自己的棉花基地，在澳大利亚也有合作的羊毛生产基地。成本上涨，在服装制造这一块有损失，但棉花基地、羊毛基地却做出了贡献。"

"这就是企业对自身供应链的保证。"陈国强说，"我认为，对大型企业来说，可以像雅戈尔一样，建立原料基地，建立终端销售渠道，打通整个产业链条，尽量做大做强。而作为中小企业，没有实力做这么大的投资，就有必要采取抱团合作的方式，互相依靠共同发展。"这种方式，可以是上下游企业的战略合作，也可以是同行业企业的优势互补。②

不仅如此，浙江商人在广告宣传方面，同样非常注重精打细算。2008 年，几乎所有企业都想抓住奥运会的商机，加大宣传力度。但是在浙江商人看来，加大宣传并不等于砸钱打广告。由于在央视投放广告的宣传成本过高，浙江商人认为抓住奥运经济的途径不止一种，方法还有很多，具体要视企业的实际情况和经营策略而定。

---

① 袁岳 . 自我为中心——浙江品牌的特点［J］. 成功营销，2004（5）：46—47.
② 祝瑶，龚曦 . "成本上涨"浙商解决之道［N］. 今日早报，2010 年 12 月 14 日.

在浙江企业中，奥康集团就非常热衷于奥运经济。时任奥康新闻发言人的周威在接受媒体采访时坦言："我们捕捉奥运商机何止一两年，早在2000年就开始了。"

据周威介绍，从2000年悉尼奥运会开始，奥康给奥运会送去几万双鞋子；2004年，组织"奥康助威队"；2007年，奥康争取成为"2008年北京奥运会皮具产品供应商"。多年的奥运精神累积下来，奥康的工作人员都对其品牌与奥运之间的渊源有着很深刻的认识。周威介绍，为了真正将奥康品牌和奥运精神接轨，公司所做的努力更为具体，如针对"绿色奥运"，特别推出绿色皮鞋；针对"科技奥运"，又研发出量脚定鞋机、推出无鞋专卖店等。"我们明白一个道理，抓住奥运商机，并不是简单地往广告上砸钱，更重要的还是内在品质上。"[①]

事实上，很多浙江企业早已开动脑筋，辗转通过多种途径捕捉奥运商机。如宁波空调生产企业奥克斯，通过邀请奥运长跑冠军王军霞在宁波组织万人"健康跑"活动来吸引市民，提高品牌影响力；温州商人、上海浩博椅业有限公司总经理，则是直接拿下了奥运会主会场5000多把座椅的订单，总价高达400多万元。[②]

黄湘勋接受《温州商报》记者采访时说："积极参与奥运建设，有利于打响温州人创办的品牌、树立温州人企业的优良形象，有利于让民族品牌走向世界。"

黄湘勋是温州市鹿城区人，1993年在温州市创办浙江腾龙体育设施有

---

① 吴乐晋．王振滔：奥康可以成为中国的路易·威登［N］.第一财经日报，2007年9月10日.
② 郭进.2008年北京奥运要员有望坐上"温州制造"［N］.温州商报，2006年7月5日.

限公司（现为上海浩博椅业有限公司）。该公司整体实力在国内同行中处于领先地位。黄湘勋说，此前的历届奥运会场馆座椅供应商，均是欧美企业，没有一家中国企业参与。2005年底，黄湘勋得知国家体育场有限责任公司将招标奥运"鸟巢"座椅供应商，就开始同对方联系。当时，已有5家欧美知名公司参与竞标。[①]

---

① 郭进.2008年北京奥运要员有望坐上"温州制造"［N］.温州商报，2006年7月5日.

03

第三部分

善于学习，诚信为本

凡百贸易均着不得欺字，药业关系性命，尤为万不可欺。余存心济世，誓不以劣品弋取厚利，惟愿诸君心余之心，采办务真，修制务精，不至欺予以欺世人，是则造福冥冥，谓诸君之善为余谋也可，谓诸君之善自为谋亦可。

——胡雪岩

第八章　诚信为本

其实在生意经中的规矩就体现了我们浙商的精神，第一是戒欺，戒掉一切欺骗；第二是诚信，对待所有顾客都应该诚信；第三是不得以次充好；第四是不得以假乱真；第五是童叟无欺；第六是真不二价，没讨价还价的，反过来叫价二不真。因此，这几年浙江的民营企业发展迅猛，令世界刮目相看。

——浙江正大青春宝集团董事长　冯根生

无远弗届，天下归仁

"无远弗届、遍地龙游、海纳百川、敢为人先"，曾被誉为"浙商之源"的龙游商帮，有着敢为天下先的精神和海纳百川的度量，在高手如云的各大商帮中崛起，自立于商帮之林。据《衢州日报》报道，龙游商帮萌发于南宋，鼎盛于明清，衰落于清光绪以后，与山西商帮、徽州商帮、陕西商帮、山东商帮、福建商帮、洞庭商帮、广东（珠三角和潮汕）商帮、江右商帮、宁波商帮并称为"中国十大商帮"。[①] 龙游商帮是中国十大商帮中唯一一个以县城

---

① 徐聪琳，方梦媛.宋时萌发的龙游商帮：无远弗届，天下归仁［N］.衢州日报，2022年6月6日.

命名的商帮，也是今天浙商的前身。

区区一个县何以能够成为一个商帮的代名词？这还得从当年的徽商、晋商争雄说起。当徽商和晋商之间互相竞争之时，位于浙江中西南部的龙游商帮趁机崛起。龙游商帮，指浙西地区衢州府西安、常山、开化、江山及金华汤溪等地的商人资本集团，因以龙游商人最多，经商手段最高明，活动范围最广，积累财富最多，故冠以"龙游商帮"之名。[①]

在明清时期，龙游商帮能与实力雄厚的徽商、晋商等商帮较量，在珠宝业、垦拓业、造纸业、印书业等行业中赢得胜利，因为龙游商帮不怕艰苦、开拓进取，擅长经营管理，更重要的是具有诚实守信的职业道德。

龙游商人在经商过程中，一以贯之地主张诚信为本，坚守以义取利的儒商品格，十分看重"财自道生，利缘义取""以儒术饰贾事"。例如，龙游商人傅家来把诚信融入其创办的傅立宗纸号中，明确把产品质量作为傅立宗纸号的立身之本，而且对产品质量精益求精。

但凡傅立宗纸号生产的纸张，要求质量上乘，比同行出产的纸号要重10多斤。与此同时，傅家来对造纸生产流程中的每一个环节都非常重视，严格检验生产流程上的半成品，一旦发现次品，就会挑出来，绝不上市销售。

为了对用户负责和维持良好的信誉，其产品都统一加印"西山傅立宗"印记。在傅家来质量第一战略思想的领导下，傅立宗纸号生产的产品享誉各大市场，历久不衰。

傅家来以诚信赢得了良好的市场信誉。傅家来只是龙游商人中的一个，

---

① 徐聪琳，方梦媛.宋时萌发的龙游商帮：无远弗届，天下归仁［N］.衢州日报，2022年6月6日.

坚持诚信的龙游商人，不胜枚举。又如经营丝绸的龙游商人李汝衡，就是一位非常了不起的商人。

明代大文人李维桢所著《大泌山房集》卷四十八载《赠李汝衡序》一文记载，"所居积绮縠纻罽，穷四方之珍异，挽舟转毂以百数，所冠带衣履遍楚十五郡"[①]。李汝衡把丝绸商品销售到楚（湖北）十五郡，运绸的舟车达百余辆（艘），运载着四方异珍贩销各地。

李汝衡"而善与时低昂，人或就之贳贷无所靳，亦不责子钱，久乃或负之，遂不复言。即诸部使者，若藩臬，若郡邑，有所征需，汝衡不以苦恶往，上官亦不为攫直，楚人慕其谊，争交欢汝衡"[②]。李汝衡是经商的能手，为人慷慨，有借贷的一定倾囊相助，不计较利息。有借或有贷不还的，也很宽容，不再索还。官府征需，也乐于定时定额完成。楚人都喜欢与他结交。

"汝衡雅好客，置酒高会，佐以声伎之乐，其门填噎，诸同贾者莫敢望。汝衡从父九十三懋之，有游闲公子之赐与名，缙绅学士喜从之游，而不侫里中为最。属以急难来江夏，过懋之，则汝衡蹑屩整躃来，数为好饮食相赒。不侫以所见征所闻，人言汝衡侠士，良不诬。"[③]李汝衡喜欢结交朋友，常置酒会，因此门庭若市，对有难之人慷慨相助，被人誉为侠士。

李维桢对李汝衡的赞扬名副其实。

将诚信作为经商从贾的道德规范，正是龙游商帮积累财富，成为中国十大商帮之一的要诀。

以信誉著称的姜益大棉布店，冠为金（华）、衢（州）、严（州）三府第

① 今日龙游.天涯贾客李汝衡［N］.今日龙游，2017年8月3日.
② 同①。
③ 同①。

一家。资料显示，胡筱渔接管姜益大棉布店以后，更是把信誉提升到重要的战略地位上，对每一名员工都进行诚实守信的教育。不仅如此，胡筱渔还多次要求姜益大棉布店实行薄利多销，做到公平合理，童叟无欺，绝不二价。

为了解决流通中银圆掺假而损害顾客利益的问题，姜益大棉布店特聘了三位经验丰富的"验银工"，对所用银两进行严格的检验，凡经过姜益大棉布店的银币都加以"姜益大"印记，做到货真价实。

在经营过程中，姜益大棉布店不以短期行为来赚钱，有时为了维护姜益大棉布店的信誉，宁愿承担巨额的损失。

有一次，胡筱渔在海宁订购了7500匹石门棉布，价值6万银圆。然而，在运输过程中，货船遭劫，布匹被劫匪抢劫一空。

按照约定，这本是卖方之事，布匹损失由海宁布商负责。事发后，海宁布商派人与胡筱渔协商，主动承担此次布匹的损失。胡筱渔重义疏财，当场支付了海宁布商6万银圆布款，同时追加订购了7500匹石门棉布。

胡筱渔的这一义举，大大提升了姜益大棉布店的信誉。在日后的商业活动中，凡碰到货物紧俏时，海宁等地布商都首先满足胡筱渔的货源需求，全力支持胡筱渔渡过难关。

胡筱渔对员工也以礼相待，以诚相待，从不刻薄；对员工中年长者，以叔伯相称，同辈以兄弟相称，晚辈以弟侄相称，平等待人。年终，胡筱渔给职工发"红利压岁钱"，给每位员工一匹布价钱的奖励金。以心比心，诚挚待人，员工受感动，工作就更负责，保证了姜益大棉布店的良好运作。[1]

上述几人，是龙游商帮中无数成功商人的代表。中华传统文化影响了龙

---

① 陈学文.诚信是明清时期龙游商帮的经商之本［N］.光明日报，2008年1月11日.

游商人,他们始终保持着良好的节操,注重自身的修养,不仅重视社会责任,同时强调诚信为本。正因如此,龙游商人闻名于世。

公开资料显示,龙游商人经营的范围很广,主要有如下几个。(见表8-1)

表8-1 龙游商人的经营范围、代表商行或人物

序 号	主要行业 销售范围	重要集镇	代表商行或人物
1	纸商	远销江苏一带	龙游溪口镇是造纸和纸张贸易中心
2	书商	浙江、江苏、河北 及山东、京师	明代龙游书商、藏书家童佩
3	粮食商	毗邻各省	龙游茶圩米市,年销量1200万吨
4	山货商	全国及东南亚各国	胡同和号,年产各类油10万余斤
5	药材商	毗邻地区	龙游县城滋福堂药店
6	丝绸棉布商	远销湖广一带	龙游县城百年老店姜益大广货店
7	珠宝商	最大市场在京师	一般单人匹马经营
8	海外贸易商	日本、东南亚各国	海外走私贸易为主
9	边贸商	远销缅甸、印度	在云南姚安地区垦荒经商

龙游商人能在市场竞争中崭露头角,与他们有着良好的商业道德有很大关系。声誉良好,就会赢得信任。反之,欺诈造假,只能蒙骗一时,不能长久立足于商坛。明代浙江人张应俞编著的《杜骗新书》一书,列举24类84则骗术,这些是明代中叶以来商场上不诚信的事迹。相比之下,龙游商帮的诚实守信就显得非常可贵。①

浙江省社会科学院历史研究所原所长、龙游商帮研究专家陈学文教授坦言:"龙商能取得巨大成功,是因为他们重视自身的职业道德修养。公平

---

① 商业文化.龙游商帮(稳中求进,守本经营)[J].商业文化,2014(30):13—15.

交易，不欺童叟，重信誉，不缺斤短两，不假冒欺骗，是龙商的经商信条。"

如今很多企业经营者心浮气躁，为了利益最大化，不惜同行间恶性竞争、工程偷工减料、销售假冒伪劣产品。这些行为背弃了诚信的经商理念，是创业者经商最忌讳的做法。陈学文研究发现，"诚信在任何社会阶段都是经商之根本，龙商的这一优良精神品质也值得浙商学习"。

诚信就是戒欺

有媒体称："从草莽时代的开疆拓土，到新时代浙商的海内外征战，浙商的成长史，也是一部诚信经商史。"

20 世纪 80 年代，浙江商人就在诚信上做出过表率。

1987 年 8 月 8 日，在杭州武林广场，浙江商人自发地烧毁了温州产的劣质皮鞋，数量有 5000 多双。正是这把"诚信之火"，唤醒了数量众多的浙江商人，其后被温州商人称为"耻辱之火"。

时隔两年，1989 年，部分温州商人再次在杭州点燃了假冒温州名牌的伪劣皮鞋，烧毁了大约 2000 双。

2006 年 2 月 9 日，《钱江晚报》刊登了两个故事。故事一中的主角替先父偿还了百万元的无据欠款。故事二中的主角托儿子偿还 30 年陈账。这两个故事的主角，一个是浙江温州人，一个是浙江东阳人，他们把诚信真正地融入了血液之中。

2007 年 8 月 8 日，杭州武林广场，温州市民营企业代表一起点燃了"诚信之火"，57 家获得中国驰名商标称号的温州企业，集体向杭州市民展示风采。从 1987 年 8 月 8 日的第一把火开始，温州人在武林广场一共点燃了三把火，这三把火的名字叫"诚信"。

类似这样的故事还有很多，杭州武林广场的三把火，正是浙江商人对曾经的诚信危机的正面回应。马云是这样看待浙江商人的诚信的："以前，浙江商人曾经因假冒伪劣产品而受到大众关注，但这是社会现象，而非浙江现象，更不是浙商现象。假冒伪劣不是浙江创造出来的，而是经济发展中的一个必然过程。事实上，在这一过程中，浙商是最早醒过来的，现在更多的浙商在讲究产品的质量和品牌，清楚地明白这才是核心竞争力。"

回顾浙江商人的发展历史，诚信的传统可谓源远流长。位于杭州的百年老店胡庆余堂店中，挂着一块拥有100多年历史的堂匾，上书胡庆余堂创始人胡雪岩制定的堂规："凡百贸易均着不得欺字，药业关系性命，尤为万不可欺。余存心济世，誓不以劣品弋取厚利，惟愿诸君心余之心，采办务真，修制务精，不至欺予以欺世人，是则造福冥冥，谓诸君之善为余谋也可，谓诸君之善自为谋亦可。"

在100多年前，诚信在企业经营中都是自我约束的，不像今天有完善的法律和相关的地方法规。胡庆余堂的学徒、浙商中的代表人物、正大青春宝集团董事长冯根生在接受媒体采访时说："诚信戒欺是我的规则，也是浙商精神的灵魂。凡是浙江出去的都讲诚信，我认为这个就是浙江精神。"

在冯根生看来，经商就必须讲诚信，不能存在欺骗行为，冯根生说："戒欺就是诚信。我工作了57年，当了30多年的国有企业老总，从来就是讲诚信，不骗人。我认为这是最主要的浙商精神。"

不可否认，诚信是一个商帮竞争力的直接体现，冯根生说："其实在生意经中的规矩就体现了我们浙商的精神。第一是戒欺，戒掉一切欺骗；第二是诚信，对待所有顾客都应该诚信；第三是不得以次充好；第四是不得以假乱真；第五是童叟无欺；第六是真不二价，没讨价还价的，反过来叫价二不真。因此，这几年浙江的民营企业发展迅猛，令世界刮目相看。"

不仅如此，冯根生坦承是诚信成就了浙江商人，冯根生说："胡雪岩实际上是过去浙商的代表，虽然他是安徽人，但很小就到浙江来了，他把徽商的精神融进了浙商，并在胡庆余堂整个经营思路中体现了浙商精神。近3个世纪以来的中国历史上，有过晋商，有过徽商，但更主要的是浙商。晋商和徽商随着时间已经逐渐淡下去了，可浙商现在是越来越体现出他们的精神。为什么讲胡庆余堂是过去浙商的代表呢？在它的营业大厅里，写着两句话：'虚假无人晓，诚信有天知。'我小时候就是在这个教育熏陶下成长起来的。"

而今的浙商更加重视诚信。康奈集团创始人郑秀康在接受媒体采访时重点强调："做人需要诚信，办企业同样需要诚信。一个人如果不守信用，就会失去伙伴；一个企业如果不讲诚信，唯利是图，就会失去市场。坚持诚信才能给企业带来长远效益，企业才能长盛不衰。"

在2005年"十大风云浙商"的颁奖典礼现场上，郑秀康获得"十大风云浙商"的殊荣。在接受央视主持人的采访时，郑秀康说："1987年8月8日，杭州武林广场为什么会发生火烧温州鞋事件？究其原因，诚信是关键，失去了诚信，企业也就失去了生命……"

郑秀康的这番话代表了康奈集团的精神。康奈集团从一个小作坊，发展成为拥有国际一流水平的制鞋装备和先进的生产工艺的龙头企业，年产销中高档、高档皮鞋规模达1000万双，集团现有员工20000多人。

在郑秀康看来，诚信的根本建立在优质产品的基础之上。郑秀康在20世纪90年代就从意大利、中国台湾地区等地引进先进的制鞋设备和技术，还相继导入了ISO9001国际质量管理和ISO14001环境管理体系。康奈生产的每双皮鞋，其生产工序不低于 280 道。

当然，严格的生产工艺、过硬的产品质量，给康奈带来了巨额利润。康奈出口的每双皮鞋，零售价都在 60 美元以上，康奈皮鞋专卖店的数量迅速增长。资料显示，2005 年，康奈在中国拥有 2300 多家专卖店，在欧美 10 多个发达国家也拥有 80 多家专卖店。

郑秀康强调，除了优质的产品，热忱的售后服务也是康奈诚信的一个支撑点。康奈集团，设有专门的售后服务部门、服务热线，康奈的网站上还为顾客开设了留言专栏。

2005 年 3 月 8 日，安徽淮南的唐先生在康奈的网站上咨询相关内容。集团售后服务部迅速跟唐先生联系并为他解疑。唐先生激动不已："我很高兴接到贵公司的售后服务电话，说明康奈公司对每一位消费者的意见都是高度重视的！"

唐先生的案例只是其中的一个。正是康奈把诚信融入精益求精的服务态度之中，才赢得了消费者的信任。

康奈的诚信成为一种口碑之后，有人想以 20 元 / 双的价格购买康奈商标的使用权。面对巨额的商标租赁收入，郑秀康拒绝了。他说："我们温州皮鞋以前因质量不好，走了弯路，发生了 1987 年杭州武林广场火烧温州鞋的事件，造成全国拒卖温州鞋的现象。今天我们康奈有了名，是来之不易的，不能为了眼前的一点儿利益，而砸了自己的牌子。"

宏达制衣有限公司的董事长徐国生，在被问及企业家的何种品质最重要时，他的答案是"诚信"。徐国生说："我认为最重要的就是诚信做人、诚信做事。平时我对员工也是这么要求的。做企业不是一天两天的事，做企业需要别人的帮助，只有诚信才能维持长期的合作。"

徐国生认为只有诚信才能维持长期的合作，诚信促进了企业的发展。而正泰集团之所以用"正泰"这个企业名称，是因为体现了"正气泰然"的思想。其创始人南存辉坦言："经营要走正道，为人要讲正气，产品要正宗，要讲信誉。"事实证明，"正气泰然"的思想促进了正泰的经营和发展。

第九章　善于学习

2008 年以来，在浙江地区我校 EMBA 的报名人数和实际招生人数比去年增加了 50% 以上，今年招生人数超过 110 人。也许并不涉及两大商帮的学习力问题，可能是广东、浙江两地的管理者的结构不同。浙江民营企业家多，大多都是企业的董事长、总经理，他们都是从实战中成长起来的，对理论比较缺乏。

——中南财经政法大学 EMBA 浙江教学中心主任　盘和林

自我提升

2003 年，《经济日报》刊发了《浙江企业家独特现象：九成浙商为何"草根"》一文。该文指出，2003 年 9 月，浙江省给非公企业排出了前一百名，前一百名里的老板，如鲁冠球、徐文荣、王均瑶等，观其履历，竟有 90% 出身寒微。尽管英雄莫问出处，但人们仍然好奇。

先来看看浙江省非公企业的前十名。（见表 9-1）

表 9-1 浙江省非公企业排出前十名（2003 年）

序　号	人物名	出　身	企业名称	2002 年销售额或营业收入
1	鲁冠球	打铁匠	万向集团公司	118 亿元
2	徐文荣	农民	横店集团	94 亿元
3	南存辉	修鞋匠	正泰集团	81 亿元
4	吴鹰	教师	UT 斯达康公司	71 亿元
5	胡成中	裁缝	德力西集团	71 亿元
6	楼明	军人	广厦建设集团	70 亿元
7	李如成	农民	雅戈尔集团	69 亿元
8	郑元豹	工人	人民电器集团	62 亿元
9	郑坚江	修理工	宁波三星集团	54 亿元
10	汪力成	临时工	华立集团	36 亿元

该文还指出，无须过多罗列，因为后面的 90 位企业家，出身不是农民就是弹棉花的，不是裁缝就是修理匠。在浙江，90％的民营企业精英出身都低微，在创业初期的文凭大多是初中、高中。那么，他们是如何将企业做强做大的呢？

答案就是善于学习。对此，浙商研究会执行会长王曙光接受媒体采访时坦言："路费就是学费，市场就是学校，继续学习是浙商前进的动力。"

在王曙光看来，在华人家族企业，特别是浙江家族企业中，很多创业者都未受到过像样的学校教育，文化水平一般都不高，但这并未成为他们创业道路上的拦路虎。因为他们在创业前的工作中，都很注重业务知识的学习，有着过人的学习能力。这成为他们最终走上创业之路的重要契机。

在这个信息时代，市场信息正以几何的速度迅速传播、扩散。许多浙江商人为了更好地应对企业发展的需要，参加各种培训班，尤其是 MBA 等高级培训班。这不仅是浙江商人热爱学习的具体表现，也是浙江商人对管理理论的有效探索。

不可否认，在激烈竞争的环境中，事物总是在不断变化，新事物也不断地涌现，新问题自然不断出现，面对这样的新背景，浙江商人通过学习，有效地提升了发现商业机会和企业经营管理的能力。

一位参加 MBA 的浙江企业负责人在接受媒体采访时坦言："在这里，最主要的是能够结交一些企业领导人，交流经验、分享教训，这比书本上学到的要实用得多！"

在浙江商人这个群体中，越来越多的人认识到，报学校、上培训班不仅是一种智力投资，更是一种解决管理实践中遇到难题的有效办法。在浙江商人看来，企业经营者必须具备很强的学习能力才能使企业生存和发展。

上文提到的康奈集团，是中国皮鞋行业的龙头企业，原董事长郑秀康就是一个善于学习的浙江商人。

因为家境困难，16 岁的郑秀康辍学进厂学做模具。到 1979 年，33 岁的郑秀康晋升为国有企业温州通用机械厂的副厂长。但是他的家境依然困难，再加上妻子生病，靠他的工资家里入不敷出。

郑秀康利用业余时间到一家皮鞋作坊当制鞋学徒，每天工作到深夜。郑秀康花 45 天时间掌握了做鞋的各种技术。1979 年 9 月 28 日，郑秀康做成了第一双皮鞋。郑秀康的师傅细细审视后说："你真行啊！"

1980 年，郑秀康向工厂提出停薪留职，要走一条自主创业的道路。他拿出几百元积蓄，招了 8 名工人，办起了一家皮鞋作坊。①

---

① 殷洪军.浙商研究会执行会长王曙光：浙商靠什么角逐世界［N］.威海日报，2008 年 6 月 21 日.

在创业过程中，郑秀康把合作伙伴和竞争对手都视为自己的老师，总是虚心向合作伙伴和竞争对手学习经商和管理的方法，并从合作伙伴和竞争对手的失败中吸取教训。

1985年，国家允许个体户办厂的文件传达下来，郑秀康当天就去注册了鸿盛皮鞋厂，并注册了鸿盛商标，鸿盛皮鞋很快进入了杭州、上海等大城市。

1987年8月8日，当郑秀康的皮鞋企业刚有起色时，杭州武林广场火烧温州鞋事件发生，郑秀康的皮鞋厂也受到牵连，产品开始滞销。但这个吃苦耐劳的温州人，在坚守的同时依然没有忘记学习。郑秀康阅读了大量专业书籍，访问了许多业界专家，终于明确了国际鞋业的最新发展动向，有了东山再起的核心支撑。

1989年，郑秀康又走进了被誉为"世界鞋都"的意大利。朋友向他介绍的情况使他发现，制鞋这种劳动密集型行业正在发生战略性转移，20世纪六七十年代鞋业转向韩国和中国台湾，现在中国正在成为鞋业发展的下一个目标。他看到了中国鞋业的机遇和希望。他下定决心，要改变中国制鞋现状，修筑一座以质量为基础的现代化鞋业长城。

1989年春，郑秀康把皮鞋厂改名为长城鞋业公司。不久，郑秀康终于将意大利的现代化制鞋技术学到手，并引进了先进的机械化制鞋装备，最终如愿以偿地踏上了成功路。①

注重学习，可能与浙江商人已经意识到没有文化就无法将企业做强做大

---

① 殷洪军. 浙商研究会执行会长王曙光：浙商靠什么角逐世界［N］. 威海日报，2008年6月21日.

有关。对此，浙商研究会执行会长王曙光在接受媒体采访时坦言："浙商注重学习，对他们来说，不论身份高低，不管年龄大小，后天的继续学习始终伴随着他们经商的全过程。"

浙江商人在创业过程中，非常注重通过学习提升自己的经营能力和管理能力，以便有效应对商业竞争。

2008年，由美国"次贷危机"引发的金融危机席卷世界各地，当然，中国也未能幸免。在这样的大背景下，有媒体报道称，遇到经济危机，浙江商人和广东商人却有着完全不同的心态。很多大学中开设的EMBA（高级管理人员工商管理硕士）课程，往往被称作老板班、高级管理者的"黄埔军校"。数据显示，广州2008年就读EMBA的学员数量就呈现明显的下滑态势，而来自浙江的数据显示，报读EMBA的浙江商人呈现明显的增长态势。

现在中国有两大商帮，一个是粤商帮，另一个是浙商帮。粤商帮势渐弱，浙商帮越来越强，排除其他因素，这和他们的学习能力是有很大关系的。浙江老板大多好读书，而广东老板中爱读书的很少。许多浙江老板的普通话说得很好，但广东老板会说普通话的凤毛麟角。由于不善于学习，许多广东老板至今没有完成从蝌蚪到青蛙、从流氓到绅士的转型；而浙江老板已经基本完成这种转型。[①]

这样的观点得到了媒体的印证，2008年12月10日《广州日报》报道称，广州的部分院校EMBA招生是一个例外，招生人数最多的中山大学管理学院和岭南学院都反映招生量下降，甚至下降了20%以上，中山大学管理学

---

① 杨珍.读EMBA：浙商粤商"冰火两重天"［J］.世界经理人，2008（12）：18—23.

院和岭南学院想要维持2008年300人左右的规模并保证质量不下降，的确是有点难度。当然，也有学者坦言，这样的观点也有些片面。不过，这个问题的确值得粤商反思。

与广东EMBA招生下降相反的是，来自浙江媒体的报道《浙商"过冬"掀学习热潮EMBA学员涨幅超过50%》称，据浙大EMBA官网公布的数据，该校EMBA 2008年招生达到历史最高水平。

从上述两篇报道不难看出，浙商在学习方面会下更多的工夫。有专家在接受媒体采访时坦言："一个商人的学习力是一个企业强大的重要因素。"那么，同样面对金融危机，企业老板就读EMBA方面，为什么会出现浙商、粤商冰火两重天的现象呢？

对此，中南财经政法大学EMBA浙江教学中心主任盘和林在接受媒体采访时，发表了自己的观点："2008年以来，在浙江地区我校EMBA的报名人数和实际招生人数比2007年增加了50%以上，2008年招生人数超过110人。也许并不涉及两大商帮的学习力问题，可能是广东、浙江两地的管理者的结构不同。浙江民营企业家多，大多是企业的董事长、总经理，他们都是从实战中成长起来的，对理论比较缺乏，选择MBA是很不现实的。一是要花比EMBA更多的时间，二是MBA的教学模式不适合他们。EMBA的教学模式确实比较适合他们，因为EMBA是面向有实践经验的高管开设的，重在对企业家和高管思维上的启迪和点拨。当然，浙江民营企业主的支付能力也强一些。而广东则是职业经理人多一些，所以很多广东职业经理人在经济危机时，选择读MBA而非EMBA。MBA是职业经理人的摇篮，它的案例加讨论的教学模式，与EMBA是不同的。我在浙江和广东各生活了4年，接触了两地的企业家，确实浙商的学习意识要远比粤商强，这个应该引起粤商的重视。"

有些浙商学历低，但是后天的学习弥补了自身的弱项。一位浙江民营企业董事长在接受媒体采访时坦言："越是危机，越是企业人才发展的机遇。我认为现在是企业人力资源储备和发展的最佳时机。我不仅自己来读，还带着我的副总来读。"

在浙江商人看来，金融危机是再次崛起的机会。有浙江商人坦言："我一直很想参加 EMBA 的学习，但以前苦于公司事务繁忙，总是脱不开身。"

在金融危机下，很多浙江商人暂停扩张战略，抓紧时间学习，迎接新的机遇与挑战。一位浙江商人说："当前是一个经济疲软的年代，面对复杂多变的经济态势，与其苦于挣扎，不如潜心读书，等待自己学成归来，迎接新的机遇和挑战。"

继续学习

梳理发现，在许许多多的浙江商人中，他们的第一学历往往都非常低，但是，这些浙江商人的经商和管理能力非常高。根据王曙光对浙江商人的研究，浙江商人与其他学习者的目的不同，浙江商人学习的目的是提升企业的管理和经营水平，而不是一纸文凭。

很多功成名就的浙江人，由于小小年纪就出门闯荡，绝大多数都是走到哪里，学到哪里。正如王曙光所言，"路费就是学费，市场就是学校，继续学习是经商路上前进的动力"。

正是这种锲而不舍的学习劲头，使大批靠双手打工，以原始方式养活自己的补鞋匠、棉花匠、小木匠、油漆匠、推销员见多识广，他们比别人更敏锐地觉察商机，并把握商机。于是，他们敢包天上的飞机，敢包奔流的江河。①

由此可见，要想创业成功，就必须持续不断地学习，因为创业的过程就是学习的过程。近年来，浙江商人，特别是一些青年企业家，对学习层次有了更高的要求，他们不再沿用原始的学习方法，他们从原先的"白天当老板，晚上睡地板"到今天的"经常看黑板"，迫不及待地走进大学，从理论上提高自己，使自己的企业更好地与国际接轨，更理性地求得更大的发展空间。②

例如，浙江商人王均瑶由于辍学而走出浙江创业，多年后通过学习取得了大学学历，但是王均瑶没有满足，其后还学了 MBA。王均瑶强调，不一定要拿文凭，但至少要学好英语。王均瑶接受媒体采访时说："每周都要与国际经济界的朋友交流，本来我表达的内容很多，但翻译一两句就说完了。我要亲口说……"

在浙江商人中，注重学习的商人非常多。又如，华立集团董事长汪力成拿到浙江杭州大学管理哲学硕士文凭后，并没有就此停止，汪力成还打算在退休之后，再拿一个社会学博士文凭，研究一下宗教与文化，以及与经济和社会发展的关系。

在如今的 21 世纪，信息和知识经济越来越重要，而为数众多的创业的浙江"草莽英雄"，出于年龄、知识等原因，已经或正在悄悄地将企业指挥棒传递给自己的下一代。比如，苏泊尔炊具公司的帅印已经移交给浙江大学生物系毕业的少帅苏显泽；横店集团总裁徐文荣曾留学日本的公子已经担任

① 殷洪军.浙商研究会执行会长王曙光：浙商靠什么角逐世界［N］.威海日报，2008 年 6 月 21 日.
② 同①。

了公司总经理一职。而崭露头角的浙江创富精英，绝大多数本身就是学界骄子。比如，UT 斯达康（中国）有限公司总裁吴鹰，是美国新泽西理工大学硕士。他最早发现了小灵通这座未经开采的金矿，在中国开辟了无线市话，不仅让 UT 斯达康迅速在美国纳斯达克上市，自己也拥有了"中国小灵通之父"的雅号。[①]

不陪客吃饭，不在外过夜的鲁冠球，挤出时间来学习。鲁冠球每天晚上7 时到 12 时看书看报，看电视新闻，就是外出开会也不停止。因此，只读过初中的鲁冠球，在创业期间先后发表了 120 多篇学术论文，都切中当时中国经济的要害。他不但在实践中为发展中国乡镇企业、带领农民致富走出了新路，而且在理论上也有很大的贡献。几十年来，他孜孜不倦地学习，在理论上达到了相当高的水平，成为香港理工大学荣誉博士，获得了高级经济师和高级政工师的职称。他撰写了大量的理论文章，已有 60 多篇论文在《人民日报》《求是》《光明日报》《经济日报》等报纸杂志上发表，被誉为"农民理论家"。[②]

在前文，我们讲过周晓光"穷则思变"。在这里，我们讲讲周晓光"注重学习"的事。周晓光在 1995 年创办工厂，其后的几年时间里，新光饰品厂的发展速度较快。周晓光还建立了产品销售网络，使新光饰品厂一举成为中国饰品行业的龙头企业。

1998 年，周晓光首次参加香港珠宝展，凭借自产的首饰得到无数客商的认可，其后订单如雪片般飞来。

---

① 崔砺金，陈鸣玉.透视浙江的"创业精英"［J］.大众标准化，2004（10）：41—42.

② 鲁冠球：潮流万向，始终常青［N］.中国航空报，2013 年 10 月 19 日.

此刻的周晓光并没有满足已有的成绩，而是开始反思企业的发展方向。在周晓光看来，新光饰品厂已经到了非转不可的时刻了。

周晓光在接受媒体记者采访时说："1995年企业刚开办时，只有几十号人，很多都是自己的亲戚，然而只用了3年，企业员工就达到800多人。产品虽然供不应求，但质量不稳定，总会出现这样那样的问题，而且员工也不稳定，以前管几十人的那种管理方法左右碰壁，人累得要死，还把自己给管哭了，但企业问题仍然是一大堆。"

在周晓光看来，传统家庭作坊式企业的管理办法已经远远不能适应新光饰品厂的发展。为了改变自己的观念和思路，周晓光决定去学习。

1997年，周晓光和浙江省其他30多位民营企业家一起，在中央党校学习了半个月。

周晓光从零开始学习管理、财务、人力资源、内部控制等。经过学习，周晓光的管理能力得到了较大的提升。

在此次学习中，周晓光是最用功、最勤奋、最认真的学习者。下课后，周晓光经常向老师请教有关经营的问题，老师们被周晓光求知若渴的学习精神感动，对他倾囊相授。

周晓光对这次学习感悟之大，超出很多人的想象，甚至可以用"重生"来描述。此次学习经历给周晓光打开了一个新的视野，他对学习更加重视了。

周晓光意识到，新光饰品厂虽然快速成长，却不得不面对人员素质相对不高的问题，要想提升新光饰品的整体竞争力，仅仅提升周晓光一个人的竞争力是远远不够的。因为新光饰品厂的生存和发展必须建立在拥有一大批高素质管理人员的基础之上。

在这样的背景下，周晓光带领整个新光饰品厂的员工和管理班子不断充电、学习，带领管理团队远赴北京、上海等地进修、听课，或者重金聘请知名学者、教授来公司授课（周晓光曾花费巨资请权威专家为公司骨干进行有关团队精神的培训），甚至送员工去浙江大学读 MBA。

周晓光发现，每年送一两个人去读 MBA，这样的人才培养过于缓慢，于是周晓光开设了新光集团中层干部"EMBA 核心课程研修班"，把浙江大学商学院的教授请到新光饰品厂，讲授根据新光饰品厂情况设计的课程。

周晓光的做法使得新光饰品厂的管理人员既不用离开公司，又可以进行学习。不仅如此，周晓光还非常重视管理咨询团队。早在 1998 年，周晓光开始引进专业的管理咨询团队，对企业进行全面的管理变革，并导入企业形象标识系统，成为义乌市第一家导入企业形象系统的企业。与此同时，周晓光加快了家族式企业向现代企业制度的转变：从中国台湾地区聘请职业经理人担当公司总经理；全面推行管理标准化，并于 2001 年 10 月，在同行业中率先通过 ISO9001：2000 质量管理体系认证；2005 年，公司通过 ISO10012 测量管理体系认证和浙江省清洁生产验收；2006 年，公司通过 ISO14001 环境管理体系认证和浙江省绿色企业验收；同年，环保型金属饰品锡基材料及锌合金饰品被评为浙江省高新技术产品，前者还被列入国家火炬计划项目；2007 年，新光实现了中国名牌、中国驰名商标、中国出口商品免验企业"大满贯"，并且成为中国流行饰品行业标准的起草制定单位。①

周晓光坦言："经验很重要，但方法更重要，背后的人最重要。"在企业管理中，虽然周晓光有如此的见解，但是周晓光以重金聘请学者来公司培训员工以突破自身瓶颈的努力，仍然遭到一些企业管理人员的反对："你花那

---

① 羊荣江.从"货郎女"成长为"饰品女王"［N］.浙江工人日报，2018 年 3 月 27 日.

么多钱请人来讲课，还不如多发点儿钱给我们。"

为了更好地提升企业的竞争力，周晓光想了一个两全其美的办法，把那些经营和管理能力上无法跟上企业发展步伐的员工，从原来的岗位上调离。周晓光的办法是，由企业出资、资助并鼓励这部分员工创业，从而做大整个饰品行业。

周晓光既没有粗暴地将他们辞退，又提升了企业的竞争力。在周晓光的资助下，从新光离开的员工，大多成为义乌饰品行业的从业者，经过六七年的发展，在义乌有着"新光"背景的饰品企业就有 600 多家。截至 2011 年底，新光已经发展成为一家集实业、商贸、投资于一体的大型民营企业集团，旗下拥有 21 家全资子公司及控股公司，以及近百家参股公司，企业总资产达百亿元人民币。[①]

---

① 中国工人.非公企业工会工作的一面旗帜——记全国优秀工会工作者、新光控股集团党委书记、工会主席黄昌文［J］.中国工人，2012（2）.

04

保持低调，崇尚节俭

娃哈哈的产业不是老辈人留下来的，是我们用自己的双手创造的，是买十个扫帚去批发、卖一箱冰棍挣一毛钱换来了今天的娃哈哈。创业难，守业更难。勤俭创业，勤俭守节，是娃哈哈非常之本。

——娃哈哈创始人　宗庆后

第十章　崇尚节俭

老板要付出非常的代价，整天花天酒地的老板，肯定做不长、做不大，真正的老板都是俭朴的。

——娃哈哈创始人　宗庆后

践行节俭

浙江商人不仅是创富的能手，也是崇尚节俭的能手。仔细研究浙江商人的创富路就不难发现，浙江商人能够在20世纪80年代迅速崛起，是因为浙江商人一直把节俭当作创业、守业的指导思想。

在浙江商人看来，只有懂得节俭，生意才会做得长久，财富才会不断地积蓄，相反，不懂节俭，过度挥霍，即使有万贯家财也会渐渐消失。

在"家族企业长盛不衰的秘诀"培训课中，当我们提及浙江福布斯中国富豪榜上的亿万富豪时，一些学员马上就会想到这些富豪非常节俭和低调，他们与其他过着极其奢华生活的富豪不同。

一些浙江亿万富豪的生活非常节俭，甚至跟发家前没有什么区别，他们还会要求子女学会节俭。在中国，节俭不仅是一种优良的传统，也是中国人的持家之道，很多父辈在教育子女时总是不忘让他们节俭，不要过于铺张。

《晏子春秋·谏下十四》记载："法其节俭则可，法其服，居其室，无益也。"《史记·平津侯主父列传》也谈到了节俭："盖闻治国之道，富民为始；富民之要，在于节俭。"林则徐强调："子孙若如我，留钱做什么，贤而多财，则损其志；子孙不如我，留钱做什么，愚而多财，益增其过。"

由此可见，节俭作为一种全民教育，其影响也足够深远。这样的节俭教育在浙江商人身上传承得非常到位。

在康奈创始人郑秀康的女儿郑莱莉看来，节俭不仅是习惯，而且是控制成本的方式。将成本降低，将盈利增加到极限，不精打细算，就保不住微利。

郑莱莉从天津财经大学毕业后，被深圳一家会计师事务所录用，月薪5000元。从实习期就崭露头角的郑莱莉，被看作一名有潜力的员工。在深圳市人均月薪为1500元左右的1998年，郑莱莉用能力证明了自己，年轻的毕业生颇有成就感。

郑秀康坐不住了，他亲赴深圳，与女儿面谈，希望她回到温州，在家族企业中工作。[①]

回到康奈后，郑莱莉没有担任高级管理人员，而是下车间去制作皮鞋，第一个月，郑莱莉的薪水为2000元，做的是比较基础的生产线工作。[②]在制作皮鞋的过程中，郑莱莉的手被做鞋的剪子磨得起了一个大水疱。一位老师傅见状，向郑莱莉的父亲郑秀康汇报情况，结果郑秀康给了郑莱莉一

---

① 王立伟，何天骄.郑秀康：一位创始人父亲的柔性交接班［N］.第一财经日报，2011年3月8日.

② 同①。

双手套。

作为父亲，郑秀康和普通人一样有着细腻的情感，早年郑莱莉刚刚回到温州工作，经常晚上加班，他又不愿意让女儿一个人开车，担心有危险，于是常常在夜里打电话到办公室去，让女儿工作结束后等他开车去接。和普通女工一样，郑莱莉总是坐在路边，学各种制鞋的环节，郑莱莉在一次公开发言中说，做鞋的 280 道工序，她逐一学过。这个有着娃娃脸的小女孩儿，甚至被前来检查的当地劳动局的工作人员认为是"童工"。

"要让她知道，钱是怎么赚来的。"郑秀康坚持让女儿多"劳动"，他和女儿的交流，就是这些看上去做也做不完的"劳动"。①

在制鞋车间历练半年后，由于郑莱莉熟悉了做鞋的每一道工序，郑秀康就把郑莱莉安排到康奈英大认证的管理岗位工作，如仓库盘点、组织员工培训等。

郑莱莉的工作也给康奈带来了业绩，1998 年末，康奈通过了 ISO9002 认证。郑莱莉在工作中早出晚归，取得了不错的成绩。

如今的郑莱莉已经是康奈集团副董事长、副总裁，并没有像某些家族企业接班人那样，取得一点儿成就就开始享受，甚至挥霍，她以新中国第一代浙商为学习榜样。郑莱莉说："他们的创业精神、吃苦耐劳精神，都是一笔宝贵的财富，更主要的是他们的勤俭。"

在浙江商人中，除了郑莱莉，还有很多第二代浙商企业家，他们依然保持新中国第一代浙江商人勤劳俭朴的作风，有的甚至还把节俭当作一种素

---

① 王立伟，何天骄.郑秀康：一位创始人父亲的柔性交接班［N］.第一财经日报，2011 年 3 月 8 日.

养。在 2012 年春节时，娃哈哈的少当家，创始人宗庆后之女宗馥莉，与员工一起过春节。

在很多人的意识中，中国的春节，作为企业老板，起码要奢侈地过，然而，宗馥莉跟着父亲宗庆后一起奔赴企业生产一线，这当然是受宗庆后节俭作风的影响。

拒绝挥霍

在生活条件大大改善的今天，一些"富二代"的节俭意识渐渐淡化了。见诸报端的"富二代"不是炫富，就是开着跑车撞人。某些"富二代"对节俭和艰苦奋斗不以为然，在他们看来，勤俭节约、艰苦奋斗只不过是曾经穷苦年代和艰苦岁月面对生存的不得已，如今已经富裕，再提倡节俭就不合时宜了。

其实，节俭不仅是一种理财方式，更是一种生活方式。它教会人们有效地管理自己的金钱，在与财富的长久、良性的互动中获得永续的"恒财"。①相反，不懂得节俭就会把所创造的财富都挥霍掉，这就是中国常说的"富不过三代"的原因。在新中国第一代浙江商人中，节俭不仅仅是习惯，而且已融入血液之中。

如今的李书福是一名名副其实的亿万富豪。李书福出身贫寒，发家致富之后，依然保持节俭的生活作风，他的"抠门儿"跟身价一样出名。

在赚取巨额财富之后，李书福的穿戴并没有太多改变，依然穿着一双价

---

① ［英］塞缪尔·斯迈尔斯. 节俭的力量：超越时艰富足一生的生活方式［M］. 北京：北京邮电大学出版社，2009：35.

值 80 元的皮鞋。李书福在接受中央电视台的采访时就曾当场脱下皮鞋,特别介绍了这双皮鞋的产地和价格。李书福介绍说,他穿的皮鞋是浙江一家企业生产的,价格只有 80 元,已经穿了两年了。当天太忙没有擦亮,擦亮后是非常漂亮的。在李书福看来,这双皮鞋物美价廉,结实耐用。

不仅如此,李书福衬衣的价格也只有 30 元。李书福坦言,自己穿的这件衬衣印有吉利字样,纯棉的,质量很不错。

接受中央电视台记者采访的当天,李书福因为上午有公事,其衣着与平时相比已经算是非常讲究了。吉利内部人员接受采访时坦言,在吉利集团,员工很难见到李书福身穿价值 500 元以上的西服。李书福让秘书去购买西服时,特别强调要购买 300 元一套的。在日常的工作中,李书福总是穿着一件黄色夹克。在吉利集团的厂区,李书福往往穿着工作服。

吉利内部人员接受采访时坦言,李书福似乎只有一套稍好的西服,这是李书福去非常重要的场合时才穿的形象服。

对这套价格 300 元的西服,李书福坦然地说,"没什么不好嘛"。吉利内部管理自然也秉承着李书福的节俭作风。李书福出差订机票时,如果同一时段有打折的机票,就坚决不订全价票。

在员工就餐时,李书福要求员工做到"碗光""桌光""地光""残渣入盘成堆"。这"三光一堆"的做法成了吉利集团的企业精神。作为"船长"的李书福不仅是这样说的,同时也是这样做的。李书福带头在食堂就餐,端盘排队,其做法激励了吉利的员工。

为了改善员工的住宿条件,李书福专门投资 4000 多万元建造了专家楼和员工宿舍,而自己依然住在 10 年前建的房子里。吉利员工都说:"我们的老板赚的钱最多,个人花的钱最少。"

在中国"十大越抠越有钱"的富豪榜上，李书福榜上有名，也正是因为李书福的抠门儿，吉利汽车才有更大的成本优势，吉利汽车一直保持同级车中价格最优的水平。[①]

在李书福看来，浙江商人提倡节俭，并不是过苦行僧的生活，而是一种正确的经营观念。浙江商人曾这样评价节俭："对于节约的人，金钱是扁平的，是可以一块一块堆积起来的。"

勤俭守节

有些人发家致富之后就爱炫富。而浙江商人不爱出风头的个性显得十分突出。浙江商人有钱，但不会过多地用金钱来粉饰自己的面子。人们经常可以看到，浙江商人在众人面前惬意地抽着自己喜欢抽的廉价香烟。[②]

在浙江商人看来，节俭不仅是一种价值观念，而且是一种经商的理念。娃哈哈董事长宗庆后，就是一个非常注重节俭的浙江商人，已经把节俭融入企业管理中。

例如，娃哈哈内部所有的发票都必须经过宗庆后签字，只有签字后才能生效。员工经常排长队去找宗庆后签字。据说办公室外的员工就曾听见宗庆后大声说："什么？买十个扫帚还不去批发？太浪费了！"

在任杭州市上城区校办企业经销部经理时，宗庆后为了节省单位的车费开支，经常骑着三轮车去送货。媒体报道称，作为娃哈哈集团的老板，宗庆后并没有什么过高的要求，经常和员工一起吃住在厂里。宗庆后的工作时间

---

① 张利东. 让全世界都跑着吉利车［N］. 京华时报，2005年7月4日.

② 政商内参. 一个浙江商人立下的22条规矩［EB/OL］. 2016年10月19日. https://cj.sina.com.cn/article/detail/1651744931/84381.

通常很长，没有白天黑夜之分。宗庆后从没有因为自己是娃哈哈的老板而摆阔、比富，或无边际地享受。宗庆后说："老板要付出非常的代价，整天花天酒地的老板，肯定做不长、做不大，真正的老板都是俭朴的。"

为了让员工养成节俭的工作和生活习惯，宗庆后对员工说："娃哈哈的产业不是老辈人留下来的，是我们用自己的双手创造的，是买十个扫帚去批发、卖一箱冰棍挣一毛钱换来了今天的娃哈哈。创业难，守业更难。勤俭创业，勤俭守节，是娃哈哈非常之本。"

实践证明，多数白手起家的浙江商人都十分注重节俭，反对奢侈浪费，在他们看来，节俭既是一种价值观，同时又是一种原则。

例如，浙江 001 电子集团的董事长项青松，戴着价格仅 68 元的手表，日常穿的衣服，其价格也不过区区几十元。

飞跃集团董事长邱继宝积累了上亿元财富后，一家人仍然住在公司的仓库里。这与很多亿万富豪的做法简直是天壤之别。

面对质疑，邱继宝却回应说："年轻时为了赚钱糊口，我用自行车送客，还在东北补了三年鞋。而现在呢？钱对于我来说只是一个符号，一个数字，没有任何意义。我将自己所有的心思都放在了早日建成世界级优秀缝纫机制造企业上，根本没有时间去想什么物质享受。吃饭只不过为了填饱肚子，睡觉也不过是为了补充精力。在这点上，穷人富人都一样。"

在浙商中，鲁冠球对节俭有着自己的要求——不请客吃饭，不在外面过夜。鲁冠球正是用这种朴素的经营理念打造了庞大而又辉煌的万向集团。在鲁冠球看来，"白天当老板，晚上睡地板"也是一种创业精神。

2002 年的腊月二十九，网易股价一路飙升之时，丁磊风尘仆仆赶回参加奉化中学 89 届（2）班同学会。当班主任江老师向这个中国首富要 300 块钱的活动费时，丁磊翻遍了全身的衣兜，却没有找到 300 元现金。这笔活动费丁磊第二天才补上。

浙商能立足商界，是因为节俭意识较为浓厚。确实，节俭是浙商的一个特征，也是浙商积累财富的一个有力保证。

浙江商人包玉刚，人称"船王"，就是一个非常节俭的商人。

包玉刚曾是世界上拥有 10 亿美元以上资产的 12 位华人富豪之一。1978 年，包玉刚的海上王国达到了顶峰，稳坐世界十大船王的第一把交椅，创立了"环球航运集团"，但是包玉刚依然生活得非常俭朴。

包玉刚跟其他浙江商人一样，不仅要求自己生活俭朴，同时也要求家族成员节俭。例如，包玉刚教导女儿时常说："有一双鞋子就够了。"

包玉刚教导自己的 4 个女儿要节俭，不准乱花钱。小女儿在美国纽约读书时，就采用勤工俭学的方式来获得学费。在很长一段时间里，包玉刚的小女儿都是在白天上课，晚上兼职做店员，每晚都会工作到 9 点多，直到大学毕业。包玉刚不仅教导女儿，同时也教导 4 个女婿，要求 4 个女婿遵照包氏家训，勤俭持家。

包氏企业一向注重成本控制，包玉刚把节俭之风注入企业经营管理之中。包玉刚在美国哈佛大学商学院的演说词中谈道：

> 商业机构如欲成功，必须控制成本。各位在学习中对此想必已下过很大的一番工夫。在航运业方面船东控制开支的能力更直接关系到他的竞争能力，因此，节省船只开支费用极为重要。
>
> 原因有二。第一，个别船东不能左右世界航运市情，因此必须设法控制开支以确保预算的收入（市情较差时则须尽量减少亏蚀）。长期租

赁船只，更应注意控制航行开支。第二，船只在航行中可能需要极多额外开支，因为航行全世界，随时随地可能发生意外，需要修理、保养、补充用品等。按照定期租船合约，租户得向船东要求赔偿船只不能履行租约中所载明的船航速度及用油限额规定而蒙受的损失。这对船东，不是一艘船，而是对许多船的问题，其数字一定很可观，会影响预期收入。因为如果赔偿要求事件发生太多，船东在市场上的信誉会受影响，从而影响他将来扩展业务的机会。

成本控制得法，一定要制度健全。因为过于依赖单独个人能力，总不免会有疏忽之虞。我永远忘不了和一艘早期船有关的经历。那艘船驶往日本长崎时，主机发生严重故障。我向长崎方面造船厂发出求救信号，以便一驶入长崎港口即可进行紧急修理。当时，我特别要求亲自赶往长崎监督修理。修理完工后，随船出港，亲眼看见一切没有问题了，才离开船改搭领港船返回长崎。夜晚海面风浪汹涌，又值严冬，寒冷无比，领航船是一艘竹篷小船，舱内烧着炭盆，直冒黑烟，我很有顾虑，不敢入舱，始终站在舱外，唯恐出事。从那时起我便决定学习冬泳，如今冬泳已成为我的终身嗜好。

但这件事后来还有个滑稽结局。数星期后，那艘船向公司呈报添置一套新碗碟的账单。查询原因时，船长解释说原来的碗碟太破旧，船东在船上不便使用，因此竟把全部碗碟都换了新的。

这件事给我很深刻的教训。我便决定船上的开支一概需要岸上公司人员核准，而且权限应该掌握在不跟开支直接有关者手中。换句话说，须把二者职权分开。多年来，我的机构一直沿用这个制度和"复查制"，成效卓著。复查制的要点，是鼓励所有人员培养出必须研究与说明开支理由的观念，并尽可能想出更节省的办法。[①]

    在浙江商人这个群体中，节俭已经融入生活和管理之中。对此，著名经济学家吴敬琏评价说："我们发现，浙江商人的节俭理念虽然简单朴素，但是比好多现代管理制度要适用得多。"

---

    ① 包玉刚.1976 年 12 月 6 日在美国哈佛大学商学院的演说词［EB/OL］.2013. http：//www. cnnb.com.cn/gb/node2/channel/node13890/node18707/node80264/node80268/userobject7ai1367598. html.

第十一章　低调谦卑

　　为人低调谦卑是浙江商人的一般做法。大事清楚、小事糊涂也是浙江商人的一般做法。有人戏称：在北京拿起一块石头砸倒十个人，九个人是当官的。因为不到北京不知官大。在浙江，你拿起一块石头砸倒十个人，九个人可能是百万富翁或千万富翁，尽管这九个人穿着极为普通。在北京，只认衣衫不认人的故事时常发生。

　　——北京今日潮流企业策划公司董事长、北京浙江企业商会副会长　陈俊

刻意低调

　　在一些企业家论坛上，有企业家认为，浙江商人过于低调，以至于影响了浙江企业创造品牌的知名度。在浙江商人看来，过于高调会影响企业经营，甚至遭到某些对手的正面竞争，也就是说，浙江商人保持低调，还是为了更好地经营企业。

　　关于浙江商人的低调，陈俊说道："为人低调谦卑是浙江商人的一般做法。大事清楚、小事糊涂也是浙江商人的一般做法。有人戏称：在北京拿起

一块石头砸倒十个人，九个人是当官的。因为不到北京不知官大。在浙江，你拿起一块石头砸倒十个人，九个人可能是百万富翁或千万富翁，尽管这九个人穿着极为普通。在北京，只认衣衫不认人的故事时常发生。"

在陈俊看来，浙江商人往往是大事清楚，小事糊涂。陈俊还举例说：

2006年的某一天下午，两个中年男人来到北京西客站某一楼盘售楼处，打算购买10套房子。这两个男人都其貌不扬，不仅矮瘦，还穿着非常普通的休闲服，拎着一个非常陈旧的皮包。售楼小姐看了这两个男人一眼，没有搭理他们。这两个顾客想要售楼书看看，售楼小姐嫌他们两个太烦，就站到一边去了。

售楼处里的一个男售楼员看见他们对购买房子很有意向，就取了资料，又详细介绍了楼盘情况。

这两个顾客看完所有材料后，问道："你们这楼，一层有多少套？"

男售楼员回答："一层有12套房子。"

两个顾客说："那这一层的12套，我们全要了。"

男售楼员坦言："12套？这是要付定金的，两万块一套。"

两个顾客随即拉开自己那个很旧的包，取出24万元现金，交给了男售楼员。而此刻，售楼小姐们一个个后悔莫及。经过打听，她们才知道这两个人原来都是浙江商人。

陈俊坦言："这个故事起码说明两点：一是浙江商人为人低调，二是浙江人有钱。"

浙江商人穿着极为普通，行事极为低调。北京吉利大学创办人，浙江吉利汽车创始人李书福，就被保安拦过。这个广为流传的故事有些夸张，却生动说明了浙江商人低调实干的正面形象。

浙江商人李书福在北京投资 8 亿元创办了北京吉利大学。一次，李书福前往北京吉利大学，在教学楼门前被保安拦住了。保安不让李书福进教学楼，是因为这座大厦"谢绝民工进出"。

李书福白手起家，创办了中国第一家生产轿车的民营企业，目前为"中国最大 500 家大企业集团"之一。然而，这位先后荣获青年改革家、十大杰出明星企业家、经营管理大师、中国汽车界风云人物等荣誉的超级老板，被自己单位的保安，以"谢绝民工进出"为由拦在门外，[①] 这足以说明浙江商人的低调了。

浙江商人的低调使他们能够积累巨额的财富，这不仅融入了浙江商人的生活，同时也融入浙江商人的经商中。

浙江商人深知内财不可外露，外财不可露白。很多浙江商人尽管是千万富翁或亿万富翁，却非常低调，从不炫耀，甚至把低调当作一种品行。

对此，陈俊特别讲道："有些地方的人没钱装有钱，高调得很。在京城，许多浙商衣着朴素、深居简出，根本看不出家财万贯的样子。他们从不摆谱，只讲实惠、实用。出行时，他们会优先选乘公交或地铁，也不攀比名车豪宅。请客吃饭时，他们也不会摆阔摆谱，更不会吃了半桌饭就拂袖而去，即使有剩菜，他们也会打包回家热热再吃。"[②]

梳理发现，浙江商人的低调不仅体现在节俭上，还体现在企业家自身的

---

① 彭凯雷，许煜. 浙商在北京 [N]. 香港文汇报，2004 年 11 月 3 日.

② 陈俊. 草根浙商赢天下 [M]. 北京：中国经济出版社，2009.

宣传上，主要有以下几点。

（1）刻意低调，公众知名度甚低。很多浙江商人都有刻意保持低调的习惯，不喜欢见记者，不喜欢在公众面前曝光年销售额和收入。许许多多的浙江商人不愿意扬名立万，有的浙江企业年销售额达到几亿元、几十亿元，竟然没有一篇个人专访，这在浙江商人之中非常普遍。

例如，在 2002 年进入百强的民企中，绍兴竟然有 35 家。其中，绍兴民企"浙江玻璃"2001 年 12 月就在香港特区成功募集资金 5 亿港元，成为第一家发行 H 股的内地民营企业。对这一极具新闻性的事件，该公司老板冯光成从未主动在媒体做过宣传。[①]

（2）不喜欢到公众场合露面。很多浙江商人不愿意到公众场合抛头露面，即使在一些人看来非常重要的场合，如企业的千万元捐赠仪式，浙江商人往往只派一个代表参加；上级领导来考察企业，浙江商人也不一定会及时赶回企业陪同视察的上级领导。

（3）让媒体更关注浙江民企的整体。2006 年 11 月 24 日，浙商"下一个 20 年"主题论坛如期举行，400 多名浙商济济一堂，共商浙商发展大计。其后，东方网记者向主席台上的浙商提出了这样一个问题："浙商已经成为继晋商、徽商之后，中国历史上又一个时代性的大商帮。晋商、徽商的代表人物，已有不少被拍成影视作品。几十年后若有人想拍部描写浙商传奇的电视剧，目前的浙商中谁最适合做原型，做主角？"

面对东方网记者提出的问题，全国工商联副主席、中国光彩基金会理事长谢伯阳、杉杉集团董事长郑永刚、美特斯·邦威董事长周成建、中国银泰

---

① 林立.踏踏实实致富 傅白水解析浙商"精气神"［N］.江苏商报，2006 年 4 月 18 日.

投资公司董事长沈国军、分众传媒董事局主席江南春，以及上海市浙江商会会长、复星集团董事长郭广昌等浙江商人，给出了一致的答案：浙商中谁也不会单独成为电视剧的主角，因为浙商的传统文化是"低调"，只有低调才能争取空间和时间，才能和谐发展。[①]

谨慎内敛

区域经济研究青年学者傅白水在接受媒体采访时坦言："低调产生的客观效应，是使得人们更关注浙江民企的整体，而不是个别的老板与富豪。有了这样的舆论环境，浙江民企有充裕的精力专注于发展实业，而无外界过多干扰，少了一份浮躁，浙江老板沉下去踏踏实实地做实业——这恐怕也是浙商们的主观诉求。"

在傅白水看来，中国民营经济的发展进程中，"浙商"好比一个旗号，叫响大江南北。正是因为低调，才敢对《福布斯》说"不"。对于很多商人而言，上榜《福布斯》应该是一件荣幸的事情。然而，浙江商人不认可这样的观点。浙江首富就曾经对《福布斯》说"不"，这件事情还被媒体广泛报道过。

不仅如此，在2000年"中国五十强首富"排行榜上，有9位浙江企业家上榜。然而，至少有4位浙江商人表示"不会认可"这个排行榜。与一些企业经营者"注水"、夸大业绩的行为相比，浙江商人的这种"对待荣誉有如对待批评"的反应，就显得谨慎内敛、不爱出风头。

2003年6月24日，《南方日报》披露了一则信息。美国《财富》杂志

---

① 朱琪．浙商之中无主角　中国第一商帮高调谈低调［N］．东方时报，2006年11月25日．

中文版首次评出的 8 位中国商人之首、华立集团老板汪力成，此前并没有全国的知名度，而华立 2001 年销售额就已达 28 亿元，利润 3 亿元，连续多年名列全国电气工业百强之首；而汪力成本人是包括北京大学在内的全国五所大学的客座教授，口才一流。可是，他并不到处发言，只埋头做企业。他有一条原则：只做不讲，或者多做少讲。[①]

可能有的创业者会问，浙江商人为什么会有这种"对待荣誉有如对待批评"的反应呢？这主要是因为浙江商人始终怀有危机感和敬畏心。在浙江商人看来，做生意可以很张扬，但做人要非常谨慎内敛。这就是浙江商人在经营中重视平实，而不重形式技巧的一个原因。

宗庆后就是一个非常低调的浙江商人。胡润研究院 2012 年 3 月 5 日在北京发布"2012 胡润全球富豪榜"，67 岁的宗庆后以财富 105 亿美元成为"2012 年中国内地首富"。

宗庆后的生活并没有大家想象中那么怡然自得，宗庆后说："我没有太多时间去购物，每天早上 7 点前到公司，晚上 11 点半才回家。我的幸福感不如娃哈哈的员工。"

在宗庆后看来，娃哈哈员工的幸福感很大程度上来自不错的生活保障和职业上升渠道。宗庆后说："我们向政府申请经济适用房，每平方米给予1200 元的补贴，现在有 1000 名员工受益。我们有 58 个生产基地，已在海宁、成都、重庆的基地内建起廉租房，河北和湖北的准备开始建，面积在70 ~ 90 平方米，员工就算退休了也可以继续住下去。附近还有生活配套

---

① 郎国华 . 浙江商人为什么厉害？中国人气最旺财富群体透视［N］. 南方日报，2003 年 6月 24 日.

设施。"

媒体记者注意到，宗庆后本人对首富这个荣誉并不在意，身边的工作人员更是直言不讳地说："胡润财富榜太八卦，没有什么可信度。"

其实，不管是汪力成，还是宗庆后，他们对首富的荣誉根本就不在意，他们只关心企业经营和对国家的贡献。有媒体称："1989 年，宗庆后创建杭州娃哈哈营养食品厂。外界称他'饮料大王'，并且对他卖水卖到中国第一、全球第五，成为中国首富的经历充满好奇……宗庆后本人对首富这顶帽子并不是很'感冒'。"

浙江商人宗庆后创业成功的秘诀就是做实业。宗庆后坦言："民营经济要回归实体经济，毕竟虚拟经济是分配财富的，实体经济是创造财富的。如果大家都不创造财富，都去分配财富，我觉得最后是要出大问题的。当然现在做实体经济，税费比较高一点儿，感觉到难度比较大一点儿。但是通过科技创新，提高产品附加值，仍旧能把实体经济搞上去。"

对于汪力成、宗庆后等浙江商人的低调，陈俊说："当今社会也有许多商人有违帮规行规，结果处处受到制约。他们就知道同行相克，以为天下的生意就他一个人做，以为天下的钱就他一个人挣，不知道同行相捧，更不知道义结江湖朋友，不抢同行盘中餐的道理。浙商做生意喜欢同行抱团、互相取暖、扎堆经营来形成一个商圈，来抵御外部的'侵略'。你独自吹着不着边际的高调，只是自娱自乐，大家不同你玩，更不会同你手拉手、肩并肩走过急流险滩。"由此不难看出，这才是浙江商人低调的真正原因。

05

上阵父子兵，人人当老板

为了快速生产，我就把这些订单全部外包。公司所有的点火枪都是一样的，配件都在外包公司那里，我卖1.2美元一个，外包公司就卖1美元一个。我把所有的生意拿回来了，但是很快，周围有三十几家厂模仿我。原来广交会我独家垄断，后来有几百个摊位都卖点火枪。价格战让产品从1.2美元降到0.3美元一个。那时我想到，假如再出现1986年那种情况怎么办？我苦苦地思索。这时候我儿子茅忠群正好从上海交大研究生毕业，他可以走两条路：一是留校做老师，二是到美国读博士。我就把他叫回来了，让他跟我一块儿创业。用现在的话来说就是"转型升级"，搞一个新的项目，新的产业。

　　我儿子在我的老厂里锻炼了半年左右，被父母的奋斗精神所感动，最后答应留下来，但是有三个条件：一、他不做点火枪，要搞新的项目；二、他不要老厂，要到市里的开发区新建一个工厂；三、不要老厂里的人，要自己重新招聘。我答应了他，给儿子机会进行二次创业，所以二次创业可以说是我儿子的创业，也是我通过带10年帮10年，经过近20年的时间才有了方太的诞生。

——方太创始人　茅理翔

第十二章 上阵父子兵

　　我初创业时租的就是那种最便宜的顶层小阁楼，30平方米，一台机器每天转，再加一张桌子，晚上用来睡觉，白天用来做工。工人是回乡找的亲戚朋友。我们来巴黎的温州人几乎都是这样：不断从家乡找来兄弟姐妹一起做，所以很多人出来的时候孑然一身，回乡探亲时已经是妻儿亲戚十几口人。我们起初甚至捡来犹太人扔掉的布头或碎皮做成小钱包出售。同样一个皮包，别人卖25块，我卖20块。压低了成本和价格的货品，在市场很快就光亮起来。

——法国巴黎飞天公司总经理　张远亮

前店后厂

　　不管是浙江商人的"千里走单骑"，还是前店后厂的创业模式，他们都沿用"打虎亲兄弟，上阵父子兵"的家族企业创业模式。

　　当然，浙江商人这种创业模式不仅解决了创业阶段的融资及其劳务成本问题，还解决了非家族企业员工忠诚度不高及高额的工资问题。

　　在创业初期，创始人极其需要忠诚的创业伙伴。在此阶段，浙江商人非常明白，要解决这个问题，其第一优选对象就是家族成员。

当然，浙江商人这样的选择其实是最好的选择。相反，创业者让一个不绝对忠诚的外人掌握创业企业的技术核心机密是非常危险的，告诫诸多创业者切忌这样做。

一旦这个不绝对忠诚的外人掌握了技术核心机密，那么这个不绝对忠诚的非家族成员就可以在任何一个时间离开创业企业，要么自己创业，要么投靠竞争对手。而对于创业者来说，其损失是惨重的，创业企业会处于极端不稳定当中。这里分享一个真实的案例。

在高楼林立的北京中关村，科技公司多如牛毛。刘东经营的东科科技公司就是这众多科技公司中的一个。

1998年，北京某大学计算机科学与技术专业毕业后的刘东就进了诺基亚公司。两年后，刘东独立创业，主要经营业务是手机短信。

在刘东的意识中，只要有了好的产品，市场是不用发愁的。在这样的信念下，刘东更加专注于技术和产品的完善和研发。

由于刘东"不关注市场"这种不正确的观念，再加上他缺乏管理企业的能力，导致公司管理非常混乱。大部分能力较强的员工另寻高枝。不仅刘东坚持做的产品没有做好，而且客户还不接受这个刘东非常看好的产品。

当时，东科科技公司已经濒临倒闭，公司的困境让刘东非常发愁。然而一个IT技术研讨会让东科科技公司燃起了一丝复活的希望。

刘东偶然认识了作为研讨会发言嘉宾的王刚。在该IT技术研讨会上，王刚的发言给了刘东极深的印象。刘东觉得王刚不仅有着很丰富的500强企业管理经验，而且还非常了解手机短信市场。

于是刘东以年薪 80 万元聘请王刚做东科科技公司副总经理，主管销售和行政。刘东自己仍然担任总经理，主抓技术。

为了改变公司的颓势，刘东把所有的希望都寄托在这个对手机短信市场业务非常了解的王刚身上。因此，刘东对王刚也非常信任，对他也很放权。

王刚上任之后，经过对东科科技公司了解之后，马上大刀阔斧，信心十足地干起来："重新进行产品定位、制订销售计划、招聘销售人员、建立销售网络，再不断地对公司员工培训，建立绩效管理体系等。"

功夫不负有心人，王刚的到来使东科科技公司业绩倍增。不仅提高了东科科技公司的岗位效率，而且对东科科技公司进行了制度化管理。

在王刚一年多的艰苦奋斗下，东科科技公司发展势头非常迅猛，公司规模也一步一步扩大了。然而，东科科技公司的危机再次袭来——刘东和王刚之间的矛盾也就开始了。由于王刚挽救了东科科技公司，在公司里王刚的威信较高，刘东开始担心东科科技公司失控。

以前从不过问公司大小事务的刘东渐渐地都要亲自过问处理，包括由王刚分管的事情都要经过刘东最后批准。

刘东突然收权使王刚的工作很被动。因为王刚是东科科技公司的头功之臣，也开始对自己的待遇和职位不满意了。然而，刘东的收权更加激化了两个人的矛盾，他们不仅对东科科技公司目前的运作管理，而且对东科科技公司今后的发展方向看法各异。

半年之后，王刚辞职了，而且随同辞职的还有东科科技公司的技术部经理陈跃、销售部经理袁军，刚刚策划好的企业产品计划和市场机密也因此泄露。这一次，刘东的东科科技公司彻底垮了。

像刘东一样的民营企业老板只知道解决公司眼前的困难，而忽略了对骨干员工流失风险的防范，这就使得东科科技公司彻底垮了。这就是很多创始人再三强调的，在创业之初，创业伙伴，或者成员的忠诚度非常重要。

家族企业做到一定规模时，才能谈社会化和规范化。对此，方太厨具有限公司创始人茅理翔在接受媒体采访时客观地评价了家族企业的创业模式："民营企业不搞家族制不行，完全家族化更不行，我们走的是淡化家族制的路子。"

茅理翔，这位非常典型的浙江商人非常到位地阐释了家族企业的创业模式，同时茅理翔也正面地肯定了创业家族企业的创业优势。事实上，创业者一旦决定采用家族企业模式，就很大程度上凸显了家庭这种生产单位的优势。比如，在浙江较为普遍的皮鞋产品生产上，家族企业具有优势。

对此，浙江大学人文社科部教授罗卫东撰文指出，温州家族企业的优势如下："首先是进入的行业。家庭工业在起步时进入的行业在很大程度上决定了家庭这种生产单位的优势。比如，皮鞋的生产，越是款式多、品种齐就越具有市场效率，但是对于生产组织来说，很难整齐划一。不同款式的皮鞋的加工设备在规格和性能上都有差异，不太可能通过像冰箱厂、洗衣机厂常用的那些大型的生产流水线的标准化作业模式来实施生产。因此，在皮鞋这类产品生产上，家族企业反而具有优势。其次从市场特性看，在家庭工业的场合，如果需要自己开辟销售渠道，那么必然是作为家长的主要家庭成员亲自在外跑供销，或者是大家庭中的男性成年后代外出营销。这种承担家庭工业企业主要责任的成员自己控制销售的模式对于家庭生产的稳定性和效率是必需的。对家庭这种共同体的责任感和生活经验维系了供销与生产之间的平衡。到后来，随着生产规模的扩大，早期从事工业生产的这些家庭也开始出现功能上的分化，一部分家庭将生产功能全部放弃而集中从事商品的营销；一部分家庭则退出了传统日用品的经营而专注于开发新产品。"①

20世纪80年代后，较多的浙江商人在创业时采用家庭作坊，一般采用前店后厂的模式。浙江商人一家住在厂房里，厂房里不仅有简陋的设备还有未完成的半成品。

在这些小作坊中，老板和员工都是家族成员，有的是夫妻，有的是兄弟，有的是姐妹，还有的是同乡。随着小作坊规模的不断扩大，小作坊便成为名副其实的家族企业。

很多创业者会问，浙江商人是如何把家族企业做强做大的呢？究其原因，创业家族企业具有如下几个独特的经营优势。

（1）合理的专业分工减少了对人才的依赖。浙江绝大多数家族企业创始人在创业的过程中，其成员大都由家族成员组成，当然，这样的组成模式就决定了合理的专业分工，因为浙江商人在创业之时，由于家庭成员的教育背景或工作经历各不相同，这就必然要求家族成员之间按照各自熟悉的专长，及其专有技术和业务经验来选择担任不同的岗位。当然，合理的资源配置建立在家族成员共同商议的基础上。之后，在家族企业的实际经营中，家族成员也会随着各自的专业技能而略有调整。

事实上，家族企业整个创业团队的核心人物的经验可能更为全面，或者其主导目标实现的愿望更强烈。与非家族企业相比，家族成员在企业生存和发展中起着更大的作用。

---

① 罗卫东.论温州民间企业的成长——路径和机理分析［J］.温州论坛，2001（2）：5—10.

（2）决策速度快，企业老板做出战略决策后很快就能付诸实施。在浙江企业中，由于管理层和产权拥有层成员来自同一个家族，在管理上能够做到上下一致，决策起来非常简单。只要家长一拍板，问题马上就可以解决，这为企业的发展起到了积极的作用。[①]

（3）管理成本低，工作与生活的重合，使成员之间比较容易沟通。家族式企业最主要的特点是产权由家族的主要成员，或者是有血缘关系的成员来控制的。在企业创立早期，家族式管理在企业发展过程中起到了不可估量的推动作用。家庭成员的自我约束、自我牺牲精神，有利于增强企业的凝聚力。[②]

（4）家族企业的营运成本相对较低在企业的发展初期表现得更为明显。由于家族企业的人员结构都是建立在血缘、亲缘基础上的组织结构，即家族企业把家族和企业合并起来，家族成员就是企业员工，家族成员在心理上对企业高度认同，在工作中的积极性也就非常高，要求提高待遇的行为也就相应少了，在他们的潜意识中，他们对家族企业的未来充满期待，而非家族企业的员工想得更多的是收益，而不是未来。

（5）忠诚度高，监督成本减少。浙江商人创业，开始时大多涉及劳动密集型产品的生产，而产品的价格含量对于劳动质量的依赖性极大。罗卫东研究发现，"服装、玩具以及日用品生产属于专业化程度不高的生产。作为劳动密集型产品，产品的价格含量对于劳动质量的依赖极大。因此，要通过这样的生产活动来赢利，必须在生产数量上或质量上实施比较好的控制。无论

---

① 杨宏建 . 浙商是怎样炼成的 [M] . 北京：北京工业大学出版社，2006：35—36.
② 同①。

142

是实行计时工资还是实行计件工资，监督检测的程序都是不可缺少的。但是，监督和检测的成本则取决于生产者的机会主义倾向的强弱。机会主义越强，企业花在监督和检测活动上的成本就越大，机会主义倾向越弱，这个成本就越小。而就一般情况而言，家庭这个共同体内部成员之间的机会主义倾向是最弱的。某些难以控制的生产活动在家庭或者家族内部进行生产可以节省高昂的监督和检测成本。这也是农民在不具备选择高级的监督技术和检测设备条件的情况下的自然选择"。①

（6）创业家族企业的融资渠道单一而高效。在创业企业的融资形式中，家族企业的迅速做强、做大，都与这种融资形式有着很大的关系，这种融资形式成功地为企业提供原始积累的启动资金。在经过对数百家家族企业的研究后发现，家族往往是家族企业融资来源的最初渠道，同时为家族企业提供的资金额也是最多的。

作坊起步

作为民营企业的主要形式之一，家族企业的优势也是显而易见的，目前在中国浙江的非公有制经济中，家族式经营的企业至少占90％以上，在沿海地区比例更高。

《中国家族企业发展报告》显示，目前全国超过85％的企业属于广义的家族企业，而在浙江，这个比例还要更高。

对此，家族企业研究所副所长朱建安坦言："浙江民营企业中，家族式企业占比约90％。这不仅与许多浙商第一代创业早、致富早有关，'家文化'

---

① 罗卫东.论温州民间企业的成长——路径和机理分析［J］.温州论坛，2001（2）：5—10.

也是根植在所有国人心中的一个情结。特别在浙江，许多浙商第一代白手起家创业，都是动员所有能动员的力量、运用所有能用上的人脉关系，称得上是'举家创业'，这也就不难理解，为什么许多民营企业中都能看到家族力量的影子。"

在朱建安看来，家族企业最主要的特点是产权由家族的主要成员或者是有血缘关系的成员来控制的。在家族企业中，较为常见的就是家族成员——夫妇、姐妹、弟兄、亲戚的共同努力，以及他们很少的资金。家族企业常见的有如下四种类型。

（1）以父子关系为核心的家族。此类家族企业常常以父子关系为核心，属于最严格意义上的家族企业，也属于狭义的家族企业范畴。在中国，这种家族企业的家族成员血缘关系往往较为密切，一般具有相同的姓氏。正如朱建安介绍："在我们的接触中，许多浙商企业都表现得十分优秀，如万向集团的鲁冠球父子、广厦集团的楼忠福家族、横店集团的徐文荣父子，他们不仅是浙江乃至全国有名的家族企业，未来也有望能代表浙商的家族企业，成为家族企业财富传递的成功案例。"

（2）以夫妻关系为核心的家族企业。此类家族企业往往以婚姻关系为基础，以夫妻关系为核心构成的家族的范围比第一类更广泛一些，而且家族成员可有不同的姓氏。比如，浙江商人周晓光和丈夫虞云新。

（3）以兄弟（姐妹）关系为核心的家族企业。此类家族企业往往注重血亲或姻亲家族内部同辈成员之间的关系，如表兄弟（姐妹）、堂兄弟（姐妹），等等。

（4）以朋友关系为核心的"家族企业"。此类家族企业往往以朋友关系为核心，其构成的群体严格地说不能算是家族，或者只能说是"准家族"。

其成员可以扩展到既不是血亲家族的同祖同宗，也没有姻亲家族中的婚姻关系者。但这种"准家族"成员之间保持着标准家族成员之间的情感这一特征。如通常所说的亲朋好友及由同学、战友、老乡关系构成的群体。这些成员之间经常称兄道弟，有的还有"加盟"仪式。[①] 在浙江商会中，但凡是浙江老乡，都会相互帮忙的。

由此可见，在浙江常见的四种家族企业中，员工大都是家族的成员。例如，创业于 20 世纪 80 年代的温州挺宇集团，仅靠 2000 元起家，企业规模已经做到了上亿元。但是，挺宇集团内所有重要的职位都是挺宇家族成员占据着。董事长潘挺宇称，公司的总经理是他的大女儿，副总经理是他的儿子，同时兼管技术，财务归他的小女儿管。[②]

潘挺宇只是众多浙江家族企业创始人之一，像这样的家族企业创始人还有很多。

海外温州商人、巴黎飞天公司总经理张远亮说："我初创业时租的就是那种最便宜的顶层小阁楼，30 平方米，一台机器每天转，再加一张桌子，晚上用来睡觉，白天用来做工。工人是回乡找的亲戚朋友。我们来巴黎的温州人，几乎都是这样：不断从家乡找来兄弟姐妹一起做，所以很多人出来的时候孑然一身，回乡探亲时已经是妻儿亲戚十几口人。我们起初甚至捡来犹太人扔掉的布头或碎皮，做成小钱包出售。同样一个皮包，别人卖 25 块，我卖 20 块。压低了成本和价格的货品，在市场很快就光亮起来。"

---

① 于立，马丽波，孙亚锋.家族企业治理结构的三环模式 [J].经济管理，2003（2）：4—11.

② 杨宏建.浙商是怎样炼成的 [M].北京：北京工业大学出版社，2006：35—36.

由此可见，在企业创立早期，家族式管理在企业发展过程中起到了不可估量的推动作用。家庭成员的自我约束、自我牺牲精神，有利于增强企业的凝聚力。

家族成员共同经营的企业更具凝聚力，即使家族企业面临重大困难，甚至是遭遇失败，家族成员也能共同面对家族企业遭遇困难的现实，他们不会轻易放弃做强做大家族企业的想法。

对此，温州原市委书记董朝才认为："温州人看到有生意可做，第二天就弄台机器先干起来，机器可以放在家里或朋友的仓库里，行了，再盖厂房，大了才请管理人员。这要是在其他地方，半年也论证不下来。"

鉴于此，浙江商人能娴熟地利用家族企业的独特优势。

一是决策速度快，一旦董事长做出战略决策，很快就能付诸实施。

例如，1992 年金秋的某晚，酒足饭饱后，长住上海大方饭店的温州乐清五金机械厂朱厂长逛街去了。他把这种消闲称为"跑信息"，或者说"捡钞票"。拐出延安东路，就是热闹非凡的大世界，一家门口排长队买糖炒栗子的食品店引起了朱厂长职业性的条件反射。

这些年来，朱厂长悟出了一条发财真理："凡是人群密集的地方，一定有财神爷在微笑。"朱厂长开始仔细地观察，他发现急于尝鲜的上海人买了糖炒栗子后，都急猴似的咬着、剥着吃，而常常把栗子内核弄得四分五裂，吃得很狼狈。

"能不能搞个剥栗器？""信息发生器"在朱厂长的大脑里启动了。他迅速画出了剥栗器的草图，材料用镀锌铁皮，成本每只 0.15 元，出厂价 0.30 元。10 分钟后，朱厂长推开了商店经理室的大门。

商店经理认为，这是一项发明，顾客肯定欢迎，不过，上市越早越好，两个月够不够？朱厂长笑了：两个月？我一个星期后就送货上门。经理不相信：这审批、核价什么的，没两个月怎么行呢？

当晚，传真将剥栗器草图传回了朱厂长在温州家乡的工厂，一副模具两个小时就出来了，冲床开始运转。3 天后，一卡车剥栗器涌进了大上海，大大小小商店门口的糖炒栗子摊主成了朱厂长的经销商。朱厂长得意地说，这一个小小的类似汽水瓶盖的剥栗器，至少创造了 4 万元利润。[①]

二是管理成本低，工作与生活的重合，使成员之间比较容易沟通。从而使浙江商人积累了巨额的财富。

在 2022 年的"胡润百富榜"上，居住地位于浙江省杭州市的赖国贵家族，以 70 亿元财富值位列第九百零一位，财富值较上一年上涨 17%。

浙江春风动力股份有限公司创始人赖国贵曾说："开拓进取，实干做企业，不管在什么行业、什么时间，都是不会过时的价值观。"

在赖国贵看来，春风动力要立志成为一家世界级受人尊敬的动力企业，做"国际优秀动力娱乐设备的供应商"。公开资料显示，浙江春风动力股份有限公司正式成立于 2003 年，前身是成立于 1989 年的摩托车配件厂。

1964 年，赖国贵出生在浙江省温州市乐清县的一个农村家庭，他的父亲赖金法很有经营意识和科技头脑，是温州市第一批种粮大户。

1988 年，赖金法承包了 50 亩机动田。由于效益很好，到 1994 年，赖金法承包的粮田面积已经高达 232 亩，通过粮食生产和农机社会化服务，赖金法当年的收入就达 15 万元。1995 年，赖金法粮食产量达到 75 万公斤，被誉为"种粮状元"，获评浙江省劳模。

① 白勇.再谈执行力［J］.商界，2004（2）：36—42.

赖国贵与父亲一起种过田，后来还养过蜜蜂。1988年，赖国贵结识了一位嘉陵摩托车厂的高级工程师。通过与这位工程师交流，赖国贵了解到，摩托车配件在国内方兴未艾。这位工程师还建议赖国贵从事摩托车生产。

捕捉到商机后，赖国贵与父亲赖金法进行了深度的交流。说干就干，赖国贵与父亲赖金法创建了虹桥动力制造有限公司，采购了几台旧车床和一些原材料，照着配件样品"依葫芦画瓢"。经过一段时间的摸索，赖国贵与父亲赖金法终于做出了配件，并成功销售出去。

仿制虽然成功了，但摩托车车型变化太快了，仿制产品不能跟上新的消费趋势，结果导致价值几十万元的配件滞销，赖国贵与父亲赖金法面临破产的局面。

不得已，赖金法变卖了家中的粮食以支付工人的工资，并以近乎废品的价格处理了滞销的配件。

遭遇教训后，赖国贵开始重视收集和摸索市场信息和新产品开发信息。1992年，赖国贵果断地布局市场潜力极大的中排量125CC发动机核心部件汽缸头。天道酬勤，经过日夜奋战，赖国贵终于研制成功，走在了行业的前头。

此次成功，让赖国贵信心倍增。1998年，当赖国贵提出要研制中国第一台水冷发动机的想法时，一名高级工程师给他浇了一头冷水："都知道水冷发动机动力强、噪音小、污染少，可国内摩托车行业中的大企业都没有这个实力研制，只能照旧生产风冷发动机，我们能行吗？"[1]

---

① 赖国贵——"中国版哈雷"背后的男人.楚天金报[N].2017年8月2日.

赖国贵当然知道研制此项技术的难度，于是广招贤才，"悬梁刺股"，700个日夜之后，水冷发动机美妙的轰鸣声终于在赖国贵耳边响起，日本水冷摩托车一统天下的局面就此被打破。[1]

然而，市场并没有立刻张开怀抱接受赖国贵的水冷发动机。苦苦思索之后，赖国贵决定，既然采购厂商不看好，干脆我们自己买！

由此，赖国贵开始研发匹配水冷发动机的摩托车。新技术研发的成功，给赖国贵带来了回报。当国内其他厂家出口一台摩托车单价最多不过700美元时，赖国贵的春风摩托单价可以达到1500美元。

随着产业政策的调整，一些城市开始限行摩托车，传统摩托车产业发展开始变得模糊不清。

第一，传统摩托车销量下滑。根据公开信息数据，2021年，中国摩托车总销量达到2019.48万辆，重回2000万辆以上，是2014年以来的最好水平。其中，燃油摩托车1625.2万辆，占比80%，电动摩托占比20%。之所以是"重回"，是因为2008年前后，禁限摩政策及电动两轮车的冲击，摩托车销量见顶回落。2009年至2018年，国内摩托车销量逐年下滑，全球摩托车销量也处于下降趋势，直到2019年[2]。（见图12-1）

第二，个性化的摩托车市场方兴未艾。经过市场调研，赖国贵发现进口的娱乐休闲型摩托车销量日益上升。于是，赖国贵再次嗅到机会，立即着手转型，立志做娱乐、休闲动力设备的顶级中国供应商，春风动力全地形车、大排量公路旅行车、游艇等产品应运而生。

---

① 赖国贵——"中国版哈雷"背后的男人.楚天金报[N].2017年8月2日.

② 张贺."烫手"的摩托[EB/OL].2022年8月20日.https://baijiahao.baidu.com/s?id=1741671957180471888&wfr=spider&for=pc.

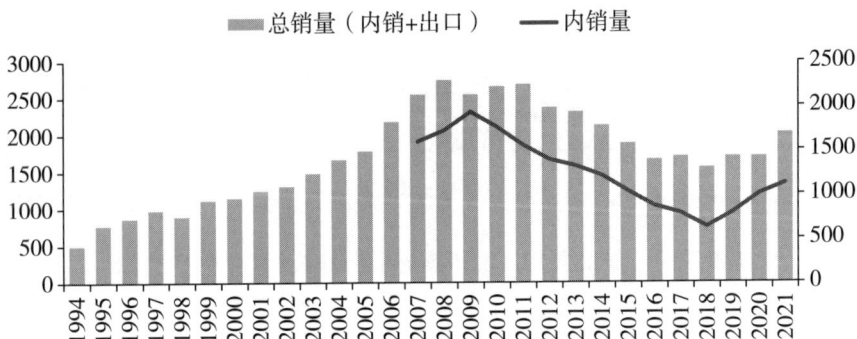

图 12-1 中国摩托车总销量和内销量

目前，春风动力全地形车占国内行业第一名。春风动力公司全地形车系列产品坚持以自主品牌"CFMOTO"销售，主力市场为北美、欧洲等，凭借产品高性价比、质量稳定等优势，在国外市场已获消费者的广泛认可和喜爱。2014 年至 2022 年，春风动力全地形车出口额分别占国内同类产品出口额的 73.33%、67.76%、65.70%、68.96%、72.68%、74.38%、64.55%、72.62%、74.28%，连续多年出口金额排名第一，稳固国内出口龙头地位。

作为自主研发出口龙头企业，春风动力掌握多种形式大排量水冷发动机的自研与生产能力，致力于提供完全符合输出国法规要求的全地形车产品，为春风动力赢得广泛市场与口碑，全地形车出口业务一直维持较快增长。目前春风动力在美国与北极星、庞巴迪、本田等一线品牌比肩，市占率呈现逐年提升态势；在欧洲市场，春风动力全地形车市占率已连续多年位居第一。①

摩托车则继续升级换代，主攻高端领域，成为车迷口中的"中国版哈

---

① 春风动力.浙江春风动力股份有限公司 2022 年年度报告摘要.2023 年 4 月 12 日.

雷"。"特别是在欧洲发达国家和地区，我们的市场占有率是第一的。""春风动力所有的改变都为着一个目的：面对瞬息万变的市场，生产制造要能在第一时间做出快速反应，这一点唯有互联网和信息技术才能做到。"赖国贵说，春风动力将以开放的视角和思维，推动建成"支持个性化定制的特种车辆智能制造模式"。[①]

《浙江春风动力股份有限公司 2022 年年度报告摘要》显示，春风动力公司实现营业收入 1,137,801.69 万元，同比增长 44.73%；实现利润总额 77,449.38 万元，同比增长 72.44%；实现归属于母公司所有者的净利润 70,136.63 万元，同比增长 70.43%。报告期末公司资产总额 955,415.81 万元，比上年末增长 19.87%；负债总额 525,911.58 万元；资产负债率为 55.06%，比上年末增加 2.25 个百分点；归属于上市公司股东的股东权益总额为 421,199.10 万元，比上年末增长 15.83%。[②]这一成绩给广大投资者递交了一份满意的答卷。

俗话说，"打虎亲兄弟，上阵父子兵"，企业家的成功绝对不是偶然，而是需要天时地利人和。赖国贵的成功离不开父亲赖金法，以及家族成员在他背后的支持与付出。《浙江春风动力股份有限公司 2020 年第三季度报告》信息显示："春风控股集团有限公司系公司控股股东，其实际控制人系公司董事长赖国贵先生；杭州老板实业集团有限公司实际控制人系公司董事任建华先生；重庆春风投资有限公司实际控制人系公司董事赖国强先生；赖国强系公司实际控制人赖国贵之弟；赖冬花、赖雪花系公司实际控制人赖国

---

① 赖国贵——"中国版哈雷"背后的男人 . 楚天金报 [N].2017 年 8 月 2 日 .

② 同①。

贵之姐；林阿锡、全益平系实际控制人赖国贵之姐夫；赖金法系公司实际控制人赖国贵之父；赖民杰系公司实际控制人赖国贵之子，公司董事、总经理；林志杰系赖冬花之子。"[1]

事实证明，但凡成功的家族企业，通常都十分注重追求稳定的长期发展与经营业绩。家族企业创始人这样做的好处，是避免了给家族的财富，以及家族对企业的控制权带来风险，甚至在家族企业决策中还能使其避免受到以企业的长期稳健为代价来追逐短期业绩最大化的干扰。

许多非家族企业，职业经理人为了短期的经营业绩，不惜牺牲中长期的发展，使许多非家族企业的经营一败涂地。

《福布斯》中文版公布的一项调查报告数据显示，中国内地的家族企业赴港上市日趋缓和，但是管理者为家族成员的内地赴港上市家族企业的经营业绩，普遍好于职业经理人掌管的企业。数据显示，在香港联交所上市的企业共有1590家，其中内地的企业大约有500家。截至2013年6月30日，在香港上市的中国内地家族企业共计194家。

《福布斯》中文版的报告数据显示，与2012年相比，在香港上市的内地家族企业中，由家族成员担任家族企业CEO的比例有所下降，职业经理人开始更受青睐。尽管如此，管理者为家族成员的129家内地赴港上市家族企业的经营业绩，普遍优于职业经理人管理的公司。

《福布斯》中文版还特地指出，由家族成员掌管的企业，其各项指标均明显高出职业经理人管理的公司，尤其是净利润，家族成员掌管的企业3年复合增长率是职业经理人管理公司的3倍。（见表12-1）

---

[1] 春风动力.浙江春风动力股份有限公司2020年第三季度报告.2020年10月23日.

表 12-1　香港上市内地家族企业经营业绩概况

类　别	企业数量（家）	2010—2012 年				
		净利润复合增长率 %	总营业收入复合增长率 %	净利润率 3 年平均	净资产收益率 3 年平均	资产回报率 3 年平均
港股上市内地家族企业	194	9.3%	21.1%	13.3%	15.9%	6.3%
管理者为家族成员的家族企业	129	12.2%	21.5%	15.5%	16.0%	7.0%
管理者为职业经理人的家族企业	65	4.0%	20.6%	10.9%	15.5%	5.5%
家族第一代就职的企业	180	10.4%	21.7%	13.6%	16.1%	6.3%
家族第二代接管的企业	14	−8.5%	15.3%	9.0%	12.5%	6.2%

其实，中国家族企业的经营业绩好于职业经理人经营的公司并非个案。这主要源于家族企业的经营往往注重长远发展，而非短期经营业绩，这与职业经理人的管理模式有着很大的不同。

据美国《商业周刊》（Business week）数据显示，在标准普尔 500 指数的成分股公司中，家族企业竟然有 177 个。据《福布斯》杂志公布的世界 500 强企业，家族企业的比重为 37%。

由此可见，家族企业经过多年的风雨洗礼，都发展壮大了。公开数据显示，按 10 年平均值计算，家族企业股东平均年收益为 15.6%，比非家族企业股东平均年收益 11.2% 高出 4.4%；在资产报酬率上，家族企业为 5.4%，而非家族企业为 4.1%；在公司年收益成长方面，家族企业为 23.4%，非家族企业仅有 10.8%；比较公司年营业额增长率，家族企业有 21.1%，而非家族企业则有 12.6%，相差 8.5%（见图 12-2）。

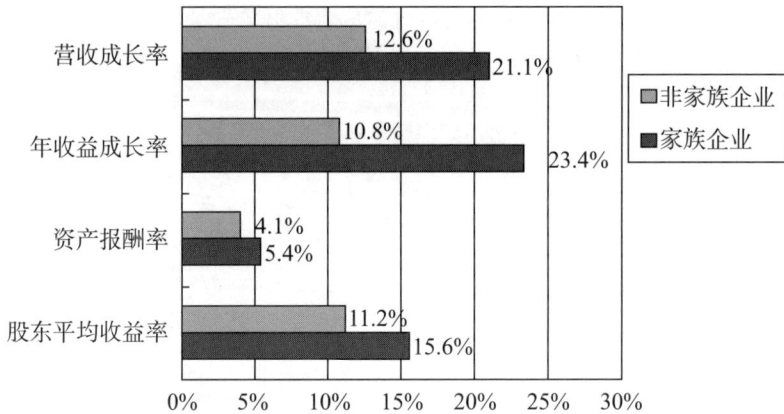

图 12-2　家族企业与非家族企业经营成果比较

　　在欧洲，家族企业的经营业绩也非常类似，家族企业的发展指数要远高于非家族企业。《新闻周刊》主要分析了位于欧洲的英国、法国、德国、瑞士、意大利和西班牙 6 国在 10 个财年的主要股价指标。（见表 12-2）

表 12-2　欧洲六国股票指数

序　号	内　　容
（1）伦敦金融时报 100 指数	又称富时 100 指数，是英文 Financial Times Stock Exchange 100 Index 的汉译，简写为 FTSE 100 Index。该股票指数创立于 1984 年 1 月 3 日，是英国伦敦证券交易所上市的最大的一百家公司的股票指数
（2）法国巴黎指数	又称巴黎 CAC40 指数，是法语 Cotation Assistée en Continu 40 的汉译，简称 CAC 40 Index。具体是指在法国巴黎证券交易所上市的 40 家公司的股票报价指数，是法国股市的重要指标，也是欧洲重要指数之一
（3）德国 DAX 指数	德国 DAX 指数包含 30 家主要的德国公司，是由德意志交易所集团推出的一个蓝筹股指数。德国 DAX 指数是全欧洲与英国伦敦金融时报指数齐名的重要证券指数，也是世界证券市场中的重要指数之一

序　号	内　容
（4）瑞士市场指数	是英文 Swiss Market Index/SMI 的汉译，显示瑞士股市（SWX）的主要指标，由 20 家在巴塞尔、日内瓦和苏黎世证券交易所上市的瑞士大企业的 24 只证券（无记名股票和参与凭证）组成
（5）意大利指数	是英文 FTSE Italia All-Share Index 的汉译，包含富时 MIB 指数、富时意大利中型指数和富时意大利小型股指数，是投资意大利的重要指数
（6）西班牙马德里指数	是英文 Madrid Stock Exchange General Index 的汉译，是西班牙经济的风向标，也是投资南欧的重要指标，包含建设、金融服务、通信、消费、能源与各式商品类股

在表 12-2 这 6 大指数里，《新闻周刊》从伦敦金融时报 100 指数到马德里指数发现，欧洲家族企业的总体走势远优于那些毫无血脉关系的非家族企业。比如，在德国家族企业中，以宝马、奔驰等为首的家族企业，其股票走势的涨幅就达到了 206%，而非家族企业的涨幅仅为 47%，其涨幅是非家族企业的 4.38 倍；在法国家族企业中，L'Oreal（欧莱雅）和 LVMH（路易·威登）等为首的家族企业，其指数涨幅达 203%，而非家族企业的涨幅只有 76%，其涨幅是非家族企业的 2.67 倍。

除了《新闻周刊》，摩根士丹利（Morgan Stanley）公司同样持有这样的观点。在 2000—2006 年之间，在标准普尔 500 指数的上市公司中，家族公司股价的涨幅超过了综合性指数的涨幅，数据表现出家族企业的经营方法应有其特别之处，才能呈现如此成果。

究其原因，在家族企业中，为了更好地将企业经营下去，通常都会建立长期的发展规划并承担较为适度的风险，在很多时候，家族企业往往将风险控制在可控的范围内，这样的举动更有利于维护家族企业股东的长远利益。

这就使得家族企业的财务杠杆水平和债务成本大大低于其他同类企业[①]。（见图 12-3 ）

较低的金融杠杆水平
负债权益比率中值（单位：%）

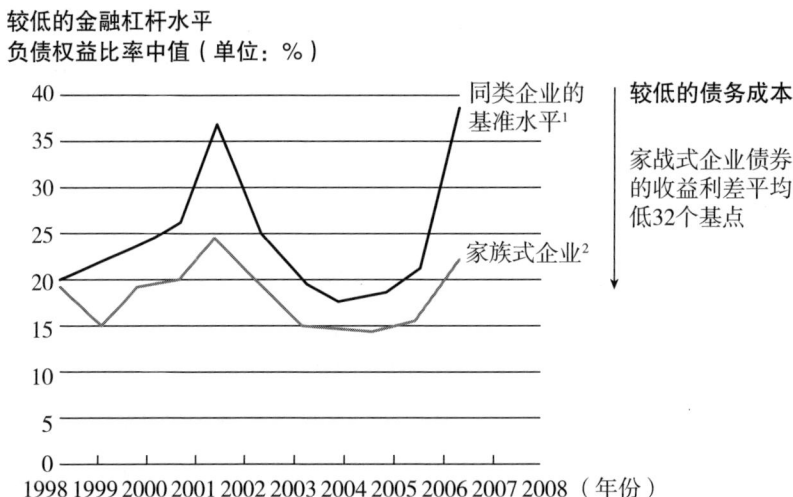

1.标普500、HDAX和SBF120当前成分股的全年中值，不包括金融公司和家族式企业。
2.由美国和西欧149家受家族影响的企业所构成的样本的全年中值，不包括金融公司。

资料来源：麦肯锡的公司业绩分析工具（CPAT）、麦肯锡分析

图 12-3　家族式企业和其他同类企业财务杠杆水平和债务成本比较

从图 12-3 不难看出，在家族企业的发展中，如果决策注重长远发展，就可能使家族企业错过某些短期业绩最大化，结果可能使家族企业在经济蓬勃发展时，不如非家族企业在某个发展阶段获得更高的赢利空间，但是这也增加了家族企业在危机时期的生存概率，以及长期获得稳定回报的概率。

数据显示，从 1997—2009 年，针对美国和西欧上市家族式企业计算的"广基指数"所实现的股东整体回报率，比 MSCI 全球、标普 500 以及 MSCI

---

①　Christian Caspar，Ana Karina Dias，Heinz-Peter Elstrodt. 家族式企业经久不衰的五大特征 [J] . 商学院，2012（11）：47—50.

欧洲指数要高出 2% ~ 3%^①。（见图 12-4）

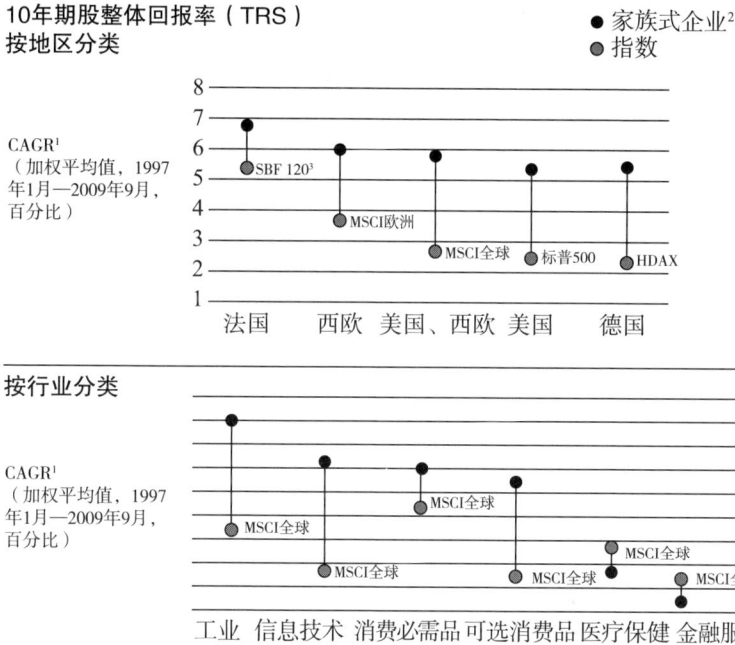

10年期股整体回报率（TRS）
按地区分类

● 家族式企业²
● 指数

CAGR¹
（加权平均值，1997
年1月—2009年9月，
百分比）

法国　西欧　美国、西欧　美国　德国

按行业分类

CAGR¹
（加权平均值，1997
年1月—2009年9月，
百分比）

工业　信息技术　消费必需品　可选消费品　医疗保健　金融服务

1.年复合增长率（GAGR）。
2.由美国和西欧154家受家族影响的上市公司（即2007年末家族所持股份大于10%的上市
公司）构成的样本。
3.巴黎证券交易所120指数。

资料来源：汤姆森路透社的Datastream、麦肯锡的公司业绩分析工具（CPAT）、麦肯锡分析

图 12-4　家族企业 10 年股东整体回报率

从图 12-4 可以看出，家族企业股东整体回报率要高于非家族企业，这主要归功于家族影响家族企业，也就是说家族是家族企业这种优异表现的主要驱动因素。

对于"万安少帅"陈江，媒体是这样评述的：

————————

① Christian Caspar, Ana Karina Dias, Heinz-Peter Elstrodt. 家族式企业经久不衰的五大特征 [J]. 商学院，2012（11）：47—50.

从国外有着十年工作经历的海归高材生，到中国汽配领军企业万安集团总裁，陈江在7年时间里完成了身份的华丽转变。从美国回来后，陈江在父亲陈利祥和董事会成员的支持下接手万安集团。在与弟弟陈锋并肩作战的这些年里，万安的经营利润、规模产值等年复合增长率均达两位数以上。这一对手足情深的"万安少帅"合力接班、共觅家族企业发展新动能的故事，成为浙商界称道的一段佳话。[①]

这一切得从陈江回国说起。

"可能很多人觉得生活在美国好，但我觉得，中国机会更多。"这就是陈江当年回国的主要原因。像很多的家族企业接班人一样，为了家族事业，陈江放弃已经到手的美国绿卡。

在回国前，陈江的弟弟陈锋已经在家族企业历练多年，从一名普通的车间员工，已经成长为万安集团核心业务——汽车零部件板块的董事长，而且业绩不俗，既经受住了2008年次贷危机引发的全球金融危机的市场冲击，更是在2011年成功主导了万安科技登录深交所。

在公司经营方向，陈锋借力金融和资本的力量助力传统企业的发展。陈锋说道："目前汽车零部件领域，国际上有许多一流的技术，我们要学会借力，通过合资、并购达到新的高度。"

在陈锋看来，万安公司作为一家民营企业，优势之一就是适应性很强，而这种适应性，也同样体现在对金融和资本运作的接纳上。此外，万安也和

[①] 上阵父子兵，打仗亲兄弟，"万安少帅"合力接班，共觅家族企业发展新动能 [EB/OL].
2017年12月21日.http://www.som.zju.edu.cn/2017/1221/c63565a2031103/page.htm.

绝大多数家族企业一样，其成员大都由若干名家族成员组成。家庭成员的教育背景或工作经历大都各不相同，这就必然要求家族成员之间按照各自熟悉的专长，以及专有技术和业务经验，来选择担任不同的岗位。当然，合理的资源配置是建立在家族成员共同商议的基础上的。在家族企业经营中，家族成员也会随着各自的专业技能而略有调整。

在万安集团，陈江和陈锋这对"少帅兄弟"也是如此。陈江拥有海外留学的国际教育背景，主要负责海外的并购、合资项目标的寻找，以及相关谈判。弟弟陈锋则主要着手项目在中国的落地，以及公司的日常运营。兄弟二人通力合作，成为父亲陈利祥的左臂右膀。[①]

弟弟陈锋出生于 1978 年，他在万安已工作了 20 多年。20 世纪 70 年代，父亲陈利祥和几位元老一起创办了万安，并在几十年的时间里，将它从一个乡镇工厂发展成了行业领军企业。

1952 年，陈利祥出生于浙江诸暨，由于家里吃不饱饭，他没读完初中就辍学了。刚开始，他去做水电工。20 岁不到，陈利祥在店口农机厂工作。陈利祥头脑活络，喜欢琢磨各种机器的运行原理和维修技术，无师自通，成为远近闻名的"利祥师傅"。

1975 年，店口公社很多大队开始创建办工厂，作为"店口五金技术第一人"的陈利祥，是当地最受欢迎的年轻人之一。

"浙江在线"披露，陈利祥是家中八兄妹里的老大，之前父母一直担心陈利祥找不到老婆。结婚那年，陈利祥住进了爷爷造的泥房里，后来有了一

---

① 上阵父子兵，打仗亲兄弟，"万安少帅"合力接班，共觅家族企业发展新动能 [EB/OL].
2017 年 12 月 21 日 .http://www.som.zju.edu.cn/2017/1221/c63565a2031103/page.htm.

个女儿和两个儿子。

1977 年，敢想敢干的陈利祥，已经崭露头角。当时才 25 岁的陈利祥，坐着火车，辗转来到福建的一家国营工厂，做成了他平生第一笔大生意——5 万颗手指甲大小的汽车黄油嘴，售价 2.5 万元。折算下来，一颗黄油嘴售价 0.5 元，而成本只有 0.1 元。

事隔多年，陈利祥依旧记得当时"心惊肉跳"的心情。在回到店口后的很多个晚上，那 2500 张"大团结"，一直在陈利祥的梦境里。

随后，大批店口年轻人纷纷外出，到全国各地收购废铜，把店口打造成为中国最大的铜加工基地，由此诞生了海亮等世界知名的大型铜加工企业。

根据当地人回忆，1978 年之前，"齐白石的一张画，还不如店口人的一个签名"，签名，是指签在订货合同上的歪歪斜斜的名字。

1978 年，中国改革开放的大幕正在徐徐拉开。当时的陈利祥已经升任店口农机厂厂长。

陈利祥说道："厂里取消了工分制，实行了承包责任制。"当中国绝大多数的农村还在分田地，而店口开始分工厂、分机器了。但随后，陈利祥迎来了自己最艰难的时刻。

1984 年，中央 4 号文件决定将社队企业改名为乡镇企业。随着中国城乡经济体制改革的不断深入，农村突破了只能社队办企业，不许农民经商以及"三就地"的限制。此后 5 年，乡镇企业高速增长。[①]

1985 年，店口农机厂更名为诸暨县第一汽配厂，陈利祥担任副厂长。

---

① 浙江在线.陈利祥：35 年改革岁月 从农民电工到上市公司老总 [EB/OL].2013 年 12 月 10 日 . https://www.jdzj.com/diangong/article/2013-12-10/40510-1.htm.

同年，万安集团的前身诸暨县汽车制动器厂成立，陈利祥任厂长。陈利祥说道："很多人辞职单干，他们赚的钱比我多，我心里有点不平衡。"据陈利祥介绍，他做厂长时工资每个月近百元，而陈利祥曾经的员工出走后自己办厂，一个个成了万元户。

陈利祥回忆说："又苦又累钱又少，小孩子要读书，家里难免有闲话，我压力很大。"他万分纠结，但妻子依然支持他办好这个厂。当时还有工厂从四明山请陈利祥去做厂长，陈利祥拒绝了，"我是做技术的，当时就认为，不能光想着赚钱，我要做的是别人做不出的产品"。

1992 年，诸暨第一汽车配件厂已经是店口最大也是最后一个集体企业。1993 年起，店口镇的官员劝说陈陈利祥把企业买下来，理由是，只有转换经营机制，把工厂推向市场，才能搞活企业。

陈利祥当然知道其中的道理，于是开始启动改制，但是改得并不彻底。1994 年，诸暨第一汽车配件厂组建成浙江万安实业公司，店口镇政府持股30%，陈利祥个人持股 15%，其余股份由 15 名股东持有。

为什么不买下所有股份？陈利祥是这么解释的："当时觉得中国政策的发展和改革步伐没有那么快，我们这些从以前走过来的人，对急速变化的形势心里没底。"

经过几年的发展，1998 年，陈利祥启动第二次改制，店口镇政府受让其持有的股份，其中 70% 被陈利祥买下，陈利祥成为大股东。

2011 年 6 月 10 日，陈利祥的万安科技在深交所上市，成为浙江诸暨第十家上市企业。

"上市是为了企业更规范地发展，更好地融资。"陈利祥说，十几年前，他就在全国聘请财务总监、营销总监和技术总监等，为的就是打造一个现代化企业。①

在企业经营的同时，陈利祥也在制定接班人的规划。由于哥哥陈江想要出国留学，父亲陈利祥安排了小儿子陈锋毕业后进万安公司工作。陈锋回忆说道："当时，我想父亲是参照'鸡蛋不要放在同一个篮子里'的想法，想让我和哥哥有不同的发展路径。"

刚进公司时，陈锋被安排到车间工作，从一名普通工人做起。在车间工作期间，陈锋熟悉最基本的制造流程。其后，陈锋才开始接手业务层面的工作，先负责国内市场，后被派驻上海，主管国际业务。

2007年，万安着手股份制改造。2008年，陈锋成为汽车零部件板块万安科技总经理。2017年新老权杖交接，陈锋正式出任万安科技董事长兼总经理。在陈锋看来，作为传统企业，其优势往往在于稳健，但是劣势是过于稳健。陈锋说道："一切都希望依靠自己的原始积累去实现，这样速度太慢，在国际上没有竞争力。"②

针对传统企业缺乏先进技术的问题，陈锋开始有针对性地解决。陈锋期望通过资本运作，直接并购相关企业或者进行技术合作，那么企业发展的步伐就会快很多。

在这样的思想主导下，陈锋成功主导万安科技上市。上市路演期间，陈锋在北京、上海、深圳等城市来回奔走，几天内做了24场演讲，每场将近2小时。对于万安上市，陈锋有自己的视角："进入资本市场不仅仅是财富

---

① 浙江在线.陈利祥：35年改革岁月 从农民电工到上市公司老总[EB/OL].2013年12月10日.https://www.jdzj.com/diangong/article/2013-12-10/40510-1.htm.

② 上阵父子兵，打仗亲兄弟，"万安少帅"合力接班，共觅家族企业发展新动能[EB/OL].2017年12月21日.http://www.som.zju.edu.cn/2017/1221/c63565a2031103/page.htm.

上的递增，更是发展模式的变革。公司有更多资本可以投到科技研发中去，更可以通过并购合资等方式，从国外引进诸多一流技术，实现质的飞跃。"

与弟弟陈锋资本运作长袖善舞不同的是，哥哥陈江助力家族企业突破自身的瓶颈。在父亲陈利祥的安排下，陈江一开始走的是与弟弟陈锋截然不同的道路。

2002年，成绩优异的陈江赴美留学。陈江毕业后没有立即返回家族企业，而是选择留在美国从事服装贸易。

2010年，万安科技筹备上市，正是用人之际。于是父亲陈利祥劝说陈江回国，一起参与公司发展。陈江回忆说，父亲是个说话很有感染力的人，一方面，他认为中国现在发展机会很多，回国可以获得比在美国更好的发展，何况公司即将上市正是用人之际；另一方面，他觉得陈江是家中长子，更应承担起对家庭、对企业的责任。陈江在回国考察了几次之后，终于下定决心，放弃美国的安逸生活，一头扎入正蓬勃发展的万安事业。

刚到万安工作，陈江明显地感觉到不适应：第一，由于陈江在国外学习、生活已有十年，在中国完全没有工作经历，所以对公司的氛围、文化感到陌生；第二，他在美国从事服装贸易工作，和汽车零部件制造风马牛不相及。陈江说道："一开始，我对公司业务可以说是一窍不通，连汽车零部件都认不全。"因此，父亲陈利祥最初对陈江的要求也是"要以做学生的心态做好总裁"。①

与此同时，许多高管是父亲陈利祥的老部下，乐于看到陈江能够尽快成

---

① 上阵父子兵，打仗亲兄弟，"万安少帅"合力接班，共觅家族企业发展新动能 [EB/OL].
2017年12月21日.http://www.som.zju.edu.cn/2017/1221/c63565a2031103/page.htm.

长起来，也愿意教授陈江一些经验。就这样，作为董事长助理的陈江凭着自己好学好问，少说多听，只用大约半年的时间就熟悉了公司的运营，甚至把工厂里那些专业、繁琐的制造环节和生产逻辑都研究了个透。

熟悉公司运营之后的陈江，担负了更大的责任。董事会把资本运作方面的重任交给陈江。对于没有金融背景的陈江而言，这既是机遇，又是挑战。

在负责资本运作方面事务的过程中，陈江重新梳理了万安业务和其整体发展思路。陈江说道："万安这么多年发展中很少走弯路，是因为父亲以及公司许多骨干，都是机械专业背景出身，他们对技术的嗅觉非常敏锐，总是提前进行布局。但父辈们一辈子都在从事制造业，思维也是制造业那种稳扎稳打的模式，总希望依靠自己的力量，一步步地去推动企业的发展。"

如今的万安，其战略布局有所变化，主要的不同体现在从"有"到"无"的转变。陈江举例说道："比如，过去大家认为汽车必须由人来驾驶，但现在我们却在研发无人驾驶；过去大家认为充电一定要用电线，现在我们却在研发新能源汽车无线充电。"

当然，陈江有自己的战略考虑。陈江解释道："这些高新技术，如果仅依靠万安自身去研发，恐怕需要太长时间。而如今，汽车行业已经进入快速迭代的智能化时代，如果还是按照以前的思维，恐怕很快会被国际竞争对手挤下舞台。好比诺基亚这样的巨头，曾经风光无限，但却错过了智能手机时代。"[①]

陈江坦言，自己不希望万安重蹈诺基亚的覆辙。行业中，达到20%～30%

---

① 上阵父子兵，打仗亲兄弟，"万安少帅"合力接班，共觅家族企业发展新动能 [EB/OL]. 2017年12月21日 .http://www.som.zju.edu.cn/2017/1221/c63565a2031103/page.htm.

的年复合增长率，才能在国际市场上立稳脚跟。而这样的增长速度，仅靠企业本身积累很难持续，必须借力资本。于是，陈江提出是不是可以通过并购方式，和拥有相关技术的国际顶尖企业进行合作？但是，陈江的建议却遭到了公司许多股东的反对。多年从事制造业的他们，认为资本运作"虚头巴脑"。他们更重视产品品质、市场需求等"实"的东西。此外，他们也不认为国际顶尖企业会愿意和一家中国民营企业合作。

面对父辈们的疑惑，陈江并没有因为管理层的质疑、反对而退却。相反，陈江却通过自己的方式尽力去争取和说服他们：第一，陈江把自己和一些券商、投资机构交谈之后获得的信息在会上进行传达，甚至会邀请券商、机构到万安公司讲演。第二，万安有过两次合资经历，让公司收获了很多经验，也成了陈江拿来说服元老们的理由。最终，在陈江一再坚持下，父亲和董事会做了退让，允许陈江放手一试。

随后，陈江开始了自己的海外并购之旅。2016 年，当陈江提出万安要与瑞典瀚德在 EMB 电子机械制动上进行战略合作。父亲认为陈江的做法简直有些异想天开，为此父子争论不休。陈利祥说："瀚德国际知名度远超万安，合作可能性不大。更何况，现在你要去合作的是核心技术，这怎么可能？"面对父亲的疑虑，陈江有自己的盘算。在陈江看来，瀚德有 EMB 尖端技术，但是万安有自己的资源优势，双方完全有达成共识的基础。在谈判过程中，陈江摈弃旧有的思路，瀚德和万安进行"强强联合"，对最新的、未来大家都看好的技术、产品着手。

瀚德接受了陈江的提议，双方就 EMB 项目合作达成了共识，在中国成立合资公司。除了 EMB 项目，2016 年陈江还成功与英国 Protean 公司、美国 Evatran 公司达成了战略合作关系，共同开发技术领先的轮毂电机和无线充电产品。万安与国际知名企业合作的"高精尖项目"相继落地，使父亲和公司元老们对他刮目相看。

在万安，陈江和陈锋兄弟合力布局产融结合，力求探路新动能，共谋家族企业长青基业。虽然企业经营管理各有侧重和分工，但陈江和陈锋兄弟之间更多的是默契和共识。其实，他们都非常理解父辈和自己的差异。毕竟，父辈在汽车零部件领域深耕30余年，一心想把主业做好，而作为新一代企业家的他们，考虑更多的则是如何通过实业与资本运作相结合，来更好服务汽车零部件主业。陈江说道："可以说，我们的目标是一致的，但方法存在差异。经过多年磨合，现在双方在观念思想等方面已经非常融合，这是一个相互影响的过程。"①

对此，陈锋也非常认可。在陈锋看来，民企最大的优势就在于能很快适应新变化。万安作为一家民企，能快速跟上市场潮流，也将是成为其占据下一个产业制高点的重要原因。

目前，陈锋负责零部件板块，陈江负责投资、环境等集团层面的另外三个板块。在海外并购、合作方面，陈江和陈锋也一直配合默契。几年来，陈江和陈锋通过一系列海外并购、资本运作，基本完成了万安未来5到10年的系统性产业布局。公司产品相继进入戴姆勒、大众、丰田等供货体系，连宝马、奔驰、奥迪等国际一线汽车品牌也都主动找上门来，与万安寻求合作。品牌方在考察了几个中国顶级汽车零部件制造公司之后，甚至表示，万安的技术在他们看来是最好的。

---

① 上阵父子兵，打仗亲兄弟，"万安少帅"合力接班，共觅家族企业发展新动能 [EB/OL].
2017 年 12 月 21 日 .http://www.som.zju.edu.cn/2017/1221/c63565a2031103/page.htm.

有效地利用资本运作，其作用也较为明显地发挥出来。2010年上市以来，万安市值一直徘徊在10亿左右，好的时候可以冲上20亿，但是2016年万安市值却高涨到了160多亿。2016年万安科技还进行了一轮规模8.45亿元的增发。"市值高了，增发成功了，接下来我们要投资新的项目也更容易。"陈江笑着说，"现在新的技术投资成本都很高，一项投入就可能高达几十亿元，这不是企业依靠自身积累就能实现的，传统模式只会越走越慢。"如今，万安在研发方面的投入占到了销售收入的3.5%，陈锋表示，未来这个数字将达到5%。此外陈锋也预测，到2020年万安零部件业务可以翻一番，达到50亿规模。①

陈江说道："只有企业掌握核心技术，有竞争力的产品，才能更好地参与到行业标准制定中去，从而拥有更多话语权。"在陈江看来，曾经的中国企业在国际上之所以没有话语权，一个重要的因素就是没有核心技术和核心产品，陈江力图把万安作为中国制造业突破卡脖子的一种尝试。

与此同时，借助资本，万安也在招揽来自德国、日本等发达国家的人才，这为万安国际化奠定了人才基础。陈锋说道："资本帮助万安成就了过去那些想做而不敢做，想做而不能做的事情，过去可能要一辈子才能做的事情，如今3到5年就完成了。"

对于万安，陈锋比较乐观："万安完全可以成为行业内的隐形冠军。"

---

① 上阵父子兵，打仗亲兄弟，"万安少帅"合力接班，共觅家族企业发展新动能 [EB/OL].
2017 年 12 月 21 日 .http://www.som.zju.edu.cn/2017/1221/c63565a2031103/page.htm.

第十三章　人人当老板

　　我只能做老板，像我这样没有什么学历、没有什么专业技术的人，打工没人要，只好做老板。

——九九加一实业公司总经理　林立人

立志做老板

　　从价值取向来看，多数浙江人把经商当老板当作自己人生发展的首选目标，他们有一个特点——立志做老板，"宁为鸡头，不为凤尾"。

　　很多浙江商人宁愿养蚕、养鸭、种香菇，也要做一个敢于承担投资风险的老板，而且敢闯敢干，埋头苦干，不怕失败。如温州人起家靠家庭工厂，全家总动员。看到有生意可做，第二天就弄台机器干起来，机器可以放在家里或朋友的仓库里，赚钱了，再盖厂房。温州人有 10 万元，绝不会像其他地方人只用 5 万元投资，留 5 万元备用，他们不仅把 10 万元全用于投资，而且还要贷款，以便在市场上获得竞争优势。[①]

　　当然，也有外出打工的浙江人，但外出打工还是为了积累资本自己当老板。在浙江人看来，打铁先要自身硬，他们出来闯荡前先练就一身本领，走

---

　　① 建中，尔豪.浙商：最早苏醒的力量［N］.金融时报，2005 年 1 月 22 日.

到哪里都吃得开。他们算计自己创造的效益，不断要求增加工资，今年挣两万，明年就想着赚 3 万，后年就自己当老板了。[①]

20 世纪 80 年代末，王曙光的一个浙江学生毕业之后分配到了机关，他工作两年之后就辞职创业了。其后，该学生闯荡欧洲。

当王曙光在杭州再次与这位几年未见的学生见面时，该学生已经成为一名腰缠万贯的大老板了。

据王曙光的学生告诉他，起初，他出国后在浙江老乡的一个饭馆里打工。有了一定积累之后，就自己开了一家规模较小的饭馆。他自己努力经营，把小饭馆变成了规模相对较大的中型饭馆，最后做到了大饭庄。如今，他在西班牙的饭庄已经成为当地达官显贵的定点就餐场所。[②]

王曙光发现，浙江下海创业的人越来越多。从价值取向看，多数浙江青年更愿意经商，他们把经商当成自己人生发展的首选目标。

在王曙光看来，浙江人的观念和文化就是浙商生存的土壤。从浙江青年的个性来看，他们几乎都散发着浙江人特有的自由习气，不习惯按机械程序做事，不适应等级之间的关系，不理解为什么不做自己喜欢做的事，不在乎别人的议论。在他们看来，商海是最自由的大海，赚钱是人的本能。这种鲜明的个性渐渐成为区域性的共性，也就是说，是浙江历史上形成的商业文化积淀熏陶了现代的浙江青年。这个群体在观念上的一致性，远非其他地方的青年能比肩，并且，这种观念本身就是一种财富。[③]

---

① 任旭强.经济导报：鲁商缺什么？［N］.经济导报，2006 年 3 月 24 日.

② 殷洪军.浙商研究会执行会长王曙光：浙商靠什么角逐世界［N］.威海日报，2008 年 6 月 21 日.

③ 同②。

宁为鸡头，不为凤尾

在浙江商人、九九加一实业公司总经理林立人看来，"我只能做老板，像我这样没有什么学历、没有什么专业技术的人，打工没人要，只好做老板"。

这或许能代表浙江商人的一般性思维。据媒体报道，浙江商人遍及华夏大地。2006年12月21日，据《重庆日报》报道，走进重庆陈家坪机电市场，你会产生一种到了浙江的错觉———因为在这里，随时随地都能听到浙江方言。每天约有3000名浙江人在这里经商，占了经营户总数的1/3。2005年，浙江汽车、摩托车配件在陈家坪机电市场的销售额超过了60亿元。①

《重庆日报》还报道说，同样让你产生错觉的还有朝天门市场。走进港渝服装广场，长廊两侧20多个品牌中有18个产自浙江。对此，时任重庆总商会浙江商会渝中区分会秘书长的马振宇介绍说："在朝天门市场做服装生意的约70%是浙江人。"

在重庆商业中心解放碑，浙江商人的品牌企业不胜枚举，如千叶眼镜、诚泰通信、国泰通讯、名瑞服饰、两岸咖啡等。在重庆的大街小巷，处处都有浙江商人经商的足迹。由此可见，充满活力的浙江商人正在艰苦地奋斗着。

"走在任何一个浙江城市的大街上，你碰到的十个浙江人中有九个是老板。"这种说法虽然有些夸张，但浙江拥有"人人想创业、人人想当老板"的氛围是不争的事实。那么，浙江到底有多少老板？

根据浙江省公布的数字显示，截至2022年8月底，浙江省市场主体总量达906.48万户。其中，企业325.04万户；个体工商户576万户。以2021年末浙江常住人口规模计算（6540万人），每7个浙江人中就有1个是创业者。浙江省市

---

① 张红梅，王妍莉，周雨.人人想当老板 18万"重庆浙商"写下财富神话［N］.重庆日报，2006年12月21日.

场监管局相关负责人表示，从 800 万户发展到 900 万户，浙江用时 20 个月，较 700 万户到 800 万户的时间慢了 5 个月。[①] 其中，不少企业已经发展成为巨型企业，甚至进入"2021 中国民营企业五百强榜单"。2021 年 9 月 25 日，根据全国工商联发布的"2021 中国民营企业五百强榜单"数据显示，浙江 96 家、江苏 92 家、广东 61 家、山东 53 家、河北 33 家、北京 22 家、上海 21 家、福建 17 家、湖北 16 家、重庆 13 家、河南 12 家、四川 8 家、湖南 7 家。（见图 13-1）

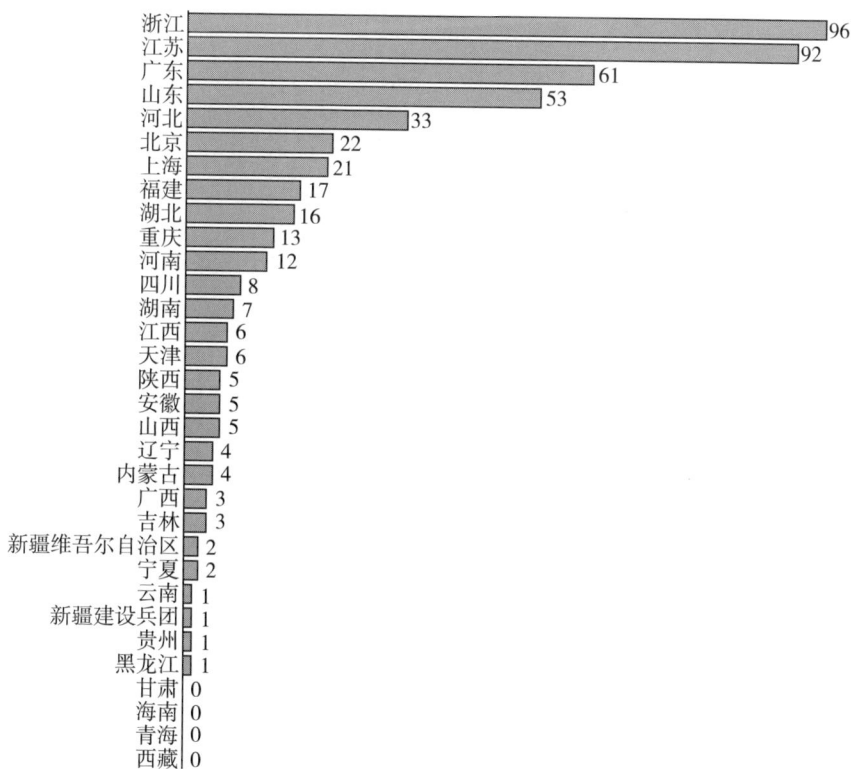

数据来源：全国工商联

图 13-1 中国 2021 年民企五百强浙江占比（单位：家）

① 全琳珉. 浙江市场主体数量突破 900 万户 平均每七个浙江人中就有一个创业者 [N].
浙江日报，2022 年 8 月 30 日.

相比 2021 年，在 2022 年的"2021 中国民营企业五百强榜单"中，浙江民企的数量有所增加。2022 年 9 月 7 日，全国工商联发布"2022 中国民营企业五百强榜单"，榜单数据显示，浙江省 107 家企业入围中国民营企业五百强，94 家入围中国制造业民营企业五百强，16 家入围中国服务业民营企业一百强。入围中国民营企业五百强数量连续 24 年居全国首位。中国民营企业五百强是建立在全国工商联上规模民营企业调研基础之上，根据参加调研企业上年度营业收入指标排序形成。[①]

数据显示，浙江 107 家企业分布在杭州市（41 家）、宁波市（18 家）、温州市（12 家）、绍兴市（12 家）、湖州市（6 家）、嘉兴市（6 家）、台州市（5 家）、金华市（3 家）、丽水市（2 家）、舟山市（2 家）。此外，浙江还有 94 家企业入围中国制造业民营企业五百强，较 2021 年减少 3 家。浙江有 16 家企业入围中国服务业民营企业一百强，较 2021 年增加 4 家。与 2021 年相比，浙江有 15 家企业新晋入围中国民营企业 500 强。数据显示，浙江入围中国民营企业 500 强企业总量规模持续增长。入围中国民营企业 500 强企业营收总额 78762.85 亿元，较上一年增加了 15969.85 亿元。营收千亿级以上企业 18 家，较 2021 年增加 4 家；营收 300 亿元至 500 亿元的 45 家，较 2021 年增加 14 家。[②]

从行业结构来看，2022 年入围的浙江企业共涉及 9 个行业，结构不断优化。其中，4 家企业以上的行业分别是制造业，建筑业，综合类、批发零售业，租赁和商务服务业，信息传输、软件和信息技术服务业，交通运输，

---

① 何泠瑶 .2022 中国民营企业 500 强发布　浙江 107 家上榜位列全国第一［EB/OL］. 2022 年 9 月 7 日. https://baijiahao.baidu.com/s?id=1743277835925333354.

② 同①。

仓储和邮政业。107 家中国民营企业 500 强中制造业主导态势更加突出，上榜 65 家，较 2021 年增加 9 家，占比 60.75%，提高了 2.42 个百分点。[①] 由此可见，民营企业在中国经济中的地位日益重要。

王曙光说："浙商四海为家的秉性是不分年龄的。"浙江人中好多人年纪轻轻便离家外出经商去了，有些来自山区的少年甚至在外出经商前从没走出过大山，但他们不怕。不管是大江南北，还是大洋彼岸，一抬腿就走了。[②]

据《重庆日报》报道，与浙江热火朝天的创业氛围相比，重庆的创业氛围则要"冷淡"得多。来自重庆市各创业培训点的调查显示，在参加培训的学员中，有创业打算的占到了 60% 以上，但真正将创业付诸行动的不到 40%。如果再看整个社会，这两部分的差距会更大。

对于重庆人宁愿打工也不愿创业这个问题，重庆渝中区就业培训中心校长王小莉在接受《重庆日报》记者采访时说："许多人参加就业培训的目的是认识老板。一方面他们没有创业资金、缺乏创业的能力；另一方面他们在观念上不接受创业，害怕承担风险。他们认为，与其奔波劳累，不如领工资来得容易。"

时任重庆总商会浙江商会会长叶定坎在接受《重庆日报》记者采访时讲到了一个现象。在浙江人的圈子里，平时老乡们聚到一起，谈得最多的是自己身边有什么机会，"做什么好赚钱"。而重庆人聚在一起，更多的是谈吃论喝、讨论休闲娱乐之类。

---

① 何泠瑶.2022 中国民营企业 500 强发布　浙江 107 家上榜位列全国第一［EB/OL］.2022 年 9 月 7 日. https://baijiahao.baidu.com/s?id=1743277835925333354.

② 殷洪军.浙商研究会执行会长王曙光：浙商靠什么角逐世界［N］.威海日报，2008 年 6 月 21 日.

时任重庆总商会浙江商会秘书长李桃做了一个对比：重庆人赚了500元钱，会拿出200元来享受，300元来投资再生产；而浙江人会把500元全部投进去。重庆人开小面馆，10年过后还是小面馆，而浙江人从不为自己设限，总是努力由小做大，由国内做到国外。[①]

重庆人的思维跟中国大多数省份人的思维一样，由于害怕承担风险而不接受创业，这或许是浙江商人能够积累财富的一个重要因素。中国社科院社会学研究所研究员王春光曾经讲述过他在法国的一段见闻："一次，出差到法国，几名法国学者告诉我，对于温州人，有一点尤其令他们佩服——那就是吃苦的精神。这些温州人来了，什么技术都没有，甚至连法语都不懂。就凭着那种勤劳、孜孜不倦地干活、赚钱，不断积累财富。攒够了'第一桶金'他们就自己开店。他们都觉得自己要当老板，不甘心打工。就这样，他们竟然在法国能够成为百万富翁、千万富翁。"

事实证明，由于很多中国人缺乏创业欲望，安于平稳，在这样的思维下，是很难积累巨额财富的。然而，浙江商人天生具有创业的热情，只要有机会，浙江商人肯定自己当老板。早在改革开放初期，大量的浙江人就利用有限的条件开始了作坊式创业，办起了小工厂。那些缺乏创业资金的浙江人，则外出擦皮鞋、弹棉花、卖眼镜、挑糖担等，通过艰苦的奋斗来完成资本的原始积累，从而挖掘自己的第一桶创业资金。

浙江商人之所以能够赚取第一桶创业资金，是因为"个个想创业，人人想当老板"。在浙江人的骨子里藏着"宁为鸡头，不为凤尾"的精神。甚至

---

① 张红梅，王妍莉，周雨. 人人想当老板 18万"重庆浙商"写下财富神话［N］. 重庆日报，2006年12月21日。

有的浙江人这样说："即使你做了微软的 CEO、IBM 的总裁，都还不如一个小卖部的老板值钱。"

据资料显示，2006 年，在温州的武汉人有 12 万人，只有 3000 人是老板，其他都是打工的；而温州人在武汉有 22 万人，这 22 万人几乎都是老板。因为温州客商都自己开店做生意，一般规模不大，店面面积以百十来个平方米为主，但正是这种小店铺造就了一大批大老板。①

温州人正是从开小店走向自我创业之路的。南京温州商会会长章庆洪介绍说，在温州，大规模的工业性工厂很少，基本上都是一家连着一家的小店铺。这种现象主要是温州地域小、人口多的地理条件造成的。温州商人从小店铺着手，再将小店铺合并做成大市场，从而开创了一种和其他地区商人不一样的经营之道，并取得了成功。②

---

① 杨宏建. 浙商是怎样炼成的［M］. 北京：北京工业大学出版社，2006：38—39.
② 同①。

第十四章　勤奋务实

　　浙江是一个具有炽烈企业家精神的地方，浙江商人既聪明又肯吃苦，敢冒风险，让人佩服。

——经济学家　吴敬琏

白天当老板，晚上睡地板

　　在"家族企业长盛不衰的秘诀"培训课中，我问过学员一个关于浙江商人的问题："你们能用一句话来描述浙江商人吗？"

　　很多学员不假思索地回答："白天当老板，晚上睡地板。"从学员的回答不难理解，浙江商人的吃苦耐劳精神其实是一个共性，一旦提及浙江商人，在人们的意识中的第一反应就是"白天当老板，晚上睡地板"的"两板精神"。

　　正是这种共性让浙江商人集聚在媒体镁光灯下，并获得非常高的评价。对此，经济学家吴敬琏说："浙江是一个具有炽烈企业家精神的地方，浙江商人既聪明又肯吃苦，敢冒风险，让人佩服。"

　　《经营者》杂志也发表评论文章指出："忍耐与吃苦、勤奋务实、勇于开拓、敢于自我纠正、思变，还有冒险，都是浙商的创富'基因'。最值得一提的有两个，一个是忍耐与吃苦，另一个就是冒险。"[1]

"白天当老板，晚上睡地板"是对浙江商人在创富路上的一个非常准确的阐释。浙江商人在很穷时能吃苦，富裕起来还能吃苦；当小老板时能吃苦，当大老板后还能吃苦；在没有文化时能吃苦，到了知识时代还能吃苦。[2]

浙江商人邱继宝，可称得上是"白天当老板，晚上睡地板"的创业典型。1962年7月出生的邱继宝初中毕业后，顺利地考入高中。然而，遗憾的是，因为家里穷交不起1.5元钱学费，只读了3天高中的邱继宝就不得不辍学了。

为了生计，邱继宝弄了一辆自行车来载送客人。可3天后，邱继宝连人带车被送到公社关了3天，理由是自行车载人属于地下运输户，要"割资本主义尾巴"。

回到家里，邱继宝苦思冥想了几天后，决定跟着当地的乡亲去外地补鞋。1977年，15岁的邱继宝与小他两岁的弟弟背起了修鞋箱，加入外出务工的队伍中。从此，邱继宝开始了自己走南闯北的创业生涯。

邱继宝与弟弟去东北淘金，作为重工业基地的东北，居民的收入要好于其他地区。在东北的3年中，邱继宝与弟弟相依为命。邱继宝在最繁华的城市修过鞋，也在最偏僻的乡村修过鞋。饿了，找最便宜的东西吃——窝头、高粱粥、土豆、咸菜；困了，找最便宜的地方住——1毛钱一晚的大车店，十几个人挤在大通铺上。夏天还好过，冬天实在难熬。在零下二三十摄氏度

① 郭芳，秦邦建，吴晓燕，等.走近新浙商——新浙商：中国第一大商帮[J].经营者，2006（8）：23—26.

② 浙江在线新闻网站"民营经济发源地"温州[EB/OL].2012年5月11日.https://zjnews.zjol.com.cn/05zjnews/system/2012/05/11/018483333.shtml.

的冰天雪地里补鞋，冻僵的手很难握住榔头，红肿的手指几乎无法穿线；有时收摊儿，麻木的双腿竟无法站立。当时，邱继宝的一个强烈的愿望就是有台缝纫机，那该多好啊。[①]

东北三省的冬天非常寒冷，邱继宝经常一边呵着冻僵的手，一边认真地给人补鞋。由于过于严寒，其他的鞋匠都不出门修鞋。这在邱继宝眼里，就成了一个挣钱的大好机会。邱继宝每次补完鞋后，还要用冻得发紫的手仔细地把客人的鞋子擦得干干净净。正是这种吃苦耐劳的精神，为邱继宝其后创办"飞跃"奠定了坚实的基础。

1980年，邱继宝带着对工业化大规模制造的见识，带着千辛万苦挣下的数千元钱回到台州后，认准机械技术有利于创业成功，先后在3个机械厂学技术。在当时，学技术不仅白干活，还要交学费。学费先是每月40元，后来涨到80元。

与此同时，邱继宝还瞄准了从椒江到黄岩（现均为台州市所属区）这段20多千米的路段。当时长途汽车很少，邱继宝用自行车做起了客运生意。早上5点半，邱继宝起床，跑个来回，7点半再赶回工厂当学徒。下午5点半下班后，邱继宝又骑着车送这送那，生意好的时候，一天可以挣到六七元钱。

对于这段经历，邱继宝说道："技术都掌握了，我就背个包，里面都是车刀钻头，谁有机械加工的活儿，就帮谁干……后来，我的未来岳父看中了我的勤快。"

1981年，邱继宝不仅学到了技术，还获得了一段美好的姻缘。结婚那天，

---

① 马文方.邱继宝：一个修鞋匠的中国梦［N］.中国计算机报，2007年1月8日.

邱继宝依旧在忙碌，到了下午 3 点多，母亲赶到工厂，一再催促，邱继宝才洗了洗满是油污的手，赶到新娘家里接新娘。①

回到浙江的这段时间，敏锐的邱继宝觉察到了变化，几年前连用自行车载客都不行的地方，这时候竟然有了成百上千个家庭小作坊。这样的变化激发了邱继宝心中压抑了许久的创业的欲望。

1982 年 1 月，邱继宝靠着在东北修鞋攒下的数千元钱，加上 300 元的贷款，租下了大队的三间旧房，创办家庭作坊——椒江市水陆电器仪表厂，生产缝纫机零件。为了掌握缝纫机生产技术，邱继宝专程跑到上海缝纫机研究所请求协助，缝纫机研究所给他派来了两位退休的老师傅。邱继宝用自行车从码头把两位师傅分别驮到厂里，当时村里条件差，新婚才两三个月的邱继宝夫妇就把新房让给了远道而来的师傅。邱继宝早上 5 点多起来给师傅们挑水，白天上班，晚上还要加班，后来他还专门在院子里打了口井。②

1986 年 10 月，邱继宝创建椒江市第二工业缝纫机厂（飞跃的前身），第一台"飞跃"缝纫机问世。时任飞跃集团副总经理朱敏法回忆说："工厂租的是生产大队队部的两层楼房。上面办公，下面是车间，透过地板的裂缝甚至都可以看到下面的人。"

三年东北淘金，让邱继宝更懂得技术的潜在价值。1988 年 11 月，飞跃与上海缝纫机研究所"联姻"，标志着飞跃迈出了产研结合的第一步。1988年 12 月，飞跃第一台自行研制的高速包缝机投入生产。1989 年 7 月，飞跃第一台领先国内的高速平缝机投入批量生产。

---

① 马文方.邱继宝：一个修鞋匠的中国梦［N］.中国计算机报，2007 年 1 月 8 日.
② 同①。

据《中国计算机报》披露，飞跃成立初期，年营业额只有 1000 多万元，利税不足 100 万元。在这样的情况下，飞跃坚持每年提供给上海缝纫机研究所 35 万元研发费用。直到现在，飞跃还在补贴这家国内仅存的缝纫机技术研究机构，并把它作为缝纫技术的重要来源之一。[①]

凭借着吃苦耐劳的精神和毅力，邱继宝终于生产出了质量优良的产品，可是生产出来的产品销售不出去就等于死路一条。邱继宝的转产无疑就意味着风险——白手起家的飞跃企业面临着严峻的市场形势：国内缝纫机市场被四大国有工厂把守，海外市场则被日本、美国和中国台湾实力雄厚的公司瓜分。才进入市场的"飞跃"陷入了四面楚歌的境地。[②]

此刻的邱继宝清楚，"搞出产品在台州摆小摊无疑是死路一条"。于是邱继宝决定拓展浙江以外的市场。当时正好赶上广州开贸易交流会。怀着满腔的热情和巨大希望，邱继宝背着厂里生产的拷边机就去参加外商云集的广交会了。

邱继宝是个体经营者，其生产的拷边机又是出自一个没有知名度的小厂，没有机会和资格参加这场会议。邱继宝焦急万分，围着会场转了好几圈，发现一条通往墙内的下水道，毫不犹豫地钻了进去。

然而，刚钻进去邱继宝便被保安人员逮住了。邱继宝不但被罚款 50 元钱，还被罚站了 30 分钟。邱继宝看着那些往来于广交会的人，在羡慕的同时，这位热血汉子心中淌着泪水。邱继宝暗下决心，一定要把企业干起来。

---

① 马文方.邱继宝：一个修鞋匠的中国梦［N］.中国计算机报，2007 年 1 月 8 日.

② 沈锡权，何玲玲."草根"里崛起的民族复兴实践者——记省政协委员、飞跃集团董事长邱继宝［N］.新华社，2003 年 1 月 20 日.

尽管没有机会参加广交会，但是坚强的邱继宝没有认输，几天之后，他就来到深圳罗湖口岸。正是这个口岸给了邱继宝一个绝佳的机会。邱继宝拉住一位面相忠厚的香港人，掏出 500 元钱请他代买一本香港电话号码簿。

功夫不负有心人，邱继宝凭借这本电话簿，找出了香港所有经营缝纫机的店铺。其后，邱继宝给每个销售缝纫机的店老板邮寄产品的样本和照片。不久，邱继宝终于接到了第一笔来自香港的数千美元的订单。

打开香港市场后，邱继宝决定凭借香港这个"窗口"获得的信息，进一步打开市场。于是，邱继宝背起缝纫机，远渡重洋开始了海外推销的创业史。在经历了无数次失败、挫折以后，"飞跃"终于将产品打入了 100 多个国家和地区。[1]

1989 年 12 月，飞跃产品首次出口中南美市场。1990 年 1 月，飞跃设立第一个境外公司——香港（飞跃）缝纫机工业公司。1993 年 9 月，飞跃获得外经贸自营进出口权。1994 年 5 月，飞跃缝纫机集团公司组建。1995 年 9 月，飞跃成功开拓东南亚、中东市场。1996 年 5 月，飞跃多功能家用缝纫机诞生，被誉为中国家用缝纫机的一次革命。1996 年 11 月，飞跃进出口公司成立。2000 年，集团实现销售额 15.13 亿元，出口创汇 6370 万美元，利税 1.55 亿元（其中上缴税 4724 万元）。

邱继宝的成功经历告诉众多创业者，奋勇拼搏是每一位创业者应该具备的基本素质，有道是苦尽甘来，当一个人通过勤劳苦干，让自己的能力提高到一定的程度时，自然有各种发展机会降临。

---

① 沈锡权，何玲玲．"草根"里崛起的民族复兴实践者——记省政协委员、飞跃集团董事长邱继宝［N］．新华社，2003 年 1 月 20 日．

吃不了苦是时下年轻创业者的通病，他们总是对目前的市场环境感到不满，总想找一个既轻松又能赚大钱的行业。对于刚创业的人而言，唯有以勤补拙，任劳任怨，迅速提高自己的实际操作能力，才有发展前途。

从开始的地摊小贩到如今的集团总裁，浙江商人身上都有吃苦耐劳的共同特点，"澳伦"鞋业老板倪忠杰就是这样的。

1999年，倪忠杰考察了河北省保定、邢台等地的农村市场，同时还依托在保定、邢台等地做生意的浙江同乡，多渠道地了解农村的皮鞋市场需求。

在考察期间，倪忠杰平均一天要考察五六个县区，主动找经销商洽谈皮鞋销售业务，还帮助经销商挑选合适的经销铺位。其间，倪忠杰有时晚上住20元钱一晚的乡村小旅馆，房间连门闩都没有，有时找不到旅馆就在农户家中打地铺。就这样，倪忠杰连续在河北农村跑了40多天。这之后，倪忠杰在河北省内的100多个县城开设专卖店，成功打开了河北农村市场。许多浙江同乡闻风而至，在此聚集，一个浙商群体在当地迅速形成。①

"四千"精神

浙江商人的草根形象由来已久。他们不同于晋商、徽商以权力经营商业的官商身份，而是农民和体制内的人下海兴起的商圈，算是民商。大多数知名浙商的出身和创业起点都很低，这也让他们比常人更能吃苦。②

---

① 殷洪军.浙商研究会执行会长王曙光：浙商靠什么角逐世界［N］.威海日报，2008年6月21日.

② 彭洁云.浙商富豪榜排行：郭广昌第一　丁磊陈天桥上榜［N］.理财周报，2009年8月31日.

在"浙商两会"节目中，主持人问全国人大代表、正泰集团董事长南存辉："浙商作为一个群体，您认为有什么共同的特征呢？"

南存辉回答说："共同特征可能就是特别能吃苦、特别能创业。"在南存辉看来，浙江商人能吃苦，才创造了许多商业传奇。

经济学家钟朋荣从经济学角度将浙江人的艰苦创业归结为"四千"精神——"走遍千山万水，想尽千方百计，说遍千言万语，吃尽千辛万苦"。正是这种精神，使浙江商人能够从白手起家，从草根开始生长，赤手空拳打天下，最终取得出色的业绩。例如，复星集团董事长郭广昌出生在盛行晒霉干菜的东阳农家，美特斯·邦威董事长周成建本是裁缝匠，万向集团董事会主席鲁冠球是打铁出身，天马控股集团董事长马兴法最初只是个小学徒……①

1987年，罗云远16岁，随身携带了100多元钱开始淘金。罗云远到达武汉后没多久，身上就只剩下几十元了。此刻，罗云远只能选择吃最便宜的清汤面度日，过了几天，罗云远连吃面的钱也没有了。就这样挨饿3天。

在走投无路的情况下，罗云远不得不求助老乡，老乡借钱给罗云远租赁了一个门面。其后，罗云远又从老乡那里赊借了一部分货物。就这样，罗云远在一间十分简陋的小店里就开始创业了，尽管小店开张了，但是生意异常艰难。

之后几年，罗云远小店的生意只能勉强度日糊口。罗云远决定转行做五金生意。当然，罗云远做五金是有道理的，他有货源优势——在其家乡温州龙湾区，罗云远的许多亲戚都做五金电料的生产生意，这里可以说是一个名

---

① 彭洁云.浙商富豪榜排行：郭广昌第一 丁磊陈天桥上榜［N］.理财周报，2009年8月31日.

副其实的五金电料生产大基地。

1993 年，22 岁的罗云远在武汉市清芬路租下一间 30 平方米的店铺，每月的租金高达 1000 元，开始做批发（从朋友那里赊货）。

刚开始，为了吸引顾客，罗云远采用了销售价低于进货价的销售策略，客户纷至沓来，销售增长较快。

1 年后，罗云远的"高进低出"销售策略只亏损了两三万元，然而，厂家赊销给罗云远的货源金额达几十万元。罗云远有效地利用这些货源借鸡生蛋，生意越做越大。

1995 年，湖北省电网即将改造。罗云远觉察到了这其中蕴含的巨大商机。改造电网必定需要数量较大的电表、电线、电缆等，即使每家只需要一块电表，这也将是一个巨大的蓝海市场。

为了抢占这个蓝海市场，罗云远第一时间回到浙江，立即与一家中外合资的五金厂合作。罗云远以较低的价格得到了该厂电表的湖北地区独家代理权。在当时湖北市场上，符合国家标准的电表寥寥无几。在湖北电网改造的 5 年中，罗云远凭借大量优质产品，赢得两三千万元销售额的订单。

余姚不产塑料却享有"塑料王国"的美誉。中国塑料城 3000 余种塑料制品，成为全国塑料市场供求的"晴雨表"；嘉善没有森林，却崛起全国最大的木业加工基地，年产胶合板 335 万立方米，总产值 30 多亿元，占全国 1/3……①

2003 年 10 月 8 日，《解放日报》报道称，20 世纪 90 年代以来，活跃在西部的浙商近百万人，仅在西部就投资了 900 多亿元，创办企业 7000 多家。

---

① 谭新政，邱曙东．浙商：企业家精神［N］．解放日报，2003 年 10 月 8 日．

文成县女企业家王月香先后筹资 3600 万元，到延安承包开发了 30 口油井，谱写了《南泥湾》新曲，而她的丈夫却因劳累过度倒在了黄土高坡。[①]

2000 年 11 月 7 日，据《人民日报》的数据显示，浙江在西部兴办的近 7000 家企业中，从事与资源开发利用相关的企业占了大头，投资总额达 200 多亿元，占全省投资西部总量的近 1/3。这表明，资源的开发利用，是首先吸引东部投资者的领域，也是充分显示东西优势互补的领域。浙江人主要以下列三种投资方式涉足西部的资源开发利用领域。其一，直接在西部省区投资建生产基地，与东部企业形成上下游的、以点对点为主的产业链。到西部建立生产基地，就地取材，成为眼下已有一定经济实力的东部投资者的首选。其二，投资物资流通领域。通过在西部设立商贸流通企业，并以此为连结点，进行区域与区域之间的贸易活动，并形成辐射东西双方的两个巨型扇面。其三，投资西部旅游资源的开发利用。将西部的旅游资源优势直接转化为经济优势。[②]

浙江人的不等不靠、相信市场、相信自己、不屈不挠、努力拼搏、艰苦创业、永不满足的精神，构成了"浙商精神"的精髓。

在市场拓展中，浙商的投资逻辑非常清晰。在投资西部时，浙商主要投资方式有以下两种。其一，将浙江的市场"移植"到西部，直接在当地建分市场。截至 2000 年 11 月 7 日，浙江人在西部创办各类市场和大型销售中心 590 多个，投资总额 38 亿元，直接经商人数 18.6 万人，实现年交易额 341 亿元。其二，在西部投资建分厂，变"产地销"为"销地产"。西部具有广

① 谭新政，邱曙东.浙商：企业家精神［N］.解放日报，2003 年 10 月 8 日.
② 何玲玲.浙江人已悄悄投资西部 900 亿元［N］.人民日报，2000 年 11 月 7 日.

阔的市场需求，而且，对一些产品的旺盛需求已是呼之欲出。这些处在"临界点"上的市场需求，成为浙江投资者最感兴趣的热点。一些大型骨干龙头企业，通过在西部建分厂的形式，将全套成熟的产品、技术、管理"复制"到西部，进行必要的调整和改良后，随即大规模上马生产，实现了"销地产"的低成本扩张。①

在浙江民营企业中，企业掌舵人往往是多面手，既是总裁，又是日常工作的顾问，也是处理难题的能手，他们每天工作 10 多个小时。被称为"标准型工作狂"的宗庆后，作为娃哈哈集团的最高指挥者亲自上一线督察市场，无疑成了中国营销界的佳话。在上百亿资产的娃哈哈，宗庆后事必躬亲，要管的事情实在太多了，常有忙不过来的时候，但有一件事宗庆后是长期坚持的，那就是亲自跑市场，十几年如一日——一年中宗庆后有 200 多天在市场一线跑，工作从不间断，连看电视的时间都没有。宗庆后说道："我用脚来丈量中国的市场，深入穷乡僻壤、犄角旮旯，'中国市场地图'就是这样在水里火里、摸爬滚打中摸透的。"②

事实证明，吃苦耐劳是浙江商人的一大竞争优势，也是浙江民营企业长远发展的重要保障。

当然，吃苦耐劳不是那种蛮干的传统思路，而是依据事业在市场上的种种问题做针对性的改变，然后再选择性地拟出自己的计划和决策，实现自己的盈利。

---

① 何玲玲.浙江人已悄悄投资西部 900 亿元［N］.人民日报，2000 年 11 月 7 日.
② 王艺锭.宗庆后：我是从底层崛起的凡人［J］.环球人物，2018（4）：72—75.

第六部分

关注政策导向，开拓内外市场

在新时期新形势下，如何发扬光大浙商精神呢？我的理解是——"走遍千山万水"，就是要有世界眼光，坚持开放，走出去，开拓市场，寻找资源，兴办企业，延伸上下游供应链，整合各方资源，更好地发展"地瓜经济"；"想尽千方百计"，就是要想方设法搞创新，我们不但要善于抓住商机，更要敢为人先，敢闯敢试，富有创新精神，遇到困难，要逢山开路，遇河架桥，坚持创新；"说遍千言万语"就是要有坚持不懈的创业精神，要咬定青山不放松，当年"千言万语"是为了找市场，今天我们同样需要这样一种锲而不舍的精神，敢说会说，动之以情，晓之以理，营造更好环境；"吃尽千辛万苦"就是一定要勤奋，吃苦，吃苦耐劳是浙商精神的核心特质，创业艰难百战多，当年创业吃别人吃不了的苦，现在我们要继续开疆拓土，同样需要这种特别能吃苦的精神，无论做什么行业，传统实业或是发展数字经济，各行各业，吃苦精神是必需的。总之，时代在前进，但浙商的"四千"精神是不会退出历史舞台的，而是需要永远发扬光大。

　　　　　　——浙江省工商联原正厅级巡视员、浙商发展研究院副院长　郑明治

第十五章　拓展内外市场

中国最健康的经济群落就是浙江经济群落。浙江经济已进入许多发达国家的经济教科书里，就算是再远的土地上都能找到浙江商人的脚步。

——知名学者　余秋雨

走出国门

"哪里有市场，哪里就有浙江人。"这句话是指浙江商人敏锐的商机意识，也是指浙江商人开拓市场的一种闯劲。中国加入 WTO 后，浙江商人又开始主动地开拓国际市场。

《浙商成功的八大要素》一文中就谈到了浙江商人开拓国际市场的原因："浙商的生意能做向国际市场，得益于中国加入 WTO。浙江的产品大多数属于传统的制造业，这恰恰是美国人不喜欢的，美国人看重的是电信、汽车、保险、银行。所以，这些传统产品的进入条件比较优厚。中国加入 WTO 以后，浙江企业的产业升级特别快，现在已经进入两个层面，一个是传统产业的科技化，另一个是浙江不放弃大市场、大渠道的概念。大市场就是打造一个全国范围的市场体系，并同时建立国外的市场体系，所以在美国、在中东、在巴西都有浙江人开的市场。"

随着对外投资能力的逐步增强和"走出去"战略的稳步推进，浙商开拓海外市场经营战略已初见成效，一大批民营或民间资本参股的大型企业先后走出国门。浙商在美国、德国、日本、泰国、越南、印度尼西亚、俄罗斯、土耳其等国家和地区开办了近百家公司，涉及机械、电子、纺织、服装、轻工等行业，其中规模较大的有萧山万向集团美国公司、钱江集团印度尼西亚公司等。[①]

浙江的民营企业境外投资方式主要表现是境外贸易公司，开办境外加工生产企业和境外商品专业市场，以及建立和完善国际营销及网络等。最先到海外创办市场的浙江义乌和温州的商人，已在南非、韩国、越南、俄罗斯和瑞典创办了多个专业市场。例如，温州商人充分利用海外温州人的网络，到国外创办专业市场，目前已在美国、俄罗斯、阿拉伯联合酋长国、乌克兰和荷兰创办了多个境外市场。浙江嘉兴市海宁有中国最大的皮革皮草专业市场，瞄准了俄罗斯的大市场，在俄罗斯开设了"海宁楼"。现在嘉兴市销往俄罗斯的皮衣等产品，七成以上就是通过"海宁楼"这个贸易窗口穿到俄罗斯人身上的。浙江台州商人则在阿拉伯联合酋长国创办了中国日用商品城分市场。[②]

与此同时，海宁的皮衣，义乌的手电筒和应急灯，绍兴的纺织品，温州的打火机、皮鞋等商品活跃在世界的每一个角落。无论是温州人在巴西圣保罗建立中华商城，义乌人在南非开办小商品海外分场，海宁人瞄准乌克兰市场，还是杭州人看中布达佩斯等，都足以说明浙江商人开拓海外市场的活跃

① 尹一妍.外销企业做内销，遭遇几道坎？一家绍兴外销企业的转型困惑［J］.浙商，2007（3）：92—93.

② 应华根，袁晓琴.浙商：脚底下走出的生意经［N］.中华工商时报，2007年5月28日.

程度。①

在海外市场的开拓中，很多浙江商人取得了可喜的业绩。温州市双合盛鞋业有限公司董事长陈竹坚在接受媒体采访时介绍说："现在我们在尼日利亚的公司已经有四条生产线，一天能生产 2000 双鞋子。"

20 世纪 80 年代，陈竹坚是温州制鞋大军中的一个。中国市场制鞋规模不断扩大，竞争很激烈，不仅如此，翻版速度也越来越快。从 1992 年开始，陈竹坚为了开拓蓝海市场，四处考察国外市场，经过慎重考虑，最后选择在尼日利亚建厂。陈竹坚坦言："走出去也是没办法。"

陈竹坚回忆说："当时尼日利亚的中国鞋也很多，但都是当地的商人到迪拜批发进口的。尼日利亚也算是个大国，所以决定先到那边尝试贸易。"

当时去尼日利亚经商的中国人很少，连酱油、醋等商品都没有销售的，对于陈竹坚而言，生活各方面都非常不习惯，但是尼日利亚的生意好做，一双成本只有 30 多元的鞋，运到尼日利亚，销售价格就可以达到 100 多元人民币。

1998 年，陈竹坚决定在尼日利亚设立销售公司，双合盛就成了第一家在尼日利亚开公司的中国鞋商。陈竹坚在尼日利亚的蓝海市场中赚取了巨额的利润。看到陈竹坚在尼日利亚赚到了钱，陈竹坚的一些亲戚朋友也把公司开到了尼日利亚，其后，越来越多的中国鞋进入尼日利亚市场，同行之间的市场竞争也开始趋于恶性，甚至在尼日利亚也打价格战。2004 年 1 月，尼日利亚政府发布"禁止进口商品名单"，包括男式皮鞋等新增的 41 种商品禁止进口。

---

① 孟怀虎 .GDP 贡献率 60%　来自浙江的报告之一［N］.中华工商时报，2002 年 10 月 24 日.

对于陈竹坚来说，辛苦开拓的皮鞋市场绝对不能轻易放弃，思考再三，陈竹坚决定在尼日利亚当地创办鞋厂。2004 年 8 月，双合盛在尼日利亚的皮鞋生产线正式投入生产。为了更好地应对 2007 年尼日利亚当地政府要求所有鞋类原料要在当地采购的政策，陈竹坚果断地决定扩大产能。[①] 对此，陈竹坚介绍说："开始是被逼才走出去，但现在发现国外市场真的很大，舍不得放弃。"如今，陈竹坚在近 10 个国家都设立了自己的销售窗口和加工厂。

在"走出去"的浙江商人中，陈竹坚只是其中之一。走出去可能是环境所致，正如陈竹坚所言："被逼的、自觉的，都要走出去。"

浙江资源缺乏，浙江商人到国外办公司开发资源的原因之一就是购买到必需的原材料。例如，浙江新洲集团购买了俄罗斯哈巴罗夫斯克州总面积达16.4 万公顷的森林采伐及木材加工经营权，长青实业公司也踏上了非洲刚果开发钴矿等重金属资源之路。公开资料显示，浙江商人在境外投资了 8 个涉及森林和矿产的资源开发项目，截至 2006 年 4 月 11 日，浙江省在境外投资的资源开发型项目累计已近 30 个。[②]

时任浙江省绍兴市外经贸委外经处骆处长介绍说："这两年纺织业受到国际贸易壁垒的影响比较大，国内纺织业的市场竞争又很激烈，所以许多企业考虑到境外设公司。在境外设厂，一方面信息比较灵通，企业生产更加灵活；同时订单的价格也比在国内'广交会'等集会上的类似订单要高，因为在国内存在压价竞争。"

例如，诸暨市博览布业发展有限公司，其外贸生意一直做得稳稳当当、

---

① 张妍婷，钟慧丽，秦荣.海外"淘金"不容易 浙江商人"摸着石头"走出去 [N].钱江晚报，2006 年 4 月 11 日.

② 同①。

有声有色，但是该公司为了解决配额数量较少的竞争问题，也开始积极地开拓国外市场。

诸暨市博览布业发展有限公司一位负责人在接受媒体采访时介绍说："光靠外贸配额不是长久之计，我们觉得应该主动出去，到外面找市场。"诸暨市博览布业发展有限公司在柬埔寨设立了贸易窗口，该负责人坦言："这是出去的第一步。"

海外办厂

浙江商人积极"走出去"，可以开拓更大的海外市场，还可以规避可能出现的"反倾销"问题。研发能力不强，创造一个品牌的难度非常大，面对这样的问题，浙江商人找到了一个应对之策，到"海外"去买。当然，"走出去"的不仅是纺织类企业，还有许多轻工家电企业。当企业缺乏核心技术、困于贸易壁垒时，浙江商人就谋划了"买船出海"的策略。

截至 2008 年 10 月 28 日，哈杉鞋业已形成拥有 9 条生产流水线、日产皮鞋 1.5 万双、中外员工 1800 人、在全球设有 8 个子公司、3 个制鞋厂、年销售额 3000 万美元的生产经营规模。[①]

哈杉鞋业，貌似平凡的一家温州鞋企，实际上是一家全球化采购、国际化营销、生产要素全球化整合的跨国公司，前身是温州恒丰皮鞋厂。

1991 年 7 月，王建平独资创办的温州恒丰皮鞋厂挂牌。20 世纪 70 年代，温州市区就有 10 多家鞋厂，到了 80 年代，温州市区的鞋厂就发展到 100 多家，到了 90 年代，温州市区的鞋厂竟然达到了 2000 多家。

---

① 张苗荧.哈杉鞋业：以小搏大　走向世界［N］.温州都市报，2008 年 10 月 28 日.

1991—1997 年，哈杉仅仅是一个代工厂，所有订单均来自皮鞋贸易商，哈杉没有销售渠道和队伍，更没有研发资源和实力。为此，1998 年，王建平做出决策——进军国际市场。王建平在接受媒体采访时说："市场营销有个战略叫作缝隙战略，温州人最善于市场的缝隙战略。我们在分析了国内外鞋市场竞争形势后认为，国外的潜在市场比中国更大，所以哈杉不能坐失市场机会。"

王建平在拓展全球市场的过程中，绕开了竞争激烈的东南亚红海市场，把开拓市场的方向放在西部——由乌鲁木齐周转到哈萨克斯坦的阿拉木图，由此进入俄罗斯市场。

敢闯的王建平，冒着大雪到达莫斯科后，在伊兹迈洛 ACT 批发市场摆起了地摊。开始，王建平将哈杉鞋通过"旅购"的形式进入莫斯科市场。为了鼓励双边贸易，中俄两国都允许出境者携带 50 公斤免税商品。为了把集装箱运到莫斯科，哈杉需要提供几十甚至上百人的名单和资料。[①]

在莫斯科，王建平不止一次遭遇抢劫，有一次甚至有冰冷的枪管抵住他的后脑勺。但是他顽强地坚持下来开拓市场，终于在俄罗斯建立哈杉进出口贸易公司。面对困难，王建平说："经历生死考验，才有真正收获，这也坚定了我们开拓国际市场的信心。"

从手工作坊到小型家族企业，从做国外市场到建立国外公司，直至变成一个现代化的跨国公司，哈杉所走的路似乎印证了温州模式的历史进程与外向型发展的未来趋势。然而，这条路异常曲折。

20 世纪 90 年代末期，温州鞋业的竞争异常激烈，而且大都在中低端徘

---

① 张苗荧. 哈杉鞋业：以小搏大 走向世界 [N]. 温州都市报，2008 年 10 月 28 日.

徊。为了应对这种竞争格局，从 1999 年底开始，哈杉董事会就着手研究哈杉的品牌战略，但是多数人对自建品牌忧虑过多。2001 年底，董事会决定通过品牌嫁接的方式，把哈杉品牌在国外塑造起来。

为了更好地实施品牌嫁接，哈杉公司管理层在世界各地寻找合适的收购目标。经过慎重思考后，决定收购意大利威尔逊公司。经过不同层面、不同方式的判断，哈杉鞋业在 2004 年收购意大利制鞋企业威尔逊公司 90% 的股份。[①]

公开资料显示，威尔逊公司成立于 1958 年，位于被称为"世界鞋都"的米兰娜维安娜的产鞋工业区，主要加工生产 WILSON、POLO、VERSACE 等品牌的男式绅士鞋，拥有较强的产品研发能力和品牌影响力。哈杉不远千里跑去并购国外企业，原因其实很简单：一是想利用意大利"时尚之都"的优势，嫁接品牌；二是利用威尔逊的研发资源，弥补自身原有的不足；三是利用其销售渠道，很快打开国际市场。[②]

并购海外企业，不仅可以提升企业的技术，还可以规避反倾销政策。20 世纪 50 年代后，日本企业都在"走出去"，40 年后，浙江商人也开始"走出去"。并购海外企业的并非哈杉一个。如今，越来越多的民营企业开始大手笔收购或并购国外企业。2006 年，以生产摩托车出名的浙江钱江集团出资控股了意大利百年老厂贝奈利公司，华立集团、UT 斯达康等企业也曾频频出手。[③] 对此，浙江省外经贸委外经处一位负责人说："如今全球就是一个

---

① 张妍婷，钟慧丽，秦荣. 海外"淘金"不容易　浙江商人"摸着石头"走出去 [N]. 钱江晚报，2006 年 4 月 11 日.

② 同①。

③ 同①。

市场，到国外办公司也变得很自然。"

时任绍兴市外经贸委外经处骆处长说："跟前几年相比有个好趋势，就是走出去的形式越来越多了。既有去国外设窗口的，也有去生产的，浙江美邦纺织有限公司则是到美国收购了一个科技公司。"

浙江商人在开拓国际化市场时，作为生产型企业，往往把产品生产的地点选择在发展中国家。例如，南非、越南、柬埔寨、巴西等地，因为那边资源丰富，劳动力价格低。作为贸易企业经营者就相对较为灵活，有的浙江商人在美国、日本等发达国家创办办事处，同时也有开发资源和兼并科研机构的。

第十六章　关注政策导向

　　作为浙江商人，我一直都在收看《新闻联播》。我周围的一些浙商朋友也有收看《新闻联播》的习惯。大家认识到：看《新闻联播》是最快了解国家的政策导向的渠道，一名成功的商人要研究政策，读懂政策，而且要走在政策的前面，必须要找到一个了解政策走向的权威渠道，这个权威渠道就是《新闻联播》。

——北京今日潮流企业策划公司董事长　陈俊

挖掘政策红利

　　在《浙江商人22条商规》中，坚持看CCTV-1《新闻联播》，被视为第一条商规，足以说明其分量。或许读者，也包括当初的我，被浙江商人第一条坚持看CCTV-1《新闻联播》的商规搞糊涂了，但是经过这几年对浙商的研究，特别是在撰写本书时接触了上百名浙商后，我发现，他们坚持看CCTV-1《新闻联播》是非常有道理的。

　　时任北京浙江企业商会副会长、北京今日潮流企业策划公司董事长陈俊撰文说："新浙商，上通政策，下知民生，活学活用党和政府的政策，特别是在'用'字上狠下功夫。古往今来，凡成就大事业者，做大生意者，无不以迎合政策导向、国家发展的趋势、民众的需求为本。跟随时代的潮流前进，紧随时代的脉搏跳动，懂大体，识大局，才能赚大钱。这是新浙商多年经商的经验。"

陈俊还坦言："作为浙江商人，我一直都在收看《新闻联播》。我周围的一些浙商朋友也有收看《新闻联播》的习惯。大家认识到：看《新闻联播》是最快捷了解国家的政策导向的渠道，一名成功的商人要研究政策，读懂政策，而且要走在政策的前面，必须要找到一个了解政策走向的权威渠道，这个权威渠道就是《新闻联播》。"

不仅如此，陈俊还举例说：

"2003年秋，《新闻联播》播放了一条消息：温家宝总理主持召开国务院常务会议，研究实施东北地区等老工业基地振兴战略。我马上意识到，这是一个很好的投资机会。我很快召集一批浙江商人迅速进入东北投资开发。我先后带了三批浙江商人去东北投资，每次都受到当地政府的热烈欢迎。在长白山附近，我们利用浙江民间的资金开发土特产、开发旅游项目，很快就得到了回报。一位浙江温州老板投资5000万元做人参专业市场，当年就收回了成本。"

"2008年6月以来，《新闻联播》连续报道了国家领导人几次到沿海民营经济发达地区考察的消息……这些在《新闻联播》中都是一些很常见的画面，但对我而言，却是个巨大的商业信号：中央对经济领域将有新动作。掌握了这个信息，我和我的团队马上就酝酿了新一轮对二、三线城市的投资方案。"

事实证明，几乎每个浙江商人都会关注时代的发展，CCTV-1《新闻联播》是他们获取信息的重要途径。对此，陈俊说："做投资、搞商业要耳听八方，眼观六路。从《新闻联播》中寻找商机，这是一名商人看《新闻联播》的最高境界。"

要想把握经济时局，必须关注政治时局，《新闻联播》图文并茂，实为中国商人的最佳晴雨表。据浙江商人介绍，《新闻联播》传递着政策的走向，这些政策的走向正是市场的导向。浙江商人通过"坚持看央视《新闻联播》"关注政策的变化，挖掘了政策中蕴藏的巨大商机。

引领市场导向

客观地讲，在国家政策的变化当中，对于敏锐的浙江商人而言，通常都会蕴藏着巨大的商机。浙江商人张文荣是亚龙公司的董事长，一个地地道道的浙江温州商人。在很小的时候，张文荣就在温州人的"男孩儿从小要有经济自立的意识"思维的熏陶下，培养了经商的能力。

14 岁时，张文荣就开始在街道边销售冰棍。通过微利的冰棍生意，张文荣赚到了创业的第一桶金。

17 岁时，已经闯荡了 3 年的张文荣，凭借在商场上的实践经验，再次寻找商业机会。20 世纪 80 年代，中国物资相对匮乏，信息也不对称，张文荣觉得这其中必然蕴藏着巨大的商机。

某日，张文荣无意间了解到福建某地销售的梦特娇牌 T 恤衫价格非常低，在当时，梦特娇服饰很受消费者欢迎。于是，张文荣立刻去了福建，开始涉足服装生意。仅仅 3 个月，张文荣就净赚了 10 多万元。

面对商机，张文荣总有自己的办法。由于日本生产厂家停止了供货，本田摩托车在温州的销售价每辆提升了 1 万元。张文荣当时正在黑龙江做生意，观察到在黑龙江依然有本田摩托车在销售，不过本田摩托车的数量不多，仅有五六辆。于是，张文荣将其全部买下。其后，张文荣开始在黑龙江用现金收购本田摩托车，在马路上，张文荣只要碰到本田摩托车就会拦下，并按照原价购买。短短3个月，张文荣就购买了600多辆本田摩托车。然后，张文荣开始翻新这600辆本田摩托车，再送到温州销售，结果平均每辆本田摩托车赢利1万元。

到21岁时，张文荣已积累了百万元财富。张文荣并没有满足。

1986年，张文荣在上海寻找机会。20世纪80年代，张文荣在上海的路边发现大量废铜，而在温州，铜是非常昂贵的资源。张文荣马上涉足废铜生意。

随着城市的发展，上海对电缆的要求在提高。1988年，张文荣选择上海电缆厂作为合作伙伴，从此成为上海小有名气的"电缆大王"。

1997年，张文荣出资1000万元兼并了浦东电缆厂，真正拥有了自己的实业公司。截至2006年，张文荣经营的亚龙集团，其业务涵盖铜材、电缆、教育、医疗、绿化工程、房地产等，总资产超过6亿元。[①] 对此，张文荣在接受媒体采访时说："温州人就是肯冒风险，敢走在政策的前面。"

在张文荣看来，只有读懂政策，才能挖掘更大的蓝海市场。客观地讲，张文荣不是唯一一个读懂政策的浙江商人，华立集团董事长汪力成也是通过抓住"两网"改造的商业机会，把华立集团打造成行业龙头企业的。

汪力成在接受媒体采访时坦言："比如，国家是在1998年宣布进行'两网改造'的，这个风其实早就有了，我是从朱镕基总理的一个讲话中'嗅'

---

① 杨宏建.浙商是怎样炼成的［M］.北京：北京工业大学出版社，2006：86—87.

出商机来的，但当时，大部分厂家就是没这个感觉。因而，早有准备的华立能够快速启动集技术开发、工艺改进、市场开拓于一体的'旋风计划'，在激烈的'两网改造'招标战中占领了制高点。所以说，机遇对每个人都是平等的，但它只留给有准备的人。"①

20世纪90年代，中国大力发展西部地区。汪力成敏锐地觉察到在国家西部大开发战略中，必然有巨大的商业机会。1996年，汪力成决定，兼并重庆电能表厂，该电能表厂是西部地区最大的电能表生产基地。

有媒体采访汪力成时，问及汪力成为什么能抓住西部大开发的商机。面对此问题，汪力成坦言："我是从民工潮的新闻报道中研究出西部的商机的。从社会学的角度看，中国不可能放任东、西部地区的差距越拉越大；中央不可能不重视西部地区的发展。而一旦中央重视了这个问题，就会有扶持西部开发的政策。所以说，企业家的超前预见能力也好，悟性也好，直觉也好，它是信息处理自动完成的一种能力。"②

"谁掌握了政策的主动权，谁就掌握了企业制胜的法宝。"这是浙江商会会长叶定坎的大局观。

叶定坎说："在社会主义改造刚刚开始的时候，荣毅仁先生识大体顾大局，支持了我国社会主义建设和发展，得到了人民的认可和国家的支持，在人民群众中树立了很高的威望；香港富豪李嘉诚在国家统一大业的进程中把企业利益和国家利益结合在一起，把个人的荣辱与全香港人民的荣辱结合在一起，促进了香港回归，支持了国家的统一大业；总商会会长尹明善积极投

① 杨宏建.浙商是怎样炼成的［M］.北京：北京工业大学出版社，2006：86—87.

② 文秘帮.中国商帮之浙商［EB/OL］.2019年9月29日.https://www.wenmi.com/article/pyk8ec00r8pv.html.

身于公益事业，修建了许多希望小学，投身光彩工程，同样得到了社会的回报。从以上的例子中可以认识到企业或个人在完成了基本的资本积累之后，希望得到社会的认可和自身价值的实现，在精神上有了更高境界的追求，让自己从思想上、政治上得到不断的完善。"①

---

① 文秘帮.中国商帮之浙商［EB/OL］.2019 年 9 月 29 日.https://www.wenmi.com/article/pyk8ec00r8pv.html.

第七部分

团结立会，抱团发展

经商之道，道亦有道，道亦无道，人间正道是沧桑。浙江商人的商业精髓及成功之道的其中一个主要因素就是抱团。商会是商人的群众性组织，利用这个组织，商人们可以紧紧地团结在一起，来谋取最大的商业利益。无论商会会员众寡，做好商会工作，会长、秘书长和一大帮副会长为班底的组织机构尤为重要。会长处处为会员着想，秘书长上下沟通得当，副会长组织落实顺畅，这样的商会才是生机勃勃的商会。否则，会长不管不问，秘书长谋取私利，副会长各自为政，这样的商会非垮不可，会长和秘书长非被广大会员赶下台不可。这样的事例我亲眼所见不少。实际上，无论会长是多大的老板，秘书长有多高的学历，商会会员不认可你，会长和秘书长是一点办法也没有的。因为，在商会内部，公信力很重要，无论钱多钱少，大小都是老板，大家一律平等，没有上下高低贵贱之分。

　　——北京今日潮流企业策划公司董事长、北京浙江企业商会副会长　陈俊

第十七章　融资管道发达

　　向银行贷款手续实在太麻烦了，而且对我们这种手工行业来讲，在企业发展之初，银行也不愿贷款给我们。

——浙江商人　张仲林

民间融资高效

　　浙江商人创业时，很少是通过银行贷款来获得启动资金的，除非万不得已。在浙江商人看来，创业资金遍地都是，只是很多商人不善于利用罢了。

　　位于浙江宁波慈溪镇的一家皮具厂，厂长张仲林，主要加工生产皮包、票夹、钱包等产品，年产值大约 400 万元。

　　1996 年，张仲林在创办皮具厂时，和他的合伙人（张仲林的楼姓亲戚）向亲戚和邻居借了十几万元。

　　关于创业之初借钱一事，张仲林是这样解释的："私人资金拆借在我们这里很普遍，主要是邻居、朋友、亲戚之间，利息一般在 1 分钱到 1.5 分钱。"

　　在张仲林看来，私人资金拆借是一件非常普遍的事情。当皮具厂发展到一定规模之后，融资问题就不再困扰张仲林了。

据张仲林介绍，1998 年，张仲林创办的皮具厂进行了第一次扩张。2003 年，该皮具厂又完成了第二次扩张。经过两次扩张的皮具厂赢得了银行的认可。张仲林坦言，与创业初期相比，银行对张仲林的态度发生了很大的变化。

张仲林说："我们在农村信用社开了户，他们可以看到我们每月的资金流动情况，而且现在银行的门槛也降低了，所以现在主动上门要给我们贷款。"

尽管银行贷款的门槛低了，张仲林依然放弃了银行贷款。

张仲林说："向银行贷款手续实在太麻烦了，而且对我们这种手工行业来讲，在企业发展之初，银行也不愿贷款给我们。"

在张仲林看来，银行惜贷，导致很多浙江商人不愿意从银行贷款。这就是张仲林创业之初选择向私人借款，而不是向银行贷款来解决资金紧缺的原因。

在浙江商人的融资策略中，主要有如下几种方式。

第一，民间借贷。浙江商人的融资策略往往偏向于用别人的钱做自己的事。在某些时候，民间借贷可以解决融资难的问题，甚至可以解决急需资金的燃眉之急。

众所周知，企业的生存和发展需要大量的流动资金，在融资普遍艰难的背景下，浙江商人创办企业、发展企业，善于利用民间资本。

浙江商人张先生出生在浙江省温岭市。敏锐的张先生看到了环保工程的巨大商机，准备从事油检测行业。然而，在北京创办一家油检测的公司需要数百万元创业资金，张先生既没有银行存款，又没有可抵押的资产，向银行申请贷款的融资之路的门就被关上了。

张先生把缺少创业资金的苦恼讲给其他浙江商人听，其后，几名有意投资的浙江商人详细地考察了该项目，毅然投资 500 万元，张先生也顺利地融到 500 万元资金。张先生的科技公司如期成立。

在浙江无数个融资故事中，张先生只是其中的一个。的确，在浙江商人的创业中，启动资金是最不缺的。对此，陈俊在接受媒体记者采访时坦言："尽管正规金融体系在支持民营经济方面发挥着重要作用，但是占浙商绝大部分的民营中小企业、个体工商户，由于资信条件、抵押担保等方面的劣势，很难从正规金融机构申请到贷款。因此民间融资作为一种自发的民间资金运作方式，已经成为中小浙商取得流动资金和建设资金的一个重要渠道。"

第二，民间互助会。在很多浙江商人的创业过程中，许多创业企业的起步资金基本来自民间资本，具体运作模式通常是由浙江传统的民间互助会发展而来。

在浙江，从改革开放开始一直到如今，浙江民间互助会非常盛行。数据显示，近 90% 的家庭都参加了民间互助会。这个模式是这样的，如甲、乙、丙、丁、戊等 10 个创业者为了互相帮助，于是组成了一个互助会。

早在 20 世纪 80 年代，"万元会"就算是一个数额较大的互助会。由于创业者甲的信誉最好，由甲担任互助会的会主。

10 个创业者每人每月必须拿出 1000 元交给会主甲，会主甲按照 10 个创业者的用钱急缓程度安排使用顺序。这 10 个人中，每个人依次使用这笔资金创业，最早使用资金的人必须支付较高的利息，利率必须按照行规来计算。

其实，这种民间互助的形式在浙江省非常活跃，规模有几百元、几千元的，甚至发展到几百万元的。此种完全凭信誉维系的民间互助的融资方式，后来演进到现在的民间借贷机构，在制定相关规范政策下，继续维持民间借贷形成的信用关系，符合民营经济资金需求短、小、频、急的特征，成为个体商户和初创中小企业理想的融资途径，又从一定程度上规避了不讲信誉的商人投机套钱的现象，对民营经济发展起到一定的支持作用。[①]

第三，呈会融资。浙江商人在创业、融资过程中，一般向亲戚朋友借钱，或者入呈会。对此，时任浙江商会秘书长陈康汉说："浙江商人在原始积累阶段，是不会向银行借钱的，也借不到。所以，一般要么向亲戚朋友借，要么入呈会。"

所谓呈会，其实有点类似基金会。常见的呈会会员在 10 人左右，注资过程中，每人大约出资 5000 元，相当于 1 股。当然一个人通常可以入多股。基金会有一个负责人，该负责人必须了解基金会中的每一个成员，基金会中的其他成员不一定都相识。

基金会募集的资金只借给入会的成员，成员中谁急需资金，或者谁出的利息最高，基金会就把资金借贷给他，借到资金的人必须按月或按年支付利息给每一个成员。不过，基金会负责人在使用这笔资金时通常是不必支付利息的，但是基金会其他成员借钱无法按期归还或是卷款逃走时，基金会负责人需要支付利息或是本息。

据基金会负责人介绍，这样的基金会的利息月息在 1 分钱左右，而银行是五六厘钱。曾有人同时入了几十个会，卷了几百万元携款出逃，但是这种情况比较少，因为浙江商人大多比较讲信用，而且每个基金会的人数不会太多，彼此之间都比较熟悉。[②]

第四，信誉融资。多数浙江商人注重信誉，这就为浙江商人融资创造了

---

① 王合银.民间资本成就浙商帮［J］.中国信息化，2008（5）：46—47.

② 刘明娟，施春华.浙江商人内部资金拆借调查［N］.鄞州日报，2004 年 3 月 26 日.

条件。在合作者看来，浙江商人是讲究诚信的。在这样的基础上，赊销就成为可能。

东北是参茸的原产地，全国的参茸经销市场却在千里之遥的浙江温州。不仅如此，同一等级的人参，在浙江温州的价格比原产地还要低，在东北原产地，销售价格为大约2000元/公斤，而温州市场的销售价格为1900元/公斤。

不可否认，这的确是一桩赔本的买卖，但是善于融资的浙江商人把赔本买卖做成盈利买卖。这正是浙江商人的融资之道。

浙江商人在购买参茸产品时，第一次订货一般在10吨左右，数量巨大，而且是现金交易。当浙江商人与东北商人建立起合作关系后，浙江商人的诚信购买让东北商人很放心，为未来的赊销打下了基础。

浙江商人会先支付货款20%～30%的定金，销售之后再支付剩余货款。在每次生意中，浙江商人总是按照约定的时间支付货款，绝不拖欠。其后，浙江商人就可以不用支付定金了，把货物销售之后再支付货款。

浙江商人将大量参茸迅速投放市场，有时甚至低于进价销售，但是，参茸变现后的资金，在一年当中可以周转好几次。当把这笔资金投入其他生意后，虽然参茸生意亏损了，其他项目却赚了，参茸就相当于银行里的贷款了。

民间借贷手续简单

民间融资手续简单，速度较快，受到中小企业经营者的认可。对此，南存辉曾经介绍过一个民间融资的案例。几个乐清商人在外地考察时，发现一个旧城改造项目，该项目投资前景非常好，需要6.8亿元的巨额资金。资金数额较大，但是乐清商人通过民间借贷渠道，仅仅3天时间就筹集了6.8亿元项目资金。

对于浙江的民间融资，南存辉还在他的演讲《推进民营金融建设势在必行》中说，温州民营经济发展，民间金融功不可没。

作为来自温州的浙江商人戴老板非常感谢自己的同学，每当谈及此事，戴老板对其同学的感激之情总是溢于言表。

据戴老板介绍，他从创办一家皮包公司开始做起，由此积累了几十万元的第一桶金。由于戴老板看准了压缩机配件市场，决定和两个朋友合伙创办压缩机配件厂。

戴老板的工厂只生产压缩机的一个小配件，却坚持"小产品，大市场"战略。戴老板从朋友那里买下所持股份，独自经营该厂。在当时，创业投资资金共达500万元，戴老板自有资金只有60万元，另外的400多万元投资资金都是从亲戚、朋友、同学处借来的。

戴老板坦言："我主要靠的就是同学。"除了同学的帮忙，戴老板一个在上海做生意的表哥也帮忙，借给戴老板100万元。戴老板说："这些钱的利息并不算很高，比银行利息高10%左右吧，借贷的时间也在1年左右。"

这种私人之间的资金拆借是依靠什么规则来保障债权人权利的呢？戴老板是这样解释的："一般就是写张条子而已，有的甚至只是口头表述一下。虽然借钱人逃掉的、破产的现象也很多，但是大家都是经过很多年磨合下来，彼此之间也有信用了。"

戴老板坦言："在1980—1995年这段时间，温州经济还不太发达，而这之后，大家都有了一点儿家底，企业也都在慢慢做大，大家开始重信用。因为只要有一次不讲信用，在这个圈子里就没法再做事了。"

戴老板告诫创业者，在创业之初，一开始向银行贷款不太可能，戴老板说："银行的手续实在太麻烦了，而朋友借钱最主要还是看你个人的信用。"

在浙江，像戴老板这样的民间借贷不胜枚举。据金融部门的一项调查数据显示，截至 2003 年末，温州辖区内民间资本存量约 2770 亿元。民间融资在解决民营企业资金问题中发挥了主渠道作用。[①]

根据中国人民银行杭州中心支行的研究测算，"十五"期间，浙江民间资本的形成能力，也就是实际民间资本增加额加上潜在民间资本总量，约 8300 亿元。这部分资金就是全省可调动的民间资本。浙江商人融资 80％靠民间借贷。[②]

---

①　杨宏建.浙商是怎样炼成的［M］.北京：北京工业大学出版社，2006：56.

②　刘明娟，施春华.浙江商人内部资金拆借调查［N］.鄞州日报，2004 年 3 月 26 日.

第十八章　团结立会

浙江各地县市在北京都有自己的商会。北京浙江温州商会、温岭商会、玉环商会和其他各县市的商会既有独立行动的习惯，也有协同作战、互相配合的习惯。在新浙商的旗帜下，它们形成了最广泛的统一战线，在北京赢得了良好的口碑，形成了一套组织机构比较完善的商业规范。

——北京今日潮流企业策划公司董事长、北京浙江企业商会副会长　陈俊

借台唱戏

梳理发现，浙江商人的成功还有一个关键因素，那就是能够在相互团结的基础上成立真正为浙江商人办实事的商会。浙商之间通常会有互利的活动，一个人发现商机时，大家会把资金都拿出来凑在一起，共同去做。这是其他地方商人很难达到的商业境界。①

事实证明，商会正在成为浙江民营经济发展日益活跃的"角色"。《2012

---

① 寇北辰 . 诚信和团结是浙商成功的关键［J］.IT 时代周刊，2010（4）：96—97.

浙江商会发展报告》数据显示，截至 2012 年 9 月 17 日，全国各类浙江商会组织已经超过 4500 家。其中最大的群体为总数近 3000 家的各类行业协会，而众所周知的异地浙江商会则达 800 余家。①

由此可见，随着民营经济的发展，浙江省商会组织应运而生，组织建设不断加强，影响力不断扩大，作用发挥日益明显，逐步走出了一条具有浙江特色的商会发展之路。

回顾历史不难发现，作为一个商帮，设立商会这样的组织其实是工商业发展到一定阶段的必然产物。在清朝末年时期的洋务运动中，清政府为了提升国力，鼓励民间发展工商业，倡导设立商会。长期的"贱商陋习"和"抑商政策"，以及中国工商业的不发达，导致中国工商业同行之间恶性竞争，没有组织秩序。所谓"不特官与商隔阂，即商与商亦不相闻问；不特此业与彼业隔阂，即同业之商亦不相闻问"。商部认为，东西诸国"以商战角胜"，"实皆得力于商会"，因此在制定《公司律》的同时，颁布了《商会简明章程》，并在京师倡设商会，以开风气。《商会简明章程》规定"商会总理、协理有保商振商之责"，有代商人向地方官"秉公申诉之权"；在各省埠的商会设立后，官方的"保商各局应由各督抚酌量留撤"。商会的职权相当于原来的保商局，它可以处理商务诉讼。此外，还负有调查商情，处理破产和倒骗，受理设立公司，申请专利权，进行文契、债券的公证以及发行标准账簿等职责。②

事实上，商会是商人依法组建的、以维护会员合法权益、促进工商业繁荣为宗旨的社会团体法人。今天市场经济已经成为一种体制，这需要产生成

---

① 胡丹 .2012 浙江商会发展报告出炉　4500 家浙江商会闯全国［N］. 浙江日报，2012 年 9 月 17 日.

② 郑起东 . 清末"振兴工商"研究［J］. 近代史研究，1988（3）：31—36.

熟的商会，商会是市场经济条件下实现资源优化配置不可或缺的重要环节，是实现政府与商人、商人与商人、商人与社会之间相互联系的重要纽带。它有四个明显的法律特征：公益性、民间性、自律性、法人性。①

在中国社会转型的新时期，作为工商业者自己的联合组织，商会的社会职能如何与时俱进地进行深化，以便对一个地区经济的繁荣、商业的发展和工商业者自身素质的提高，起到更大的作用？

对此，陈俊直言不讳："经商之道，道亦有道，道亦无道，人间正道是沧桑。浙江商人的商业精髓及成功之道的其中一个主要因素就是抱团。商会是商人的群众性组织，利用这个组织，商人们可以紧紧地团结在一起，来牟取最大的商业利益。无论商会会员众寡，做好商会工作，会长、秘书长和一大帮副会长为班底的组织机构尤为重要。会长处处为会员着想，秘书长上下沟通得当，副会长组织落实顺畅，这样的商会才是生机勃勃的商会。否则，会长不管不问，秘书长牟取私利，副会长各自为政，这样的商会非垮不可，会长和秘书长非被广大会员赶下台不可。这样的事例我亲眼所见不少。实际上，无论会长是多大的老板，秘书长有多高的学历，商会会员不认可你，会长和秘书长是一点儿办法也没有的。因为，在商会内部，公信力很重要，无论钱多钱少，大小都是老板，大家一律平等，没有上下高低贵贱之分。"

聚集社会资本

有效地利用商会展开各种商业活动，让很多浙江商人得到了切实的好

---

① 徐志频.抱团精神是双刃剑：浙商的歧途与危机［J］.法人，2011（6）：82—84.

处。改革开放 40 多年，世界浙商联合总会通过有效的制度设计与协调管理，以优化资源配置提高行业社会经济发展水平的经济运行形态和发展模式。①

不仅如此，"商会经济"在推进经济跨越式发展和促进区域经济发展与承接产业转移中蕴含着巨大的潜力。在产业健康发展过程中，商会的作用也不可或缺。截至 2010 年 1 月，在温州市服装商会成立的温州市服装行业创新服务中心里，会员企业只需要提供自己产品的市场定位和品类要求，就可以在服务中心里完成从设计、面料、款式到产品的整个流程，一次最多可以做 100 款，平均每款设计成本只有 1000 元，有效解决了中小企业设计能力薄弱的瓶颈。②

对此，时任世界浙商联合总会执行主席的刘晓刚在接受媒体采访时坦言："世界浙商联合总会是在探索中前进，开辟了商会经济的新模式，在摸索中，总会总结出促使商会职能升级的四大法宝。一是分享商业信息，降低交易成本；二是依托商会平台，聚集社会资本；三是实现规模效应，浙商抱团发展；四是优化资源配置，供给行业情报。"

精准商业信息的提供是商会经济发展的原动力，美国新制度经济学家科斯认为，商会存在是为了避免或减少市场交易成本（交易成本也称为交易费用）。为实现交易而进行的信息搜寻成本是交易费用的重要内容。商会经济的兴起与企业家寻求商业信息和商会机会息息相关，世界浙商联合总会通过统一收集信息并提供给会员单位，与每个企业分散收集信息相比较能够减少

① 张明进. 来自世界浙商联合总会的改革模式［J］. 中国商人，2010（1）：66—67.
② 胡丹. 2012 浙江商会发展报告出炉 4500 家浙江商会闯全国［N］. 浙江日报，2012 年 9 月 17 日.

重复投入，降低信息搜寻成本。^①

"社会资本"具有广泛的意义，涵盖了商会与政府、社会之间的关系资本，商会与商会之间的关系资本及商会内部成员之间的关系资本。世界浙商联合总会发挥网络优势，使各个主体之间有竞争也有合作，通过竞争能够带来活力与效率，通过合作则能够带来和谐与效率。商会在商人与政府之间起着桥梁纽带的媒介作用，传递信息，减少摩擦，为经济组织间的合作提供机会，助推了商会经济的发展。^②

浙商抱团发展是浙商总会发展模式的又一亮点，"五个手指紧紧地捏在一起就变成了一个握起的拳头"。刘晓刚强调，世界浙商联合总会以联合全世界浙商为己任。多年前，温州一批打火机厂商依靠商会的整体力量打赢了欧盟对我国的反倾销诉讼案，体现了加入 WTO 后行业商会在国际贸易市场上维护企业利益的巨大作用。^③

商会在政府职能转变的今天，在行业规范方面的作用尤其明显和重要。当前政府向商会移交行政职能思想的目的就是要做到市场的事由市场调节，企业的事由企业解决，行业的事由商会组织协调，政府不干预市场。据有关人士预测，商会将来会成为行业或特殊群体的管理者，在行业产业规划、行业标准、行业准入制度方面将会起到极为重要的作用，商会能成为政府的得力助手。优化资源配置，实现经济大发展。^④

在刘晓刚看来，商会经济的兴起是商会服务职能升级的必然结果。众所

---

① 张明进. 来自世界浙商联合总会的改革模式 [J]. 中国商人，2010（1）: 66—67.
② 同①。
③ 同①。
④ 同①。

周知，商会是一个民间社团组织，它有别于行政、事业单位，也有别于企业组织。商会与会员之间，既没有行政之间的约束，也没有上下级的领导关系，它只能靠商会的服务能力来吸引会员、凝聚会员。所以，一些浙江商会就不断完善商会的各项服务职能，提升服务水平、深化服务内涵、扩大服务外延，积极为会员企业营造良好的发展环境，不断促进商会持续健康发展。浙江商会为会员提供了下列五种服务。

（1）维权服务。商会往往通过加强与各级政府和相关职能部门的联系，搭建政企沟通平台，采取商会协调、向政府专题报告、律师发函或调解等形式，协调解决会员企业在经营中受到的不法侵犯，维护会员的合法权益。

（2）投资及商机信息服务。充分发挥商会的桥梁纽带作用，利用商会平台，积极参与全国各地，特别是各省及各市、州组织的有关投资项目推介会，帮助会员企业在相互沟通交流中寻找合作商机，促进浙企资金与项目对接。

（3）提升会员文化素质服务。每年，商会都会不定期邀请相关专家、学者，采取课题培训、专题讲座等形式，给商会会员提供专题培训。不仅如此，商会还为会员企业家在文化素质上的提升提供服务，如与专业培训机构、著名高校合作，组织会员广泛参与各类高峰论坛、行业专题培训、EMBA 总裁研修，等等。

（4）为会员政治上的发展进步提供服务。作为商会，不仅要帮助会员创业、经商，而且还在全国各省招商引资局机关党委的关心指导下，积极支持浙江商人入党。例如，在四川省，截至 2009 年，共有 25 名企业家通过商会党支部光荣加入中国共产党。

（5）乡音乡情服务。每年商会都会举办如"春节团拜会""中秋联欢会""运动会"沙龙聚会等集会。这样的集会能给浙江商人提供一个商机交流平台和交友平台，同时还能给浙江商人营造一个类似"家"的温馨氛围。通过商会这个平台，会员之间通常每年能够因此达成合作，其金额达到数十亿元，这无疑就会调动为数众多的浙江商人参与商会活动的积极性，从而增强浙江商人会员热爱商会、依赖商会的凝聚力和忠诚度。

第十九章　抱团发展

在危机中，浙商固有的"抱团取暖"模式为民营中小企业搭建了营销平台，不仅能保住本土知名品牌，而且能有效降低百货业引进和培育的风险，使各行业在危机中突围，值得推广。

——经济学者　艾丰

配置有限资源

20 世纪 80 年代，一部分浙江商人挑着货郎担就到外面闯荡去了，他们背井离乡，只能三人成伙，五人成团，同时通过集群经济的范式来做大市场。这就是浙江商人非常注重抱团精神的原因。

在大市场中经常会看见一批经营项目类似的浙江商人，他们之间不仅不会为此争吵，还互相调货，相互帮忙。在浙江商人夏天看来，这或许因为浙江台风多，在沿海区域，要是一人盖一间屋，肯定不如十个人紧紧挨起来盖一排楼更为牢固。当一个产业在某个地域形成一定规模后，这个区域就将成为该产业的重要基地。①

---

① 任旭强，张淑玲，王新亭，等.从浙商视角看鲁商找差距［N］.经济导报，2006 年 3 月 24 日.

在浙江商人看来，同行不是敌人，而是合作伙伴。夏天在接受媒体采访时坦言："众多参与者能够将市场搞活，况且做这个行业的人多了，大家还能联手逼供应商降价。"

事实证明，市场只有靠商人一起来挖掘，不能靠某一个人、某一家公司来做。只要市场成气候，存量肯定就有了，这时候还何愁利润？在一定程度上，你的胸怀有多大，你的事业就有多大。[①]

在这样的背景下，浙江商人相互扶持，抱团发展，浙江商人在自己得到发展的同时，也促进了其他商人的发展。事实上，浙江人做生意厉害，倒不在于他们有多少叱咤风云的大企业、大人物，而是有深厚的民间基础和庞大的群体阵容。他们在浙江省内集群发展，同时又流动性很强，散布全国甚至全球每一个角落。他们占据、分割、蚕食着国内一块块市场，在激烈的商业竞争中取得优势。"走遍千山万水，想尽千方百计，说遍千言万语，吃尽千辛万苦"，也去扎下根来。关键是他们为什么能够扎下根来呢？[②]原因还是抱团。

浙江人通过商会、行业协会等组织，群体合作织成一个无所不在的商业网络，还形成了巨大的人际网络和销售网络，这种网络就像人体的细胞或毛细血管，遍布市场的每一个角落。[③]

不管是在车站旁摆地摊的小商贩，还是大企业老板，浙江商人具有"独立自主、吃苦耐劳、敢为人先、抱团发展"的特质。浙江商人的抱团特点，

---

① 任旭强，张淑玲，王新亭，等. 从浙商视角看鲁商找差距［N］. 经济导报，2006年3月24日.

② 同①。

③ 同①。

为浙江商人共同发展提供了条件。在华夏大地上，甚至在世界各地，都有浙江同乡会。只要有一个温州人在那儿站住脚了，很快就有一群温州人在那儿安家。

据媒体报道，浙江有数不清的"专业村""专业镇""专业县"。有一个人做某个行业尝到甜头，就会带动亲戚朋友一起上，然后再带动更多的人，慢慢地，这个区域可能没有什么龙头企业，但"拳头经济"形成了。虽然这里也有抄袭、模仿，但总体来说，一个产业的聚集，带动了更多人的富裕，让更多人找到了创业的机会。[1]

事实上抱团这种特质的形成，跟浙江商人所处的区位和历史有着重大的关联。此外，浙江商人抱团还是为了有效地使资源得到更好的配置。

对于浙江商人的抱团精神，曾经是大学教授的南京义乌小商品市场总经理、时任南京浙江商会副会长兼秘书长的张国安认为，浙江商人在外省的发展与强大，离不开浙江人特有的"生存链"——同乡间的互帮互助、团结协作，抱团抗击风险精神。[2]

浙江商人王志海对抱团精神体会很深，而今的王志海在南京玉桥市场经营文体用品。

2001年，王志海刚刚高中毕业，跟其他浙江商人一样，王志海从亲朋好友那里筹集了5万元钱，准备在南京创业。然而，当王志海踏上南京这块陌生的土地时，却不知道等待自己的是什么。

在王志海心中，有成百上千的浙江人在南京积累了巨额财富。王志海回

① 殷洪军.浙商研究会执行会长王曙光：浙商靠什么角逐世界［N］.威海日报，2008年6月21日.

② 傅白水.浙商：中国第一大商帮［J］.观察与思考，2006（10）：46—48.

忆说："当时真的是两眼一抹黑。"回想起当年站在南京街头不知所措的情境时，王志海依然感慨万千。

到达南京后，王志海在旅馆休息了两天，无意间走进了金桥大市场。然而，这就改变了王志海的人生轨迹。王志海在金桥大市场里听到了很多家乡的声音，与几个同乡攀谈上了。

在交谈中，王志海得知，浙江人大多是从做小商品生意起家的，同乡建议王志海也尝试一下。在几个同乡的帮助下，王志海开始了自己的创业生涯——在金桥大市场摆摊经营。王志海缺乏经验，在开始时亏损严重。

2002 年 3 月，王志海回乡筹集资金，再次回到南京。在同乡的引荐下，王志海结识了时任南京宁波经济建设促进会的秘书长郭昌茂。

在该促进会的帮助下，王志海在玉桥市场迎来了发展的春天，不仅有了铺位，还扎下了根。王志海有过一次失败的经商经历，所以促进会几位负责人及一些事业成功的同乡主动上门为王志海出谋划策。

通过分析市场需求，王志海最终细分了市场，找准了自己的经营定位。其后，王志海又通过促进会认识了许多对他生意极有帮助的同乡，渐渐地，王志海的生意步入正轨。

在浙江商人的创业中，王志海这样的创业经历非常普遍。王志海回忆起当初的创业时光，感激之情溢于言表。王志海说："一开始，80% 以上的生意是通过老乡介绍的。"

在王志海看来，浙江商人之间具有强烈的抱团精神，所以竞争优势非常明显，浙江商人在合作、分工、信誉和诚信等方面形成了良性的竞争氛围。

时任南京宁波经济建设促进会秘书长郭昌茂一语中的："浙商基本是

'草根'，他们没有什么背景，外出没有什么靠山，他们只有抱成团才能生存。"

在郭昌茂看来，正是浙江商人的抱团精神，才提升了浙江商人在经商中的区位优势。例如，浙江省内的 5000 多个专业市场和各地特色明显的区域经济，都是在有效的专业分工、合作，相互之间讲究信誉和诚信的基础上创建起来的。浙江名目繁多的各类小商品，大都以优质低价在市场上获得竞争力的。[①]

事实证明，抱团精神为浙江商人积累财富打下了坚实的基础，同时也是他们创业取得成功的一个重要因素。早在 20 世纪初，旅沪的浙江商人就如此做过自我评价，浙江商人在上海"之所以能事必成，功效显著者，则系于团结之坚，组织之备，一遇有事，即能相互呼应，踊跃争先，以收其合作之效"。

这样的评价非常客观。

团结互助

要想使创业企业生存、发展壮大，没有强有力的资金支持是非常困难的，浙江商人抱团，有效地利用了来自民间强大的资金支持，这一传统在世界各地的浙江商人之间都得到了继承和发扬，由此形成良性循环。

浙江商人遍及世界各地，他们都操着一口难懂的浙江方言。浙江商人所到之处一定会集合同乡，组织商会，抱团以谋互助发展。浙江商人在世界各地和国内主要城市都建立了组织，如"浙江企业联合会""温州商会""浙江

---

① 谢永珍，袁菲菲. 中国商帮边界划分与文化测度——"和而不同"的商业文化［J］. 外国经济与管理，2020（9）：76—93.

商会"等。

不可否认的是，协会、商会是浙江商人抱团打天下的一个重要载体。当浙江商人选择某个行业时，通常都是以商会为先锋的。这主要是因为商会不仅是行业代言人，还是浙江商人抱团打天下的利器。例如，2006 年，在米兰举办的眼镜展会上，温州商会组团参展，80 多个展位被安排在较好的位置上，一举拿到 4000 万美元的订单。[①]

在郭昌茂看来，这些同乡组织，不仅是浙江商人团结精神的表现，也是浙江商人群体的凝聚核心，使浙江商人凝聚得更加紧密。梳理发现，浙江商人的抱团精神还体现在他们之间的产业链配套及相互之间的资金拆借上，提升浙江商人的区位优势，更是团结、合作和信任的体现。

反观其他商帮，相互抱团的商人尽管很多，但是相互拆台的商人同样众多。当这些商人面对困难时，首先想到的不是精诚团结，共渡难关，而是借机打击对方，借势吞并，有的还相互杀价，结果就是在恶劣的价格战中惨遭失败。由此可见，企业间只有相互补台，才能好戏连台，如果相互拆台，那就可能要一起垮台。历史上，有些商帮群体早已被淘汰，无声无息，要长久屹立不倒，只有不断修炼自己、完善自己，才能发展自己。[②]

对此，经济学者艾丰坦言："在危机中，浙商固有的'抱团取暖'模式为民营中小企业搭建了营销平台，不仅能保住本土知名品牌，而且能有效降低百货业引进和培育的风险，使各行业在危机中突围，值得推广。"

在艾丰看来，浙江商人的"抱团精神"促进了浙江企业的凝聚力和竞

---

① 李卫斌.简析现代浙商成功之道：抱团作战　诚信为本［N］.中国产经新闻，2010 年 7 月 29 日.

② 同①。

争力。如温州打火机行业能够彻底打败日本、韩国的同行，靠的就是优质廉价。而做到这一点，就是依靠无数家相关企业专业分工、产业配套、互信合作。[①]

除了抱团抗击市场风险，在成千上万的浙江商人庞大群体内部，盛行着以私人资金拆借为表现形式的民间金融，给浙江商人创业经商提供了大量的启动资金。对此，郭昌茂坦言："浙江商人在原始积累阶段，一般要么向亲朋好友借钱，要么入商会借资金。"

在郭昌茂看来，丰富的金融资源使得浙江商人创业经商的融资途径变得相对容易。曾经有权威部门做过统计，浙江商人 80% 的创业资金都靠民间借贷。而这 80% 的数据背后，说明了浙江商人"抱团精神"的巨大商业力量。

对于长期在外寻找生意的外地浙商，老乡之间的天然"互助"行为已经成为不成文的规矩。在南京宁波经济建设促进会的章程里就有一条："为宁波在南京经营的企业服务，为他们排忧解难"。

南京康利石材公司总经理王刚说："不论是经营上的困难，还是生活中的困难，找到促进会基本都能解决，在 1 万多名会员中，无论谁有能力帮你解决问题，都会通过促进会主动为你提供帮助。"

截至 2004 年 8 月 30 日，在南京创业经商的浙江商人就多达 5 万余名，有别于 5 年前以商贸流通业为主的，小打小闹的经营方式，浙江人这两年在房地产和餐饮业方面异军突起，浙商的实力和规模在南京的中型企业中占据了一定的地位。[②]

---

① 蔡洪滨，周黎安，吴意云.宗族制度、商人信仰与商帮治理：关于明清时期徽商与晋商的比较研究［J］.管理世界，2008（8）：87—99.

② 应志刚."草根"浙商抱团成"巨人"［N］.江南时报，2004 年 8 月 30 日.

宁波向阳渔港餐饮公司负责人说道:"这其中离不开同乡组织的力量。"在该负责人看来,没有这些同乡组织的帮助,向阳渔港在南京的发展不会这么顺利。南京宁波经济建设促进会的企业会员声称,在经营活动中促进会的力量起了很大作用,80%的企业会员通过促进会成功运作了经营项目,90%以上的企业会员接受过促进会的帮助。[①]

　　浙江财经学院张国安教授在接受媒体采访时谈道:"抱成团我们才能成为巨人。"在张国安看来,成立浙江商会就是为了给浙江商人在南京做大做强提供一个更大的合作平台。

　　一直以来,浙江商人凭借"抱团"的草根精神鏖战市场,推动浙江商人的商业"战车"攻城略地,无坚不摧。

<hr>

[①]　应志刚.“草根”浙商抱团成“巨人”[N].江南时报,2004 年 8 月 30 日.

08

第八部分

敢为人先，快人一步

我转得比较快，在很短的时间我就做门面了，当时螺蛳湾市场的门面房没有人敢租，说费用太高了。人家在摆一个平方米摊位的时候，我就开几十个平方米的门面店了。我在螺蛳湾做生意都走在人家之前。

——云南新瑞安投资控股（集团）有限公司董事长　朱林敏

第二十章　快人一步

你不得不用"先知先觉"这一词来形容他们。前几天和浙江的一位老总聊天，谈到这几天的股市他就连连摇头，我还以为他也买了股票，就问他最近情况如何，他却说，"股市我早就已经出来了，现在投了点儿新能源"。

——国务院政策研究室宏观经济司研究员　邵智宾

抢占先机

有关浙江商人"快、准、狠"地抓住转瞬即逝的市场商机的新闻，常见诸报端。2004年8月23日和24日，《东方早报》相继刊发《两万浙商滇桂抢食东盟商机》《浙江资本瞄准中亚、南亚市场》等文章。

再前推数日，《东方早报》还先后刊发浙商挺进平壤，抢食朝鲜"市场开放头口水"，以及浙商大举抢占非洲市场的新闻。从中亚、南亚、东北亚、东南亚乃至非洲大陆，浙商总能从中国与其他国家或地区组织的经济合作及政治变局的诸多信息中，敏锐地捕捉到其中隐含的商机。①

---

① 鲁宁.为什么又是浙商［N］.中国青年报，2004年8月31日.

《中国青年报》发表评论称，探究浙商总能快人一步抢商机，如果只从浙商起步早、胆儿大、眼光准、资本足等表象做解释难免见识浅薄，且不能让人信服。至少在长三角、珠三角两地，沪商、苏商、闽商、粤商等商帮，涉足市场的时间、经验、资本充裕程度等"指标"与浙商做对比，并不存在"代际落差"。浙商能够让国内其他商帮刮目相看的主要原因，在于浙商中各类民间商会的发育程度、服务意识和服务程度远高于其他地区。①

2004 年，当不粘锅还在负面报道危机旋涡中时，浙江商人却着手一项"铁锅战略"的新策略。例如，苏泊尔有限公司、浙江义乌市炊具制造有限公司为了应对不粘锅危机，分别向上海市场紧急调入 3000 只铁锅。在浙江义乌、永康、温岭等地的炊具批发市场也将不少于 4000 只的铁锅紧急运往上海。

《新闻晨报》记者在世纪联华东方路店了解到，该店铁锅开始俏销了。在城隍庙福佑路上的一家五金商铺中，店主说这几天铁锅每天卖出三四十只没问题，增量较明显。②

时任苏泊尔有限公司相关负责人在接受媒体采访时介绍说，在该公司的产品中，铁锅约占 20%。不过，为了应对不粘锅危机，该公司已经紧急启动了"铁锅战略"，2004 年 8 月，该公司铁锅在上海的销量从以往的 8000 只增加到 1.2 万只。

浙江义乌市炊具制造有限公司上海区有关负责人在接受媒体采访时也看到了机会，"特富龙"事件，对以生产铁锅为主的浙江义乌市炊具制造有限

---

① 鲁宁.为什么又是浙商［N］.中国青年报，2004 年 8 月 31 日.

② 钱鑫，郭亦涵.瞄准市场空当　浙江商人紧急调入万只铁锅来沪［N］.新闻晨报，2004 年 7 月 16 日.

公司而言，无疑获得了一个难得的发展契机，浙江义乌市炊具制造有限公司通过采用搞特价、增加赠品等方式来加强铁锅产品的促销力度。

时任爱仕达有限公司有关负责人在接受媒体采访时介绍说，虽然上海市场铁锅销量的波动还不很明显，但爱仕达有限公司也加大铁锅类产品的促销力度。[1]

截至 2004 年 7 月 18 日，上海铁锅的消费量已经达到 100 万只，很多大卖场中销售的铁锅主要是浙江生产的。不仅如此，在一些菜市场、批发市场中，售价在 10 ~ 30 元的低价铁锅绝大多数是浙江生产的。[2]

在浙江台州，一炊具批发市场的铁锅老板接受媒体采访时坦言，在"特富龙"事件以前，上海消费者比较倾向购买不粘锅，在上海消费者看来，铁锅相对较重，款式也较土气。然而，"特富龙"事件之后，销往上海的铁锅量增加了 15%，甚至批发价每只还涨了几元。

在这个案例中，"特富龙"事件影响了不粘锅。然而，浙江商人快速应对，结果把危机变成了商机。根据《中国锅具市场发展深度研究与投资前景预测报告（2022—2029 年）》数据显示，在中国锅具市场国产锅具消费主要集中在苏泊尔、爱仕达、双喜几个品牌上。其中，苏泊尔品牌凭借着强大的品牌力稳居国内锅具市场销量第一。截至 2020 年，中国锅具行业市场规模已达到 456.4 亿元 [3]（见图 20-1）。

① 钱鑫，郭亦涵．瞄准市场空　浙江商人紧急调入万只铁锅来沪［N］．新闻晨报，2004 年 7 月 16 日．

② 同①。

③ 观研天下．中国锅具市场发展深度研究与投资前景预测报告（2022—2029 年）［EB/OL］．2022 年 6 月 15 日．https://www.sohu.com/a/557398089_730526.

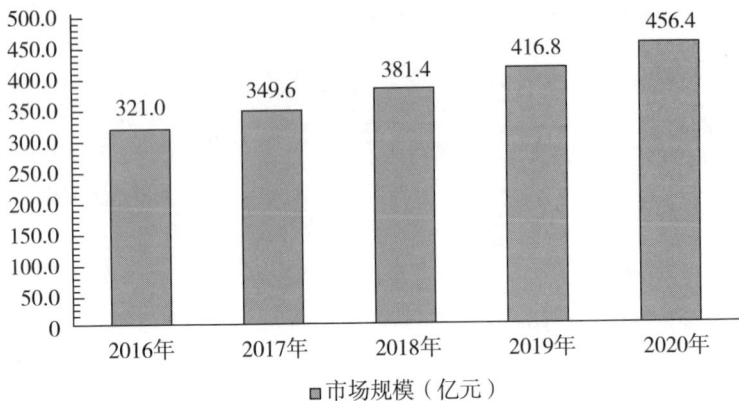

资料来源：观研天下数据中心整理

图 20-1　2016—2020 年中国锅具行业市场规模

数据还显示，2020 年"双十一"期间，厨具、锅具类产品迎来了爆发式增长，方太、康巴赫、格兰仕等品牌的销售额同比呈增长态势。在品牌监控下，排名头部的企业依旧保持稳中略升的市场占有率，2020 年内有 193 个品牌进入，也有 173 个品牌退出 [①]（见图 20-2）。

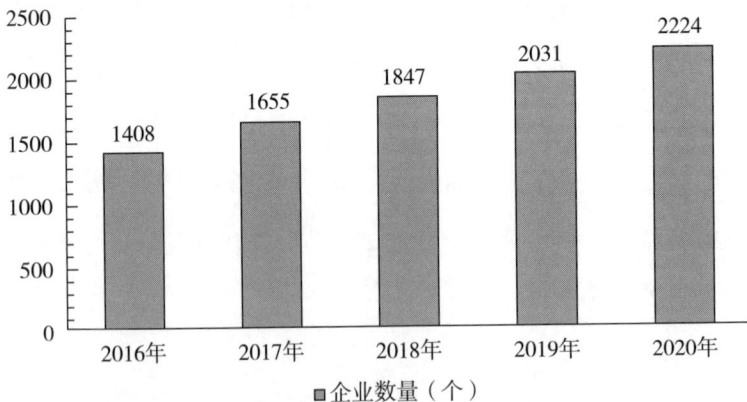

资料来源：观研天下数据中心整理

图 20-2　2016—2020 年中国锅具企业数量

---

① 观研天下.中国锅具市场发展深度研究与投资前景预测报告（2022—2029 年）［EB/OL］.2022 年 6 月 15 日.https://www.sohu.com/a/557398089_730526.

占位优势

大量事实证明，浙江商人的快人一步市场战略不仅赢得了市场，同时也赢得了中国学者的认可。国务院政策研究室宏观经济司研究员邵智宾在接受媒体采访时就高度评价了浙江商人快人一步的市场战略："你不得不用'先知先觉'这一词来形容他们。前几天和浙江的一位老总聊天，谈到这几天的股市他就连连摇头，我还以为他也买了股票，就问他最近情况如何，他却说，'股市我早就已经出来了，现在投了点儿新能源'。"[1]

在邵智宾看来，浙江商人一样能够抓住"新能源"，这也是先人一步的具体表现。邵智宾说道："浙江商人总是能快人一步找到新的投资热点，这也是他们能够声名鹊起的一个重要因素。"

邵智宾的观点得到了印证。《2006年6月—2007年6月浙商全国各地投资问卷》的调查结果显示，开发新能源已经成为浙江商人投资的一个新热点。根据美国能源基金会和中国国家发改委的预测，2005—2020年，中国需要能源投资18万亿元，其中节能、新能源、环保需要7万亿元。[2]

为了开发新能源，为数众多的浙江商人已经考察了一些风力资源比较丰富的岛屿，如台州大陈岛、舟山岱山岛、温州大门岛等。可以说，投资风力发电是浙江商人开发投资新能源先人一步的具体体现，而今在每个新能源领域，人们都会看到有浙江商人的涉足。

位于浙江乐清的华仪集团，为了抢占风电产业的制高点，早在2002年

---

① 每日商报.浙商先知先觉玩了新能源 花生壳秸秆也能创富［N］.每日商报，2007年12月3日.

② 陶魏斌.浙商先知先觉 玩起新能源［N］.每日商报，2007年12月3日.

就开始研发风电设备。

经过几年的研发，华仪集团取得阶段性成果。2007 年，华仪集团自主研发了 780 千瓦风力发电机组，达到了年产 300 台的生产能力。不仅如此，2007 年 9 月，华仪集团向智利出口 3 台 780 千瓦风电机组设备，突破了中国风机整机零出口的纪录。

2008 年 7 月 31 日，华仪集团再传捷报——具有自主知识产权的首台 1.5 兆瓦风力发电机组顺利下线，而该机组的下线标志着华仪集团跻身中国风机先进制造商的行列。

事实证明，谁先投入市场，谁就掌握了主动权。转型升级的过程同样如此。华仪集团提前"转身"扎进风能开发领域，占领了风机制造的制高点。

位于瑞安的瑞安通力减速机公司同样关注新能源。为了更好地占领风电市场，瑞安通力减速机公司致力于研发风电齿轮箱技术。风电齿轮箱技术是风能市场目前最大的扩能瓶颈。

中国具有自主齿轮箱生产能力的企业只有三家。瑞安通力减速机公司在风电齿轮箱技术领域实现了突破，风电齿轮箱的技术已经相对成熟，试制工作已经完成。[①]

浙江商人已经在新能源领域，如风能、太阳能领域等，取得了突破性进展，不仅迈出了产业转型升级的重要一步，还可以借此实现跨越式发展。

年轻的余恒在浙江生物质发电领域拔得了头筹，从而先人一步。余恒说："自拿到省经贸委正式立项批复到现在，我们也还是浙江省内第一家纯秸秆发电的企业。"

---

① 黄还春.温州产业转型"风光"无限［N］.温州日报,2008 年 10 月 17 日.

作为"浙商第二代"的余恒，在大学毕业后，没有去找工作，而是在父辈的支持下组建了浙江恒鑫电力有限公司，余恒自任该公司总经理。余恒在成立新公司并涉足新能源产业之前，家族产业是水泥企业（浙江兰溪一家颇具规模的水泥企业的大股东）。

浙江恒鑫电力有限公司位于被誉为"浙西竹库"的龙游。在此建厂，余恒有着自己的考虑。在龙游县及厂址周边 50 千米范围内的县市区域，农林废弃物非常丰富，可以作为电厂的生物质燃料。

事实上，电厂的燃料以水稻秸秆和竹屑为主，而其他农林废弃物作为补充。余恒在接受媒体采访时说："以后我们每年将向当地农民收购秸秆 23 万吨，这能给当地和周边农民每年增收 6000 多万元。因为这是一个新的开始。"

该电厂投资就超过了 2.4 亿元，这不仅是余恒事业的开始，也是余恒父辈事业的一个转型。余恒坦言："不是说水泥行业就不行了，但毕竟我们不得不接受利润在逐年下降的现实。"

水泥全行业接连两年亏损，余恒的父辈下定决心把企业的重心从曾经给他们带来丰厚利润的水泥行业转移出来。对此，余恒说："有一段时间去省里开会都开烦了。"

随着中国的发展，经济不仅要求宏观调控，还要倡导节能降耗和治理污染，逐渐把倡导节能降耗和治理污染作为经济发展的重点，这些水泥老板几乎每一次到浙江省里去开会，都被安排在前排。余恒说："上面念的文件几乎每一项都是针对我们的。"[1]

---

① 陶魏斌. 浙商先知先觉 玩起新能源 [N]. 每日商报，2007 年 12 月 3 日.

不仅如此，在水泥企业的财务报表方面，一些关键的财务数据也开始让水泥老板们担心了。为了更好地节能降耗和治理污染，秸秆发电这一项目就顺利地成为余恒开发的一个重点。余恒说："这一次投资对我们来说，是非常重要的一步。"而对于余恒来说，知识结构和视野不同于父辈，在企业转型中，担负的责任自然就很大。

在浙江，余恒的企业只是浙江涉足新能源企业群里的一个缩影。在新能源领域，很多浙江商人早已涉足，如做服装的"杉杉"参股的尤利卡太阳能公司；"正泰"在投资了风能之后，又在杭州投资 10 亿元用于太阳能电池二期工厂建设和二代薄膜太阳能电池量产；杭州元通实业投资有限公司在山东岳池投资生产甲醇燃油、甲醇柴油、甲醇燃烧油和其他燃料油，项目投产后可实现年销售收入 58.4 亿元，年利润达 6.16 亿元；国内最大的垃圾发电民营企业杭州锦江集团，则在浙江、山东、河南、安徽等地投资，建成十几家垃圾焚烧发电厂。[①]

据浙江省经贸委统计，截至 2007 年 12 月 3 日，浙江省仅认定为资源综合利用的生产企业已达 330 多家，全年利用废弃物资源 3000 多万吨，年销售总值超过 500 亿元。[②] 对此，时任浙商研究会执行会长杨轶清在接受媒体采访时谈道："浙江的企业家总是能从细微的变化中捕捉到商机。"

在杨轶清看来，先人一步深深地烙在浙江商人的骨子里。

---

① 陶魏斌. 浙商先知先觉 玩起新能源［N］.每日商报，2007 年 12 月 3 日.

② 同①。

第二十一章　挖掘顾客需求

适应人家的要求，我们才能生存、才能赚钱。

——浙江温州商城开发有限公司总经理　徐林

重塑商业模式

2004 年，葛东波还是一名绍兴某中学的历史老师。一次去横店影视城旅游，改变了葛东波的人生轨迹。旅游期间，葛东波在东阳城里一家饭店就餐时，听见从厨房传来轰隆隆的响声。好奇的葛东波向服务员打听那是什么声音。服务员习以为常地回答说："是发电机的声音。"这样的回答，立即引起了葛东波的注意。其后，葛东波发现，几乎每家饭店都有一台小型柴油发电机。

在绍兴，葛东波从未见过这种发电机。没隔多久，像东阳一样的"电荒"问题遍及浙江各县。拉闸限电也让浙江商人不得不购置发电设备。葛东波辞职创业，在选择创业项目时，第一个想法就是——电。不仅如此，葛东波选择的创业项目就是生物质发电，不过葛东波不想留在浙江，而是去外省发展。

葛东波选择外省创业的理由是："那边各方面政策和资源要素都比较吸引人。"

葛东波选择河南省的一个重要原因是"主要是那边的花生吸引了我"。为了寻找发电地点，葛东波多次前往河南南阳考察。当然，葛东波主要是奔着河南南阳以花生壳为代表的丰富生物质资源而去的。葛东波说："给我一个花生壳，我可以创造足够多的财富。"

葛东波选择生物质发电，建立在读懂消费者需求的基础之上，由此重塑商业模式。反观葛东波的创业经历足以看出，只有读懂消费者需求才能挖掘出更大的市场。20世纪80年代，浙江商人读懂消费者需求与当地的环境分不开。当农民的种植以粮食为主的时候，商品经济意识相对来说就比较薄弱。反之，当农民种植的作物与作物的商品性联系到一起的时候，农民的商品意识就比较强。更重要的是，作物之间的这种交换，使浙江人民很早就经受了商品经济的洗礼。这一切使浙江人对于市场的关注越来越多，容易接受新的事物，经济意识也就越来越浓。浙江商人从传统的行业向互联网行业迈进，正是能够既秉承传统浙商务实勤奋的商业作风，又关注自主创新和最新商业模式。

马云是一个神奇的造梦者，也是"新浙商"的一个典型代表。传统浙商构筑了领先的竞争优势和独特的人文精神，但同时也遭遇了经济增长的阶段性瓶颈。浙商中涌现了一批马云式的在新经济领域、新商业模式以及自主创新上成绩卓著的新浙商群体，与传统浙商相比，他们更擅长学习、创新和资源的整合。他们不再是简单传统的创业者，从一定层面上讲，他们是思想者，他们关注自主创新、产业链条的规模效应、企业品牌的建设以及商业模式的定位，他们有着重组商业格局的前沿理念，同时也秉承了传统浙商务实勤奋的商业作风。① 当然，他们同样沿袭着浙江商人读懂消费者需求的商业规则，创造了中国互联网的奇迹。

物美价廉

读懂消费者需求，从而制造出适应市场的产品，这是浙江商人生存和发展的法宝。的确，在浙江商人看来，提升产品的竞争力，就必须读懂消费者的需求，这才是创造市场需求的法则。

南宋文学家洪迈在《夷坚志》一书中记载了这样一个故事。一天，临安城突然遭遇大火，一位裴姓商人所经营的店铺也起火了。当其他人都忙于救火时，裴姓商人带上银两，带上数十人出城购买竹木砖瓦、芦苇椽桷等建筑材料去了。大火被扑灭后，建房材料的需求大增，从而导致缺货。此刻，裴姓商人所购竹木砖瓦、芦苇椽桷等建筑材料销售一空，所赚的钱远远多于被烧店铺的价值。

读懂消费者需求是商人必备的能力。在市场竞争中，产品要求物美价廉，这的确是市场需求中的一个悖论，但是，浙江商人能把物美价廉做到极致。

曾经的国家重点扶持的贫困县——黑龙江省绥化市明水县有一家糖厂，浙江商人黄建峰对此进行了大胆改造。在当时，许多人都不理解黄建峰的做法，都认为黄建峰的投资风险过大。然而，黄建峰得到了回报，该厂改造之后，在投产第一年，糖价快速上涨，黄建峰赚到了巨额的利润。

其后，随着糖价的理性回归，黄建峰停止糖生产，转型生产马铃薯淀粉，

①　殷洪军.浙商研究会执行会长王曙光：浙商靠什么角逐世界［N］.威海日报，2008年6月21日.

同样获得了较好的利润。当黄建峰被问到有什么经商的诀窍时，黄建峰说："我从不做没把握的买卖，确定项目前我已经关注了市场的长期变化规律，到了市场饱和期之前我就提前掉头转产。商人要懂得适时进退，能进能出。"

奥康创始人王振滔同样能读懂消费者需求。王振滔说："一个消费者，是一个记者，在广场路买了一双鞋子，回去以后，穿了，有一只脚松一点儿，有一只脚紧一点儿。后来，她就叫了男朋友一起过去，那个服务员一看，鞋子两只都是一样的，就说了一句，'你的脚有问题，不是我的鞋子有问题'。这句话一出来，问题就大了。她说：'我今天是带男朋友来的，你说我脚有问题不是鞋子有问题，不是说我的脚有毛病吗？'她气得不得了。她说为了你这句话，我要向你们奥康公司索赔！她说这是恶意伤人，是名誉的问题，她要赔款两万块钱。一句话要两万块钱！后来，我们请了位副总跟她讲了很长时间，讲不通。我们就把她请到公司去，跟她讲我们可以帮她定做一双鞋子。她说你们公司真的给我定做鞋？是的，我们那个副总说肯定给她定做，3天之内马上做好，很漂亮的，一分钱也不要，甚至送到她家里去。她说你说话算数啊，你是副总。后来呢，3天之后确实送到她那里去。后来，我们成了朋友，她还开了奥康专卖店。"

在王振滔看来，只有读懂消费者的需求，才能提升消费者的忠诚度。在上述案例中，奥康特地为女顾客定做了一双皮鞋，还在规定的期限之内做到。对此，浙江温州商城开发有限公司总经理徐林坦言："适应人家的要求，我们才能生存、才能赚钱。"

1994年，浙江商人茅理翔觉得电子打火枪技术的含量过低，竞争力比不上其他厂家，毅然决定放弃电子打火枪的生产，甚至说服了打算去美国读博士的儿子茅忠群中断学业来创业。

经过市场调研，茅理翔父子把项目定在了微波炉和抽油烟机上。20 世纪 90 年代，在抽油烟机市场上，已经存在像帅康等名牌产品。而在微波炉市场方面，在浙江省内还没有名牌企业。

进一步市场调查发现，很多进口抽油烟机存在水土不服的问题，而中国造抽油烟机质量差，再加上当时的抽油烟机市场需求开始变化——由薄型机向深型机转型，敏锐的茅忠群断定抽油烟机的市场需求非常巨大，决定上马生产，于是竭力说服父亲茅理翔上马抽油烟机项目。而今的方太已经成功，事实证明了茅忠群读懂了消费者的需求，方太抽油烟机就成了浙江省的名牌产品。

在市场经济条件下，读懂消费者的需求是创业者必须遵守的规则。违背这条规则，就会被市场无情地淘汰。只有读懂了消费者的需求，才能在激烈的市场竞争中独占鳌头，以顾客需求为导向的企业必然会得到更多消费者的青睐。

第二十二章　创造市场

　　从通都大邑到穷乡僻壤，甚至在欧美各国城市，到处都有操浙江口音的投资者和生意人。各地的"浙江村""温州路""义乌街"，很难听懂的浙江话成了各地的本土语言。

——浙商研究会执行会长　杨轶清

追逐市场

　　浙江商人好像天生就是一个追逐市场"水草"而居的"游牧部落"，被誉为中国的"吉卜赛人"。对此，时任浙商研究会执行会长杨轶清撰文指出，从通都大邑到穷乡僻壤，甚至在欧美各国城市，到处都有操浙江口音的投资者和生意人。各地的"浙江村""温州路""义乌街"，很难听懂的浙江话成了各地的本土语言。浙商是中国人数最多、分布最广、实力最强、影响最大的投资经营者群体之一：历年的《福布斯》和胡润推出的中国内地富豪榜，浙江籍富豪人数均居第一；全国工商联发布的"中国民营企业五百强"排序，浙江更是遥遥领先，上榜数稳定在一百七八十家，一省独占 1/3 强。[①]

---

　　① 杨轶清 . 浙商破茧：从追随市场到创造市场 [J] . 中国经济周刊，2006（15）：24—25.

在杨轶清看来，"哪里有浙商，哪里就有市场"更为准确。1990年，19岁的朱林敏跟其他浙江商人一样，独自一人来到云南省会昆明创业。在当时，朱林敏的创业启动资金只有从老家带来的3000元。

朱林敏到达昆明后，在同乡的推荐下，来到一个叫作"螺蛳湾"的地方开始了创业之路。

朱林敏在螺蛳湾市场租下了一个摊位。20世纪90年代，处于内陆的云南昆明正处在市场经济的萌芽阶段，当地政府给出了创业的优惠条件。朱林敏进入市场早，又遇到了政府扶持个体私营经济发展的时机，所以很快就在市场中站稳了脚跟。[①]

如今的云南新瑞安投资控股（集团）有限公司董事长朱林敏回忆说："当时都是摆摊位的，早上用车拉出来一个一个商品摆出来，晚上又用手拉车收进去。我起步是做小商品，做了几个月就转做化妆品了。由于我经营的化妆品款式新、品质好，生意特别好。这个过程中，有泰国商人来跟我进货，因为我的品种很多，从牙膏、牙刷、化妆品到法国香水，样样都有。特别是化妆品，在很短的时间里我就做到了'螺蛳湾'最大。"

朱林敏当时选择创业的"螺蛳湾"是一个无足轻重的农村贸易市场，市场面积非常小，而做生意的场所都是一个接一个的摊位，俗称"一米摊"。在这些小摊上经营的都是一些品牌知名度较低的便宜服装和小百货。然而，朱林敏看得准、选得好，经营化妆品就让朱林敏赚到了100万元。朱林敏成为"螺蛳湾化妆品大王"，成为螺蛳湾市场颇有影响力的生意人。

---

① 敢为人先：一个浙商在云南的创业之路［N］.浙江日报，2007年6月1日.

朱林敏介绍说:"我转得比较快,在很短的时间我就做门面了,当时螺蛳湾市场的门面房没有人敢租,说费用太高了。人家在摆一个平方米摊位的时候,我就开几十个平方米的门面店了。我在螺蛳湾做生意都走在人家之前。"

后来,螺蛳湾成为以服装、家用电器、灯具、建材、文具、鞋帽、布匹、床上用品、劳保用品、日用百货等为主的大型综合批发市场,一跃成为中国十大批发市场之一。[①]

对此,朱林敏并没有满足,敏锐的朱林敏又为自己创造了一个机会,在当时,螺蛳湾市场附近有一栋火电公司的办公楼房。该楼房的位置非常好,位于螺蛳湾市场的闹市区,其商业潜力巨大。

朱林敏主动和该企业负责人协商,用优厚的条件说服了该企业负责人,最终朱林敏获得该办公楼的经营权,成立了第一家公司。

1999年,昆明举办世界园艺博览会。这样的商机,朱林敏岂能错过。在当时,螺蛳湾的位置非常好,可以说是一个黄金地点。政府此前规划了一个大型商场项目,尽管出于诸多原因没有落实,但是在朱林敏看来,在繁华闹市区就意味着其巨大的商业价值。朱林敏看准了房地产在昆明市的发展潜力,也看准了政府对民营企业的支持,决定投资这个搁浅项目。

经过一年的筹备,名为"双龙商贸大厦"的地产项目正式启动了。市场占地面积达5481.78平方米,总建筑面积达21493.3平方米,共有来自粤、港、沪、浙的知名厂商、经销商、代理商500余家,主营服装、鞋帽、饰品、小家电、日用百货等,其中不乏消费者熟知的品牌,如"鄂尔多

---

① 敢为人先:一个浙商在云南的创业之路〔N〕.浙江日报,2007年6月1日.

斯""恒源祥""七匹狼"等。市场人流量达到每天上万人，经营品种上千种。[1]

2000 年，朱林敏又把眼光盯在了四川和江苏，分别建立了一家国际针纺城和一家小商品市场，使企业资产达到了亿元以上。经过逐步发展，朱林敏的云南新瑞安投资控股（集团）有限公司在昆明、四川、江苏等地设立了投资建设项目及管理项目，发展成为下辖 6 家子公司、拥有 3 家全资企业的大型集团。[2]

区位价值

市场对于浙江商人而言，就如生命一般重要。浙江商人的抱团精神，使竞争优势更为明显，从而能够快速地在没有市场的情况下创造市场，人们常说，有浙江人的地方就有市场。

在改革开放后，浙江商人敢于走出浙江，在异地创业，从而创造了一个又一个大市场。在王曙光看来，浙江商人的手脚出了名的勤快，只要能生存，他们什么活儿都能干；只要有生意，他们什么地方都能去。他们千方百计寻找最有价值的市场发源地。正是因为这一共性，浙商成为我国最大的一个经商群体。截至 2007 年 6 月 1 日，浙江在国内经营发展的商人有 390 多万人，加上境外的 100 多万人，约有 500 万浙江人在国内和世界五大洲创造财富。浙江人在外设立的市场主体近 80 万家，注册资本金 2000 亿元，投资总额达6000 亿元，各种不同形式的商会、促进组织就有 150 个。浙江的民间资本

---

① 敢为人先：一个浙商在云南的创业之路［N］.浙江日报，2007 年 6 月 1 日.
② 同①。

245

据初步估计，有据可查的就有 8700 多亿元。^①

浙江商人敢拼敢闯，善于创造市场。随着全球经济一体化，浙江商人通过"走出去"的方式，在海外创造了具有浙江特色的大市场。从 2006 年起，市商务局对在国外发展的企业和市场营业额和带动出口额进行不完全统计，数据显示，2006 年，带动出口 4828.97 万美元，营业额达 4515.25 万美元；2011 年，带动出口 5308.54 万美元，营业额 4999.82 美元，6 年营业额增长了 10%。^②

2012 年 7 月，多伦多眼镜城在加拿大金融商业城市多伦多正式营业，来自瑞安市的十来家眼镜企业在此展览、代理销售。作为全国著名的眼镜生产基地，尽管瑞安市大部分眼镜生产企业的产品都出口海外，但北美市场多年来一直鲜有涉及，这些企业抱团参展，标志着瑞安人开拓北美眼镜市场的大幕已经拉开。而"领头羊"多伦多眼镜城业主狄建峰就来自瑞安。^③

狄建峰满怀豪情地说："进入多伦多批发市场只是计划的第一步，多伦多是加拿大金融商业城市，也是北美重要的商业中心，能够在多伦多立足，标志着我们真正进入了北美市场。之后，我们将以多伦多为中心，逐步向四周其他城市拓展，最后攻占美国水牛城、底特律等边境城市，再全面进军美国。"

2010 年，罗马尼亚瑞安商会会长潘继东（瑞安莘塍人），组织旅罗华商创建了"罗马尼亚唐人街集团"，这是东欧地区第一个由华人管理、拥有全部产权的综合国际商贸市场。据潘继东介绍，"唐人街"市场项目分 3 期开发，首期开发 14 万多平方米商贸区，后期的几十万平方米土地将用来开发一个

① 殷洪军. 浙商研究会执行会长王曙光：浙商靠什么角逐世界［N］. 威海日报，2008 年 6 月 21 日.

② 胡世文. 有市场的地方就有瑞安人［N］. 瑞安日报，2012 年 11 月 6 日.

③ 同②。

集批发、零售、仓储、物流、娱乐、休闲于一体的大型综合性商业中心，采用原汁原味、古色古香的中国式建筑，力争成为罗马尼亚人民了解中国文化的一个窗口及旅游景点。①

以狄建峰、潘继东等为代表，数以万计的浙江商人走出家门，创造了一大批市场。1990 年，作为来浙江温州的商人李汝龙仅仅带了 2 万美元的创业启动资金，就开始在法国创业了。

在法国创业，李汝龙经历了难以想象的困难，语言不通、身份不合法等。屋漏偏逢连夜雨，李汝龙靠制作皮包辛苦积攒的 20 多万法郎在西班牙被人以办合法身份为由骗得精光。李汝龙的小姨和两个儿子也相继来到了法国，找不到工作，7 个人只能蜗居在 9 平方米的房间里艰难度日。

在李汝龙看来，衣食住行都能将就，就是不能气馁。正是由于坚忍，李汝龙终于创业成功。

为了积累资金，李汝龙把别人不要的材料拿来制成腰包，让他没有想到的是，生意出奇的好。可以说，"碎皮"成了他"命运的转折点"。然而，就在李汝龙拿出回国的路费决定倾尽全力把生意做大时，又遭歹徒打劫，所有积蓄被洗劫一空。

李汝龙东山再起，采购了一种款式不错的皮包，并找到了一个生产基地。每一次到货时，李汝龙的小店都被挤得水泄不通。李汝龙的艰辛终于得到了回报——完成了几千万元的积累。

后来，李汝龙在西班牙的产业已从单纯的箱包贸易转变成为综合性贸易、投资，还进入了西班牙的运输业，在中国东莞建立了大规模工厂，在西

---

① 胡世文.有市场的地方就有瑞安人［N］.瑞安日报，2012 年 11 月 6 日.

班牙建立了首家中国商品批发市场，在中国投资了近 7 亿元的房地产项目。他担任着欧洲华裔互助会副会长、西班牙华商协会会长、西班牙长城龙集团董事长、西班牙华商中文学校董事长等职务。[①]

在本案例中，李汝龙的奇迹就是在成功之后并没有满足，而是正视困难，勇敢地到海外闯荡。这是一个浙商的共性，像李汝龙这种四海为家忙创业的浙商随处可见。哪儿有市场，哪儿就有浙商的身影。

---

① 殷洪军．浙商研究会执行会长王曙光：浙商靠什么角逐世界 [N]．威海日报，2008 年 6 月 21 日．

第二十三章　驾驭风险

有人的地方就有浙商，敢为人先的开拓精神，让浙商从浙江走向全国，走向世界，在全球留下成功的经验和经久不息的影响力。

——《敢为人先的浙商精神》

敢为人先

在很多创业者看来，尽管面对巨大的潜在商业市场，由于风险过大，往往不敢为人先，毕竟"第一个吃螃蟹"的风险太大了。然而，对于浙江商人来说，风险就意味着机会。在浙江商人的意识里，在商业世界里，风险与商业机会往往是并存的。当许多创业者不敢为人先时，无疑也放弃了绝好的机会。

事实证明，市场犹如战场，要想取得阶段性胜利，就必须要有敢为人先的冒险精神和开拓精神。这就印证了一位哲学家"善于在海浪中拼搏的人，勇于冒险也善于驾驭风险"的名言。浙江靠近大海，浙江商人在海文化的熏陶下，具有较为广阔的视野，让浙江人在经商时受益匪浅。

美特斯·邦威创始人周成建是一位敢为人先的浙江商人。20 世纪 90 年代中期，很多浙江商人积累了不少财富，一些国外品牌的服装专卖店开始在温州等地开店，而且生意非常火爆。面对外国品牌服装的火爆场面，服装行业的周成建意识到了温州休闲服装业的危机。在周成建看来，像过去那样仿制名牌的战略已经陷入发展瓶颈了。

在这样的背景下，周成建果断地实施"美特斯·邦威（Meters Bonwe）"商标战略，同时在10多个国家和地区注册了"美特斯·邦威"商标。

周成建的敢为人先让他的企业再次迎来了高速发展的机会，从那以后，"美丽、独特集中在这里""扬故乡之威，扬中华之威"的广告语传遍了华夏大地。

为了宣传和提升"美特斯·邦威"品牌，周成建还制作了一件10米长的巨大风衣。这件巨大的风衣完成之后，立即被浙江省市报刊和电视台报道，中央电视台《东方时空》还播发了该事件的报道，时间8分钟，无疑给美特斯·邦威做了一次全国性的免费广告。其后，该风衣被上海"大世界基尼斯记录大全"收录，周成建也因此成为大名鼎鼎的"风衣大王"。

为了达到宣传效果，周成建屡出奇招。1996年11月，温州五马街美特斯·邦威专卖店开业，为了吸引消费者的注意力，周成建又做了一个大胆的尝试。开店当天，周成建把温州五马街整条街都铺上了红色的地毯，这个出奇制胜的"红地毯"策略引起了温州消费者的关注。

没过多久，在温州人民广场举办大型服饰展销会时，周成建再次使用"红地毯"策略。在当时，1万多平方米的广场上铺满了红地毯，会集了各地82家美特斯·邦威专卖店。连续10天的展销会上，顾客如潮，取得了很好的销售业绩。温州市领导亲临现场，称赞美特斯·邦威敢为人先。[1]

---

① 龙明.温州人为什么能赚钱［J］.优越生活，2005（17）：50.

洞察先机

改革开放以来，温州人凭借敢为人先、不断进取的精神，以"小商品、大市场"的经营方式，创造了许多全国第一，200 余万温州人在世界各地建起了众多温州城、温州街、温州村、温州店。由此，温州也成为中国民营经济的一个符号，它的背后是温州人艰辛的富有传奇色彩的创业故事。①

在中国改革开放 40 多年中，浙江商人已经把企业拓展到世界各地，一些浙江商人远在数千千米之外的异国他乡，敏锐地把目光投向中国的文化产业领域，再次敢为人先，大力发展文化产业。

侨居意大利罗马的温州商人廖宗林坦言："我们这批在外面打拼 10 年以上的华人华侨，在经济上有了一定的积累，我们这次浙商大会开了以后，很多华人华侨也在探讨这个问题，把海外的这块怎么去守住，不能放弃，然后把大部分的精力投入我们浙江来，投入我们本地方来，做一些中国的文化产业的业务，这也是一个新兴的产业，应该说文化产业前景是很宽广的，应该是很有前途的。"

在廖宗林看来，中国文化产业前景广阔，但没人愿意投资。廖宗林是"第十六届欧洲华侨华人社团联合会主席团主席"，在意大利经营当地最大的华文报纸《欧华联合时报》，既以嘉宾的身份，又以媒体记者的身份参加浙商大会。这一双重身份使他和其他浙商共谋新一轮发展大计之外，还有机会参与浙商大会的报道，全面了解海外浙商投资的新动向。

据廖宗林介绍，廖宗林跟其他浙江商人一样，孤身一人在海外创业，想

---

① 尹海涛，游晓鹏."中国民营经济 30 年"：温州，中国民营经济的拐点［N］．郑州晚报，2005 年 9 月 20 日．

要了解中国，往往是隔了几天之后才能从中国使馆拿到一份《人民日报》海外版。这样的信息是根本不能满足廖宗林和周围同胞对中国的了解的。廖宗林做餐馆和贸易生意积累了一些资金，和其他华侨共同出资创办了《欧华联合时报》，廖宗林担任该报社长。

廖宗林创办《欧华联合时报》，没有以盈利为目的，但是随着中国经济的高速发展，特别是浙江温州等地区投放侨居大国意大利的广告日益增长，报社发展势头很好，版面、人员、创收都在成倍地增长。

廖宗林坦言，办报只是自己的一个产业，其他的海外生意也都在高速发展，尽管欧洲经济衰退，不少海外的浙江商人未雨绸缪，早做了打算。廖宗林说："从温州人的角度来讲，金融危机之后，欧洲这几个国家还存在着很大的隐患，特别是希腊，意大利、西班牙等也都在边上了。现在这个形势下，对我们华人华侨产业的发展也有很大的影响。欧洲的市场发展，从我们的角度已经到极限了，所以很多人想把自己的资金返回到国内，在国内做大的项目，中国的市场也确实比较大。"

廖宗林的判断不仅源于其海外投资文化产业积累的经验，而且对文化产业的前景深有体会，廖宗林回国参加世界浙商大会的目的同样是寻找商机。廖宗林说："通过浙商大会，我们了解了中国现在的方针、政策，现在中国政府也在提倡文化事业的发展，包括温州市，包括省里，也都提到中国文化产业怎么走，怎么去建设，这一块我认为还是一个很好发展的目标，所以我们考虑到做一个文化产业园区，把意大利高档次的服装设计学院的分院办到我们浙江来，包括其他的文化产业，影视也好，别的东西也好，应该说文化产业前景是很宽广的。"

在浙江丽水市投资当地旅游文化业的巴西华侨项雄军在这个领域已经先

走一步。让项雄军投身其中的是中国博大精深的传统文化的魅力。

2011 年 6 月 9 日，中华人民共和国国务院公布第三批国家级非物质文化遗产名录，浙江丽水缙云的轩辕黄帝祭祀典礼成功入选，而举行祭祀典礼的场所——缙云黄帝祠宇就是项雄军作为大股东投资 6000 万元人民币开发建设的。

在丽水缙云当地，祭祀轩辕黄帝的历史非常悠久，可以追溯到夏商周时期，丽水缙云的百姓都认为此地是黄帝炼丹飞升之地，一直以来，缙云黄帝祠宇就是中国南方祭拜轩辕黄帝、寻根问祖的重要场所，后来随着朝代更替，逐渐衰落。

侨居巴西做贸易的项雄军来到此地，"当时一进这个地方，就有一种震撼，感觉这个地方有一种魅力在，所以我们就选择这个地方做投资。刚来投资的时候，是打算把这个地方建好，我们再回去做贸易，但是后来随着开发，慢慢改变了，因为太博大精深了，这个资源显得越来越有价值，不是说作为一个投资项目今年投进去，明年、后年就想赚钱，慢慢改变了，因为觉得这是一个很大的文化产业，我们有幸（得到这个机会），就要很慎重"。

在项雄军看来，中国传统文化的潜力非常巨大，在 2006 年以后，项雄军就以华侨的身份，向很多文化产业注入资金。

据项雄军介绍，项雄军以股东身份投入的资金主要用于重建包括黄帝祠宇在内的整个景区，以及研究、开发专门的祭祀仪式、音乐等，从而营造出更好的历史文化氛围来带动旅游、休闲、养生等产业。

项雄军说："黄帝文化就是敬天法祖，我们家都有祠堂，节庆日都要去拜祖宗，我这个年龄都知道我们过去是怎么祭祖的，还有民间传承的东西，我们的信仰是对祖宗的信仰，树高千丈，落叶归根，你就是在外面再好，也要荣归故里，这都是我们传统的文化，这就是我们的信仰。"

在中华传统文化的影响下，项雄军正在启动把祭祀项目推向全球华人聚居的地方，把中国的传统文化带向世界的宏伟工程。

对于这个工程的可行性，项雄军说："我们在海外，我们跟很多的侨领也交流过，我们想在海外有华人居住的地方建分祠，我们前后为这个事情准备了4年了，目前可以说蛮成熟的。（布点的话考虑哪里先开始？）可能欧洲先开始，现在比较成熟的像德国，德国政府很支持，在西班牙我们的社团力量很大，美国的地理位置又很关键，所以这几个点我们考虑得比较多一点儿。"

这项宏大的文化项目需要充裕资金的大力支撑，项雄军有自己的考量，他说："首先我们自己要发展，把这个文化发展好，体系要发展、成熟，让它们来复制，这个是文化产业，我暂且不谈自己的个人利益，实际上现在有资金的人多，可以引进风投，这是个趋势，需要更多的能人，更多有资金的人、志同道合的人来做这个事情，这个文化可以做得无限大。"

事实上，浙江商人敢为人先的思变精神源于其悠久的历史。2500多年前，陶朱公范蠡是越国（越定都会稽，即今浙江绍兴市）的名臣，曾陪勾践卧薪尝胆，苦心勠力20多年，终灭掉吴国，使勾践成为春秋时期的最后一位霸主。之后，范蠡审时度势，全身而退，弃政从商，成为将治国之策转变为经商之术的第一人，积资巨万，被尊为中国商人的始祖，同时开启了浙江的千年商脉。①

---

① 韩永学．"富而好行其德"的浙商精神——浙商史料的思想精髓综述［C］// 浙商崛起与危机应对，2010.

从吴越文化的优良传统，到如今浙商的独步天下，敢为人先、惯于思变的精神一直是浙商的灵魂。有位经济学家这样评价浙商："当别人还在犹豫的时候，他们已在行动；当别人开始行动的时候，他们已有成就。这就是浙商精神的体现，敢为天下先，目光长远，步步领先。"

第二十四章　自我进化

我开始思考在保持家族所有权属不发生根本改变的前提下，如何有效解决家族企业内在弊端的问题。然而，经过几年的思考，结果就是淡化家族制，为家族企业嫁接现代企业制度。

——方太董事长　茅理翔

自我革命

中国家族企业要做强、做大，必须发挥家族企业的自身优势，结合现代企业制度的优势，扬长避短，从而更好地发挥家族企业的优势。

在家族企业管理实践中，方太董事长茅理翔在接受媒体的采访时谈道："中国的民营企业当中，有 90% 以上是家族企业，否定家族企业就是否定民营企业。在世界五百强企业中，家族企业占了三分之一强。家族企业有着明显的优势，如产权清晰、委托代理成本低、决策灵活等。但是，家族企业的弊端也是显而易见的。江苏有四兄弟，开始很团结，大家共同创业，但是在企业做大以后，四兄弟便闹起了分家，由于老四抢先注册了共同的商标，兄弟们就打起了官司，闹得不可开交。在目睹了为数众多的家族企业由于管理不善或者家族成员内部不和，导致苦心经营的企业轰然倒塌的事件后，我开始思考在保持家族所有权属不发生根本改变的前提下，如何有效解决家族企业内在弊端的问题。然而，经过几年的思考，结果就是淡化家族制，为家族企业嫁接现代企业制度。"

从方太广告语"让家的感觉更好"不难看出家族企业的影子。当然，为了让自己的家族企业的感觉更好，在为自己的企业嫁接现代经营管理制度方面，茅理翔颇花了一番心思。

茅理翔，方太厨具董事长，1941 年出生，宁波人，做过 10 年会计、10 年供销员，1985 年 45 岁时创办慈溪无线电厂，被誉为"点火枪大王"。

在家族企业中，任人唯亲的现象可谓比比皆是，慈溪无线电厂也面临同样的问题。为了避免慈溪无线电厂这个家族企业因为任人唯亲而导致企业管理混乱，甚至使企业分裂或者破产的情况出现，茅理翔煞费苦心，采用了极具中国传统特色的处理方式来解决这个问题，那就是向母亲下跪，从而达到期望的目的。

当时茅理翔的四弟下岗待业，要求进入慈溪无线电厂这个自家企业内担任干部。这使茅理翔左右为难，因为茅理翔想做到维护亲情但又不破坏企业管理制度。于是茅理翔向母亲跪下了，大概跪了 10 分钟，其目的就是陈述自己为什么不能让四弟出任慈溪无线电厂干部，希望得到母亲的谅解和支持。

茅理翔的理由是，"开始创业时，兄弟们往往很团结，但在企业做大以后，一般在做到 1 亿元之后，矛盾就会显现"。

茅理翔的观点是非常明确的，一旦让四弟担任慈溪无线电厂的干部，只要开这一个头，紧接着就会有更多的家族成员加入。茅理翔说："老大有老婆舅子，有舅子老婆，就会有一帮人；老二也会有老婆舅子、舅子老婆，七大姑八大姨的都在企业里面，家族矛盾与管理矛盾一旦搅和在一起，造成管理错位，加上利益、权力和发展思路的纷争，必然会出乱子。"

为了避免家族企业众多的乱象问题，茅理翔在创办慈溪无线电厂时就与妻子张招娣约法三章，大概内容是，茅理翔和妻子两方面的兄弟姐妹、亲戚可以在慈溪无线电厂上班，但是，绝对不能担任车间主任以上的领导岗位职务。而且，茅理翔把这一规定严格执行到如今。

当然，茅理翔的下跪还是有效果的，茅理翔的母亲同意了他的做法。但是考虑到亲情，茅理翔安排他的四弟在一个相对比较小的、与总部分开的办事处做了主任，随后又用一些其他的方式解决了两个大学毕业的侄子的就业问题。对此，中国社科院民营经济研究中心主任刘迎秋教授在接受媒体采访时谈道："这种下跪是传统的力量和制度的力量较量的过程，这个过程应该是一个非常艰难、痛苦的过程。"

众所周知，茅理翔的这一跪使方太从此得以完成从传统家族企业管理制度向现代企业管理制度的嬗变。

在方太，除了董事长和总经理由茅理翔和茅忠群父子担任外，其他中高层管理人员没有一个家族成员和亲戚，都是外聘的本科生、硕士生或者博士生，并且方太员工中 40% 来自外地。

1994 年，茅忠群从上海交大研究生毕业，本来想去美国读博士，被茅理翔劝回来，与茅理翔一起二次创业。然而，茅忠群在答应父亲任公司总经理时就提出条件，要成立新公司，不起用父亲原公司飞翔公司（1995 年，茅理翔组建宁波飞翔集团有限公司）的员工，而是重新搭建自己的管理团队，独立运作经理层。1996 年 1 月 18 日，茅忠群成立宁波方太厨具有限公司，并斥资 2000 万建立第一条吸油烟机生产线，年产 30 万台。

而今的方太已经成为中国厨房领域最著名的品牌，也逐步成为世界厨房文化的代言人，取得了卓越的成就。（见表 24-1）

表 24-1　方太取得的卓越成就

（1）	方太产品多次被评为国家免检产品、全国用户满意产品，在有"中国工业设计奥斯卡"之称的 CIDF 评选中，方太产品屡获设计大奖
（2）	方太还先后荣获 2002 年十大最有潜力商标、2003 年最具价值品牌，方太的"住宅厨房集成技术"项目被列为 2003 年建设部科技成果推广项目，引导并推动了中国第三次厨房革命的潮流
（3）	2004 年，方太入选《中国 500 最具价值品牌》排行榜，品牌价值达到 20.86 亿元人民币
（4）	方太厨房电器被评为豪华家庭首选品牌
（5）	2005 年中国厨卫发展论坛，方太获评为厨卫推荐类第一品牌和售后服务第一品牌
（6）	2005 年 6 月，"方太"被国家市场监督管理总局评定为"中国驰名商标"，继续引领行业风潮，进一步巩固了方太设计领先的厨房专家地位。2005 年 8 月 6 日，在北京人民大会堂召开的由世界品牌实验室和世界经理人周刊联合主办的世界品牌大会上，发布了 2005 年《中国 500 最具价值品牌》排行榜，"方太"品牌价值评估结果为 30.81 亿元人民币，排名第二百零六位。2005 年 9 月，方太荣获"中国名牌"称号
（7）	"方太"被评为"2008 中国消费者第一理想品牌"；品牌价值于 2008 年评估为 42.61 亿元人民币，连续 4 年蝉联中国 500 最具价值品牌行业第一，远远超过了行业其他品牌，稳居行业第一

尽管方太不管是在接班问题，还是在家族企业社会化改造方面都取得了成功，但是茅理翔自己致力于建立的是"现代家族企业管理模式"。

可能有读者会问，既然茅理翔积极推行去家族企业化，那么为什么还要选择自己的儿子茅忠群担任总经理呢?

茅理翔的理由主要体现在以下两个方面。(见表 24-2)

表 24-2　茅理翔选择儿子茅忠群担任总经理的两个理由

（1）	这种选择基于茅忠群上海交大硕士研究生的学历背景和突出的个人能力
（2）	出于对中国职业经理人队伍尚未形成和法律、信用体系尚未完善的客观原因

在"中国企业家管理论坛"上,尽管茅理翔畅谈了建立现代家族制的必要性,然而在很多场合下,茅理翔依然在强调家族制管理的积极意义。在对家族企业进行社会化改造时,茅理翔非常科学和客观地强调家族企业的社会化改造。茅理翔认为,当家族企业发展到一定阶段,即达到一定规模后,要想突破发展瓶颈,就必须要淡化家族制,从而把现代管理制度嫁接到传统的家族管理模式上,建立现代家族制管理模式。对此,茅理翔对家族制有三点看法。(见表 24-3)

表 24-3　茅理翔对家族制的三点看法

（1）在创业初期一定要依靠家族制	家族企业在创业初期一定要依靠家族制,在家族企业的创业阶段,往往是既没有足够的创业资金,又没有环境较好的生产厂房,工作技能较强的员工因为没有足够的薪水而不愿意加盟,只有家族成员才能与创始人共同奋斗。另外,家族成员的管理成本低,团队合作力量强,决策灵活,风险容易控制
（2）达到一定规模后,必须要淡化家族制	当家族企业发展到一定规模后,要想突破发展瓶颈,就必须要淡化家族制。这是因为家族制管理模式极易引起家族矛盾,清官难断家务事,结果往往造成父子、兄弟反目,夫妻离婚,而企业分崩离析

续表

（3）家族企业成员的融资优势就算在社会化后依然较强	不管是欧美发达国家，还是在东南亚，在家族企业管理中，要彻底否定家族制管理模式是不可能的。因为家族企业成员的融资优势比非家族企业成员要强烈得多，就算在社会化后，当家族企业遭遇危机时，成员往往愿意将家族的财产变卖后的资金注入家族企业

从表 24-3 可以看出，茅理翔得出的结论是，家族企业要想做强做大，就必须要建立现代家族企业制。

茅理翔解释说，在传统的家族制企业中，家族企业的控制实权往往都在七大姑八大姨那里，这些七大姑八大姨非常排斥工作技能较强的人才。在很多情况下，很多高级管理人才根本就不愿意进入家族企业，甚至还会出现高级管理人才引不进，引进了也留不住的情况。

这样的问题，家族企业创始人该怎么解决呢？茅理翔的解决方法就是，淡化家族制。在方太，董事长是茅理翔，总经理是茅理翔的儿子茅忠群，茅忠群下辖的所有中高层干部，全部是引进的硕士生、本科生。且明文规定，不准亲戚和家族成员任干部，这样，不但解决了七大姑八大姨控制家族企业管理岗位的问题，同时还能引进大量的高级管理人才。

既然家族企业到了一定规模，为什么要嫁接现代企业管理制度，又不完全否定当前中国家族企业的家族制呢？

茅理翔的解释是，目前，完全否定家族制不可能，主要是中国的职业经理人队伍还没形成，中国的法律还不健全，信用体系还不完善。因此，家族企业要基业长青和永续发展，最好的办法就是给家族企业嫁接现代企业管理制度，建立有效的现代企业制度和治理结构，把某些关键岗位让高级管理人才来担任，家族事务和企业经营活动区别开来，这样不但让家族企业的发展更有执行性，而且可以将所有权与管理权分开。

然而，对家族企业的研究中发现，非常多的家族企业创始人不愿意将更多的关键性岗位给高级管理人才担任，主要有几方面的担心（见表24-4），更不要说让创始人从董事长的宝座上退下来。

表24-4　创始人不愿意将关键性岗位给高级管理人才担任的原因

（1）	高级管理人才通常都有自己的一套管理方法，与家族企业原来的管理模式冲突较为激烈，这样会激发家族成员之间的矛盾
（2）	高级管理人才只做短期经营决策，即只为完成一张漂亮的财务报表而忽视家族企业长远的发展战略
（3）	高级管理人才有可能与创始人争夺家族企业控制权，使得家族企业的控制权落入他人之手
（4）	创始人的家族权威对高级管理人才没有任何意义，高级管理人才往往不服从家族企业创始人的管理，甚至制定的决策可能与家族企业创始人的意见相反
（5）	尽管家族企业管理能力相对较弱，但是毕竟家族企业是自家的，并不会损害家族企业的利益，高级管理人才可能为了自己的短期目标，以牺牲家族企业的利益为代价
（6）	由家族企业创始人管理企业，创始人往往就会有一种傲气和霸气，决策时更多的是一种独断专行，"企业是我的，我想怎么着就怎么着，你们谁也管不了"。高级管理人才的加入使得这样的平衡被打破，家族企业创始人的傲气和霸气就不复存在，可能更加失落

在表24-4中，虽然很多家族企业创始人口头上不这么说，但其所作所为、所思所想无不透露着表24-4中所述的种种担心，而且，家族企业创始人由于自己是老板，不再有任何人可以监督他，手下的管理人员大多数是自己的家族成员，职业经理人在请示工作、接受指令和与老板讨论事情的时候，不是完全用客观事实和理性原则作为指导，而更多的是一种服从权威的敬畏心态。

家族企业创始人希望下辖的管理人员特别是职业经理人能够服从自己，一些职业经理人为了不与老板的管理方式发生冲突，就可能放弃了坚持，这样就可能导致很多符合家族企业自身发展的战略决策付诸东流。家族企业老板在决策时，更多的是依据创始人自己多年的征战经验和对行业的了解，这样就可能将家族企业一步步带入危险的境地。

　　在这样的背景下，家族企业在社会化改造中，在绝对控制家族企业的前提下，应合理地将管理权与所有权适当地分开，相反，如果管理权和所有权合二为一，那么就会造成家族企业创始人拥有绝对的决策权，绝对的决策权除了产生高效率之外，还可能做出不适合家族企业发展的错误决策。无论决策者如何英明、睿智，只要缺乏对权力的监督，就必然产生决策失误。因此，在家族企业发展到一定规模的时候，家族企业在社会化改造中，绝对控制家族企业的前提下，嫁接现代企业管理制度就是一种可行的方法。

　　由此可见，给家族企业嫁接现代企业管理制度，主要是改变以前家族企业不规范的管理模式，因为在传统家族企业中，可以说，很多家族企业的制度简直就是形同虚设，因此，在坚持家族企业曾经的人性化管理的同时，必须对家族企业实现制度化管理。这就得进行社会化改造。

　　当家族成员的管理技能、运营水平不能全部满足家族企业的发展需求，当市场竞争局面已经从局部领先向系统超越竞争迈进时，家族企业的生存空间被进一步压缩，家族企业应该致力于像非家族企业一样将所有权和经营权分开，家族企业创始人在绝对拥有控制权的前提下渐渐地放权给职业经理人，将家族企业所有权与经营权适当分离。

淡化家族制度

家族企业社会化的改造运动中，当第一阶段的管理社会化完成后，随之而来的是家族企业社会化运动的第二阶段——所有权的社会化。

这个阶段的特征就是逐渐淡化家族制，渐渐地稀释家族企业的股权。对此，茅理翔在接受媒体采访时告诫家族企业创始人："民营企业在创业初期一定要依靠家族制；民营企业发展到一定规模，一定要淡化家族制。"

从茅理翔的告诫中我们不难看出，给家族企业嫁接现代企业制度，是逐渐淡化家族制，渐渐地稀释家族企业股权，同时也是逐渐改变家族企业所有权和经营权的一个有效举措。

当然，家族企业在采取逐渐淡化家族制时，渐渐地稀释家族企业股权的措施能加快家族企业顺利实施家族企业所有权的社会化，使家族企业持续、快速、稳健地发展，从而使得家族企业基业长青和永续经营成为可能。当然，一些地方的开明政府还积极扶持家族企业，推动家族企业社会化改革。下面就是政协殷都区委员会办公室发给一些家族企业的函：

按：

家族企业的发展是国民经济和社会发展的重要组成部分，家族企业的健康发展离不开一个好的机制，我国的家族企业大多是传统的家族管理模式。如何让家族企业走出家族家长式的管理模式？政协主席路尚廷结合我区家族企业发展的现状和特点，批示转载宁波方太集团董事长茅理翔在郑州中世商务首届"中国企业家管理论坛"上提出的《给家族企业嫁接现代制度》一文发给你们，希望政协委员中的家族企业家认真学习，深刻领会，不断提高各自的经营管理品位。

政协殷都区委员会办公室

2004 年 7 月 5 日

从这个函中可以看到，家族企业的社会化改造不仅得到家族成员和风险投资、私募股权投资，甚至还得到开明的地方政府的支持。

事实上，家族企业要做强做大，必须转变家族企业的管理办法，实行现代企业管理制度，只有这样家族企业才会更好地发展，在中国众多家族企业中，浙江传化集团是逐渐淡化家族制，渐渐地稀释家族企业股权的践行者。

"传化集团对我来说，不仅仅是一个创办的事业，而且是我的第二次生命，是我的价值所在。"徐冠巨说，对中国的大多数企业家而言，改革开放意味着改变了自己的人生，但对于他还意味着生命的重生。创办企业，不仅解决了他看病的费用问题，同时也让他找到了自己的人生价值。

在家族企业社会化改造的过程中，要想真正地实施家族企业社会化就必须打破传统的家族管理。毋庸置疑，要打破传统的家族企业管理模式就意味着改变。

社会化是众多家族企业都会遇到的难题，传化集团创始人徐传化也同样遇到了这一难题，但是徐传化在解决逐渐淡化家族制，渐渐地稀释家族企业股权这个问题时就颇具理性。

早在 1992 年，传化集团已达到一定规模，徐传化和儿子徐冠巨父子就开始着手实施家族企业改造的第一步——腾出位置，引进人才。

徐冠巨指出，虽然他们的思路清晰、战略决策能力很强。但他们这一代创业者的文化程度并不高，达不到专家型的管理。为与经营多元化、股权社会化相适应，传化集团很自然地步入了社会化的管理层面。

早在 1992 年，传化集团就开始从社会引进人才，到现在，传化集团已拥有教授、博士、硕士数十名，大中专以上毕业生几乎占企业员工的一半。传化的党委书记及企业其他高层领导，都是引进的人才。人才资源的社会化，必然带来企业管理的社会化。但是，徐传化和儿子徐冠巨并没有操之过急，简单地打碎家族化了事，而是积极稳妥地推进"后家族模式"。

对此，清华大学国情研究中心主任，清华大学公共管理学院教授、博士生导师胡鞍刚在接受媒体采访时谈道："现在大多数中国家族企业，并没有到完全抛弃家族经营的时候，现在，只要能意识到纯家族制有弊端并采取一定措施，就能将负面影响降到最小。"

徐冠巨显然也非常清楚这一点。徐冠巨在接受媒体采访时回忆说："中国很多中小家族企业往往脱胎于家族组织，在这样的家族企业中，完全否定或抛弃家族经营，都是失之偏颇的。解决问题的关键要看企业有多大的规模和处在哪一个发展阶段。当家族企业发展到一定规模和阶段时，要想突破家族企业的发展瓶颈，就必须形成一个开放的企业格局，更多和更有效地利用社会各种资源，包括融资和引进人才。"

从徐冠巨对传化集团的社会化过程中可以看到，家族企业的社会化进程需要一个漫长的过程，这个过程不是一句简单的口号。如果仅仅从表面来看，传化集团至少在形式上符合家族企业的特征。

在传化集团，当初徐冠巨与其兄徐观宝和父亲三人，组成了传化集团董事会。传化集团高层经理中，至少有 4 人属于徐家的家族成员。现在虽然有所改变，但依然是家族企业。在传化集团的高管团队中，只有徐冠巨和他的哥哥徐观宝分别担任董事长和副董事长，其他高管均非家族成员。徐冠巨的妻子、嫂子、妹妹虽然都在传化上班，但都是普通工作人员，徐冠巨的妹夫则是传化集团一个下属公司的总经理，也没有出任公司的高管。

为了改变这种状况，传化集团在股权集中的情况下，在决策上引入非家族、非资本的声音。传化集团的决策由董事会授权企业管理委员会做出，这是一个由公司高层和各产业公司总经理参与的集体决策机构，属于非家族化的高层管理委员会，以降低家族决策的风险。徐冠巨认为："资本结构单一才是家族化的标志。现在的民营企业，往往是股东、董事长、总经理三合一。传化引入现代的管理制度，就是要逐步改变这一局面。传化要做百年企业的话，领军人物的位置需要能者居之，不管他是下一代还是职业经理人。"

按照徐冠巨的设想，这个制度上的安排远远不够。徐冠巨在接受媒体采访时谈道："我认为徐家的股份在传化集团中占的比例越小，我的战功就越大。因为投资结构多元化以后，反对意见可能就会多，而这就容易使决策正确。我当然不会退出，只想引入其他社会资金，稀释股权。"

家族企业社会化是企业发展的趋势，不仅可以规范企业化的管理，还可以促进企业的快速发展。

传化集团为了加快社会化的步伐，推进所属企业资本社会化，使每个企业都和国内资本或国际资本结合。徐冠巨将精细化工产业中生产纺织助剂的龙头企业改组成股份公司，2002 年完成了上市辅导期。2004 年，传化股份在深交所中小板正式挂牌上市，总股本 8000 万股，募集资金约 1.98 亿元。上市成功后，也使徐冠巨的传化集团获得了更大的发展空间。

当传化集团上市后，徐冠巨实施了"引入社会资本，稀释股权"的战略布局，不仅引进两个大型投资项目，还涉及资本市场。（见表 24-5）

表 24-5　引入社会资本，稀释股权的五个战略步骤

（1）	2004 年，传化股份在深交所中小板正式挂牌上市，总股本 8000 万股，募集资金约 1.98 亿元
（2）	引进一个注册资本为 8600 万元的杭州传化大地生物技术有限公司，其中"杭钢股份"出资 3500 万元，是该集团在非钢产业最大的一笔投资
（3）	传化集团与日本最大的日用消费品企业之一——日本花王株式会社合资设立杭州传化花王有限公司，注册资本 2500 万美元，而后增资至 3837 万美元，传化占据控股地位。此前在投资高科技农业园时，他们就制定了传化为主、政府参与的投资原则，政府与传化的股权比例为 4：6
（4）	2005 年 8 月，徐冠巨再度出手，传化集团以每股 3.5453 元的价格，购入浙江另一家化工上市公司新安股份 6788.1 万股股权，传化集团也由此持有 29.77% 股份，成为第一大股东和实际控制人。此时，传化集团同时拥有了两家化工类上市公司，其化工集团的整体版图完成
（5）	按照徐冠巨的部署，接下去让企业员工持股，借助更多的外部力量和内部力量来关心这个企业

　　传化集团从 1986 年创业至今，用徐冠巨的话说是"一步一个脚印，没有走捷径"。然而，在传化集团社会化的过程中，逐步淡化家族制，渐渐稀释家族企业股权的经验还是值得中国家族企业创始人参考和借鉴的。不过，选择什么样的路径来进行社会化改造必须依据家族企业自身的情况，绝对不能照葫芦画瓢。

　　对于"淡化家族制，渐渐地稀释家族企业股权"的做法，茅理翔在接受媒体采访时就谈过："河南的家族企业不少也是家族投资、家族经营的，但大部分企业已把自己的股权稀释出去，变成股份公司。因此，纯家族企业不如浙江的多。从长远来看，家族企业稀释股权应该是一个方向。当然，不是无限稀释，如果你不是世界五百强企业，就不要相对控股，而要保持 51% 的绝对控股权。"

　　家族企业为什么要稀释股权呢？茅理翔是这样回答的："这就要说到企

业的薪酬机制，职业经理人往往不满足于固定的工资或资金，而有分得股权的要求。不稀释股权就不易激发他们的工作热情并留住他们，防止因他们跳槽而给企业带来损失。给他们股权，等于给其戴上了金手铐。"对自己从实践中得来的家族管理论，茅理翔加了一句注语："管理是解不开的结，解完了一个，又要解下一个。作为企业家，要不断地充电和提升自己，才能把企业带向更高更好的未来。"

在茅理翔看来，去家族化是李书福一个不得不做的选择题。2002 年 8 月，一个响雷一般的新闻震动了浙江的商界——时任中国第一家民营汽车"巨无霸"企业吉利集团董事局局长兼总裁、首席执行官李书福开始了这个家族企业的社会化改造运动，而且声势非常浩大。

李书福在家族企业社会化改造中勇敢地向前迈进了一大步。李书福请来两位"空降兵"，取代他首席执行官的位置。这两位"空降兵"，一是吉利集团 CEO 徐刚，时年 41 岁，博士，原黄岩财政局副局长，1995 年调入浙江省财政厅工作，2000 年被任命为浙江省财政厅党组成员、省地税局总会计师；二是吉利汽车 CEO 柏杨，女，时年 33 岁，硕士，哈尔滨工业大学机械制造系毕业的学生。

从 2002 年 8 月起，这家家族企业的创始人李书福只担任吉利集团董事长。李书福为什么在百万军中专选此二人为"将"呢？

其实，李书福的这一做法是比较合理的。多年前，吉利集团这个家族企业已经达到一定的规模，要想使吉利集团"更上一层楼"，去家族化就是一个不得不做的措施。

对此，李书福在接受《台州商报》采访时谈道："现在世界上所有的大公司，比如说奔驰、宝马，哪一个不是用有财务背景的人做高层管理？我想我也应该这样做。徐刚是上海财经大学的硕士，现在是在读博士，浙江一年800多亿元的税收是经他的手收上来的，他是浙江省税务局的总会计师，对各企业的运行状况非常了解，在我的眼睛里他不是一般的行政干部。选用柏杨，主要是因为她的经历和专业比较合适吉利的发展。从技术背景看，她硕士学历，曾参与并主持沈阳金杯客车制造公司10年规划改造计划的项目，并参与了华晨金杯项目的具体操作及中华轿车项目的前期工作，后进入一家美资的零部件制造企业，担任常务副总，主要负责企业重组、改造及管理培训方面的工作，其间接受了多次现代化管理培训的课程，如CEO等。在任职期间，她成功地对该企业进行了ERP项目的实施，导入了很多管理模式，使得企业从一家全面内销的企业成为一家全出口型的企业。我之所以选此二人为中军大将，主要是因为两点：一是人才互补；二是吉利绝不再搞家族企业，而是唯才是用。一方水土养八方人。"

李书福的去家族化使吉利集团高速发展，跃入世界汽车企业俱乐部行列，2010年3月28日21点，在瑞典的斯德哥尔摩，吉利汽车以18亿美元的价格收购瑞典汽车企业沃尔沃100%的股权。

李书福的去家族化给中国家族企业做了一个很好的表率。在浙江，正泰社会化是通过从"家族企业"到"企业家族"完成的。

1991年11月，获得第一桶金的南存辉，在向美国的妻兄黄李益借款15万美元后，创建中美合资温州正泰电器有限公司。

在当时，正泰公司是一家非常典型的家族企业，在正泰的股份结构中，南存辉的持股比例为60%，南存辉弟弟南存飞、外甥朱信敏、妹夫吴炳池，以及远亲林黎明成为正泰公司股东，持股比例为40%。黄李益出资的15万美元是借款，不持有股份。

蓬勃发展的市场需求，催生了正泰公司的快速扩张。凭借自身的强化质量管理，力争精益求精的品控，正泰电器能够获得高速发展。

20世纪90年代初期，柳市生产的很多电器质量不合格，甚至是假冒伪劣产品，严重危害市场。由此"国家六部委"派出工作组对柳市生产的电器进行调查和整顿。在此轮整顿中，柳市电器行业洗牌，诸多电器企业倒下，能够存活的企业不到20%。

在此轮风潮中，凭借自身的质量管理优势，正泰电器得到政府的支持，在同行遭受严重打击的情况下脱颖而出。

在行业洗牌的背景下，位于柳市的许多电器生产企业与正泰电器达成战略合作，由这些电器生产企业给正泰电器贴牌生产，作为回报，正泰收取相关贴牌企业1%的品牌费和少许管理费。变通的做法，让遭受重创的柳市电器生产企业迎来了一次生机。正泰电器由此迎来了自己的规模化发展，1994年初，给正泰电器贴牌生产的企业达38家。

随后，此种合作范式的弊端也渐渐地显现。正泰集团新闻发言人廖毅说道："这种贴牌生产的合作方式是极为松散的，很多加盟企业都有独立的法人资格，由于法人多，难管理，很快就出现'集而不团'的现象……这种合作是以品牌为纽带而非资金，管理也很不到位，一些加盟企业的其他与正泰无关的产品也开始打正泰的品牌，造成品牌管理的混乱。"

针对正泰所面临的问题，南存辉再次进行社会化产权变革。1994年开始，南存辉对38家贴牌生产的企业进行股权改造。廖毅介绍说："这次改造中，有独立法人资格的企业取消法人资格，健全了股东大会、监事会和董事会，并且实行了所有权和经营权的分离，加强了对分公司的控制力，使集团成为真正的集团。"

具体的做法是，南存辉以正泰电器的公司股份，控股、参股或者投资其他企业，以正泰品牌为纽带，以股权为手段，由此完成 38 家企业的兼并联合。

在这样的背景下，南存辉进行系列的整合。1994 年 2 月，在南存辉的主导下，温州正泰集团创建，股东 40 名。在此轮社会化中，南存辉持股下降到 40% 左右。虽然股份下降了，但是南存辉整合了松散的社会资源，净资产规模从 400 万元左右飙升至 5000 万元，规模提升了 12.5 倍，南存辉的个人财富在短短 3 年间也增长近 20 倍。

1997 年 8 月 5 日，浙江正泰电器股份有限公司成立。经过几年整合，正泰迎来了高速发展。1998 年，低压电器、输配电设备、仪器仪表等成为正泰集团的支柱产业，正泰集团的资产规模达 8 亿元。[①]

正当业界认为南存辉的社会化已经结束时，南存辉却宣称，正泰仍要继续进行社会化变革。为实现承诺，南存辉开始了正泰的第三次社会化的股权变革。相比前两次股权变革，第三次股权变革的步子更大。

正泰集团组建后，其规模已经达到了前所未有的边界，但是正泰集团的核心权力仍然集中在南氏家族手中。之前的迅速扩张，让很多问题渐渐地浮出水面——管理混乱、人才流失。

对此，南存辉再次对正泰电器进行变革。1998 年，南存辉在正泰集团的核心企业——正泰电器股份公司逐渐推行股权配送制度，即"要素入股"——管理入股、技术入股、经营入股，由此吸收了几十名"知本"型股东，核心股东人数达到 118 位，包括原始投资者、子公司所有者转换来的股东以及加

---

① 张衍阁，彭水明. 正泰集团：家族股权稀释的中国样本［J］. 法人，2004（10）：53—55.

272

盟正泰的部分科技人员、管理人员和营销人员等二级股东。①

在系列的变革中，南存辉又分离了所有权和经营权，裁汰了很多重叠机构，健全了"三会"。在此次变革中，南存辉的动作如下。第一，稀释股份。南存辉的持股比例下滑到20%。第二，去家族成员化。在去家族成员化后，正泰的最高决策层中，南氏家族成员的比例下降到三分之一以下，在118位核心股东中，南氏家族成员占比20%左右。

对于此次社会化变革，廖毅分析说道："正泰在这次股权改革中按对正泰的贡献大小合理掌握了级差，没有进行平均分配，避免了内讧。"

在社会化的变革中，南存辉不断地稀释家族所有的企业股权。2010年1月21日，正泰电器在上海证券交易所挂牌上市，成为国内首家以低压电器为主营业务的A股上市公司。

对于正泰电器上市，南存辉曾经介绍道："企业发展到一定程度，上市是继续经营的必经之路，上市对于正泰来讲意义不仅在于融资，更在于以上市的要求规范经营行为，提升管理能力。"

正泰集团发展到今天，已经成为中国民营企业的一面旗帜，这离不开南存辉的社会化变革。正泰集团的业务遍及140多个国家和地区，全球员工超3万名，年营业收入超800亿元，连续18年上榜中国企业500强。2020年9月10日，2020中国民营企业500强榜单发布，正泰集团名列第83位。2020年9月16日，正泰集团入选由中国机械工业联合会、中国汽车工业协会主办的第十六届中国机械工业百强名单，排名第十。

---

① 张衍阁，彭水明.正泰集团：家族股权稀释的中国样本［J］.法人，2004（10）：53—55.

参考文献

［1］陈安丽.清末新政时期的实业政策与措施［J］.内蒙古师范大学学报（哲学社会科学版），1999（5）：96—102.

［2］陈学文.诚信是明清时期龙游商帮的经商之本［J］.浙江方志，2002（3）：27—28.

［3］陈俊.草根浙商赢天下［M］.北京：中国经济出版社，2009.

［4］崔砺金.浙江企业家独特现象：九成浙商为何"草根"生［N］.经济日报，2003年9月4日.

［5］崔砺金.裂变——60位浙商镜像［M］.杭州：浙江大学出版社，2009.

［6］崔砺金.草根浙商［N］.人民日报，2003年7月25日.

［7］崔宇，朱玉龙.西柳浙商的小生意［N］.鞍山日报，2005年5月18日.

［8］曹国旗.新浙商［M］.北京：新华出版社，2006.

［9］陈海忠，杨一琼.浙商文化教程［M］.杭州：浙江工商大学出版社，2010.

［10］［德］霍克海默，阿多诺.启蒙辩证法［M］.重庆：重庆出版社，1990.

［11］范俊.苏商、浙商，何时成"长三角商"［N］.国际金融报，2004.

［12］房君秋.浙商的精神气质［J］.党政论坛，2005（6）：40—41.

［13］费孝通.乡土中国生育制度［M］.北京：北京大学出版社，1998.

［14］费驰.清代东北商埠与社会变迁研究［D］.长春：东北师范大学，2007.

［15］公梓.寒风中，让我们为浙商鼓劲［J］.今日浙江，2008（22）：7.

［16］高波.浙商与粤商成长经验的研究［M］.北京：人民出版社，2011.

［17］高尚.哪种创业者成功概率高［N］.深圳商报.2005年7月15日.

［18］胡作华,商意盈.解读浙江经济的创新"密码"［J］.瞭望,2017（26）:11—6.

［19］胡丹.2012浙江商会发展报告出炉 4500家浙江商会闯全国［N］.浙江日报,2012年9月17日.

［20］胡世文.有市场的地方就有瑞安人［N］.瑞安日报,2012年11月6日.

［21］韩彪.浙商理财的22条军规.［M］.北京:中国三峡出版社,2009.

［22］黄曙林,张环清,钟昊等."2006浙商大会"在杭州举行［J］.新闻实践,2006（6）:1—1.

［23］黄云灵.民企500强浙江企业数量占比下降规模提升［N］.浙商邮报,2012年11月8日.

［24］黄还春.温州产业转型"风光"无限［N］.温州日报,2008年10月17日.

［25］何玲玲,李亚彪.全国各地浙商约600万人"省外浙江"正崛起［N］.浙江日报,2011年2月21日.

［26］何玲玲,李亚彪.六百万浙江人省外投资超三万亿［J］.经贸实践,2011（4）:55.

［27］聿日.民企翘楚杭州喜相"会"康奈作为全省唯一鞋企参会［J］.商品与质量,2004（44）:23—24.

［28］姜琳琳.30年,温州商人这样成长［N］.北京商报,2008年12月2日.

［29］贾春峰.文化力［M］.北京:人民出版社,1996.

［30］建中,尔豪.浙商:最早苏醒的力量［N］.金融时报,2005年1月22日.

［31］姜雄.《温州一家人》传递浙商"正能量"［N］.杭州日报,2012年11月12日.

［32］匡文波.网络传播学概论（第2版）［M］.北京:高等教育出版社,2004.

［33］李建华.当代浙商发展［M］.杭州:浙江大学出版社.2011.

［34］李建华,韩玲梅.浙商发展报告1978—2008［M］.杭州:浙江工商大学出版社.2009.

［35］李卫斌.简析现代浙商成功之道:抱团作战诚信为本［N］.中国产经新闻,

2010年7月29日.

［36］李文勇.生意经（中国卷）：中国十大商帮的经商智慧［M］.青岛：青岛出版社，2009.

［37］李峰.创业者需要具备的基因：知人之智与冒险精神［J］.中欧商业评论，2011（12）：15—16.

［38］李娅，祝迅.浙商会区域总部或落户新都商会经济助力现代商贸发展［N］.成都商报，2010年10月28日.

［39］李苾罡.百万浙商再造两个"新浙江"［N］.杭州日报，2009.

［40］刘明娟，施春华.浙江商人内部资金拆借调查［N］.鄞州日报，2004年3月26日.

［41］鲁宁.浙商为什么总能快人一步抢商机？［N］.中国青年报，2004年8月31日.

［42］吕福新.浙商崛起与危机应对［M］.杭州：浙江工商大学出版社.2010.

［43］吕福新.浙商创新：从模仿到自主［M］.北京：中国发展出版社.2008.

［44］吕铁贞.清末商人法律地位浅析［J］.河南省政法管理干部学院学报，2002（5）：105—111.

［45］［美］约翰·费斯克.关键概念：传播与文化研究辞典（第二版）［M］.北京：新华出版社，2004.

［46］罗卫东.温州民间企业成长的路径分析［J］.温州论坛，2001（1）：5—10.

［47］林立.踏踏实实致富傅白水解析浙商"精气神"［N］.江苏商报，2006年4月18日.

［48］郎国华.浙江商人为什么厉害？中国人气最旺财富群体透视［N］.南方日报，2003年6月24日.

［49］欧阳逸飞.中国商道［M］.北京：中国华侨出版社，2011.

［50］潘绍斌，普琼，李春福.做小生意占大市场的浙商［N］.玉溪日报，2007年5月23日.

［51］潘绍斌，普琼.浙商凭什么走向成功［N］.玉溪日报，2007年5月23日.

［52］庞清辉，田春艳.浙资：固守还是突围？［J］.中国新闻周刊，2010（6）：30—33.

［53］钱鑫，郭亦涵.瞄准市场空当浙江商人紧急调入万只铁锅来沪［N］.新闻晨报，2004年7月16日.

［54］任旭强，张淑玲，王新亭，等.从浙商视角看鲁商找差距［N］.经济导报，2006年3月24日.

［55］任旭强.经济导报：鲁商缺什么？［N］.经济导报，2006年3月24日.

［56］王永昌.浙商的四大文化品质［J］.浙商，2010（15）：22—24.

［57］隋晓明.话里话外话浙商［M］.北京：金城出版社，2011.

［58］孙小林.浙商“过冬术”：“抄底机会到了”［N］.21世纪经济报道，2008.

［59］宋斐，梁昊，何佳艳等.同样的浙商不同的电子政务［J］.互联网周刊，2002（15）：28—36.

［60］孙善根.金融翘楚宋汉章（浙商名人研究丛书）［M］.北京：中国社会科学出版社，2011.

［61］孙良珠.温州人：赚大钱成大事的16条商规［M］.武汉：华中科技大学出版社，2010.

［62］沈锡权，何玲玲.“草根”里崛起的民族复兴实践者：记省政协委员、飞跃集团董事长邱继宝［N］.新华社，2003年1月20日.

［63］施宇翔.浙商的“祖宗”在哪里？商帮文化教导企业诚信经商［N］.杭州日报，2010年10月31日.

［64］陶魏斌.快人一步找到投资点浙商先知先觉玩起新能源［N］.每日商报，2007年12月3日.

［65］陶水木.浙商与中国近代工业化［M］.北京：中国社会科学出版社，2009.

［66］陶魏斌.浙商先知先觉　玩起新能源［N］.每日商报，2007年12月3日.

［67］谭古.浙商创业精神解读［J］.科技创业，2007（1）：30.

［68］王合银.民间资本成就浙商帮［J］.中国信息化，2008（5）：46—47.

［69］王伟.不一样的账本［J］.商界：城乡致富，2010（2）：69.

［70］王永昌.浙商的四大文化品质［J］.浙商，2010（8）：22—24.

［71］王文正.大商人：人文浙商的10张面孔［M］.杭州：浙江人民出版社，2011.

［72］王文正.周晓光：仁者雍容［J］.浙商，2007（12）:76—79.

［73］王瀛波.马云：让诚信的人先富起来［N］.浙江日报，2006年2月20日.

［74］闻欣颖.以小博天下：浙商为什么成为最会赚钱的商帮［M］.武汉：华中科技大学出版社，2012.

［75］吴向鹏.文化、企业家精神与经济增长：浙商成长的经验研究［M］.杭州：浙江大学出版社，2011.

［76］吴晓波，杜健.浙商全球化：网络与创新［M］.杭州：浙江大学出版社，2011.

［77］吴思，朱斯佳."可怕"的浙商［M］.北京：现代出版社，2012.

［78］吴刚.学浙商当老板郭向东：既要敢想又要敢干［N］.重庆日报，2012年10月9日.

［79］文娜，郭占恒.为"浙里"民营经济营造更好发展环境［N］.中国经济导报，2023年2月9日.

［80］汪岩桥，吴伟强.浙商之魂（浙商文化研究丛书）［M］.北京：中国社会科学出版社，2009.

［81］雪岩.浙商赢家的22个秘诀［M］.北京：中国经济出版社，2009.

［82］徐建飞.浙商开拓国际市场成功因素与启示［J］.决策咨询，2011（4）：18—23.

［83］徐志频.抱团精神是双刃剑浙商的歧途与危机［J］.法人，2011（6）：82—84.

［84］徐王婴.浙商，不到传承之时？［N］.上海证券报，2006年6月11日.

［85］项国鹏，等."浙商"实证［M］.杭州：浙江大学出版社，2009.

［86］夏芬娟.小产品如何做出大市场［N］.今日早报，2006年6月5日.

［87］杨轶清．浙商制造［M］．杭州：浙江人民出版社，2003．

［88］杨轶清．浙商破茧：从追随市场到创造市场［J］．中国经济周刊，2006（15）：24—25．

［89］杨轶清．浙商为何"踩刹车"？［J］．南风窗，2009（25）10．

［90］杨珍．读EMBA：浙商粤商"冰火两重天"［J］．世界经理人，2008（12）：18—19．

［91］杨宏建．浙商是怎样炼成的［M］．北京：北京工业大学出版社，2006．

［92］尹铁．浙商与近代浙江社会变迁（浙商文化研究丛书）［M］．北京：中国社会科学出版社，2010．

［93］易开刚．浙商伦理转型研究（浙商文化研究丛书）［M］．北京：中国社会科学出版社，2009．

［94］殷洪军．浙商研究会执行会长王曙光：浙商靠什么角逐世界［N］．威海日报，2008年6月21日．

［95］应华根，袁晓琴．浙商：脚底下走出的生意经［N］．中华工商时报，2007年5月28日．

［96］尹海涛，游晓鹏．中国民营经济30年：温州，中国民营经济的拐点［N］．郑州晚报，2005年9月20日．

［97］［英］塞缪尔·斯迈尔斯．节俭的力量［M］．北京：北京邮电大学出版社，2009．

［98］朱玉龙，崔宇．西柳浙商的小生意［N］．鞍山日报，2005年5月18日．

［99］朱国栋．徐冠巨新传：再造传化物流帝国［N］．上海证券报，2007年10月16日．

［100］张妍婷，朱平，方政，等．各地商会会长眼里的浙商［N］．钱江晚报，2004年11月5日．

［101］张邦松．浙商3.0［J］．新世纪周刊，2007（25）：88—90．

［102］张苗荧．哈杉鞋业：以小搏大走向世界［N］．温州都市报，2008年10月

28 日.

[103] 张妍婷, 钟慧丽, 秦荣. 海外"淘金"不容易浙江商人"摸着石头"走出去 [N]. 钱江晚报, 2006 年 4 月 11 日.

[104] 张驰. 浙商王坚强: 一位民间金融实践者的冒险之旅 [J]. 法人, 2005 (7).

[105] 张红梅, 王妍莉, 周雨. 人人想当老板18万"重庆浙商"写下财富神话[N]. 重庆日报, 2006 年 12 月 21 日.

[106] 张云强, 卞思杰. 探访济南浙商系列报道之三 [N]. 济南日报, 2005 年 6 月 25 日.

[107] 张刚. 不倒翁鲁冠球 [J]. 英才, 2008 (4): 38—38.

[108] 张利东. 让全世界都跑着吉利车 [N]. 京华时报, 2005 年 7 月 4 日.

[109] 祝瑶, 龚曦. "成本上涨"浙商解决之道 [N]. 今日早报, 2010 年 12 月 14 日.

[110] 浙江上市公司数量增加至全国第二位 [N]. 钱江晚报, 2012 年 1 月 6 日.

后　记

对于浙江商人的创富精神，用什么样的褒奖之词来形容浙江商人这一特殊的企业群落应该都不为过。在撰写本书时，笔者带着深深的崇敬之心。这主要源于20多年前，我在我的家乡第一次见到的浙江商人。在当时，我跟很多人一样，认为浙江商人跑到穷乡僻壤来创业，无疑是自讨苦吃。然而，在我研究家族企业近20年后，当我再次见到那个浙江商人时（我们当地称为浙江老板），该浙江商人已经成为一位企业家了。

笔者经常给一些企业做内训，经常听到有人抱怨：我们公司的项目太难做了；我们都是在夕阳产业里打转；要是给我1000万元，我就有了创业的资本……其实，当我们抱怨时，我们就错过了创业的时机。

20世纪70年代，浙江女青年周晓光就拿着从邻居那里借来的几十元创业资金闯东北了。浙江商人罗云，16岁就开始闯荡武汉，随身只携带了100多元创业资金。其实，像周晓光和罗云这样的浙江商人不胜枚举。而今那些勇于闯荡的浙江商人已经功成名就，我们很多人却在抱怨和叹气中蹉跎了岁月。

是我们不够聪明吗？是我们缺乏智慧吗？是我们缺乏资金吗？答案都不是。反观浙江商人的创业历史，不难发现，我们缺乏的不是启动资金，不是智慧，而是敢于创业的勇气和追求财富的冒险精神。

可能很多读者不认可笔者的观点，认为自己就是缺乏资金，缺乏项目。那么，请想一想，这些方面周晓光缺不缺乏，罗云缺不缺乏。因此，我们向浙江商人学习创业，不仅需要学习浙江商人的管理经验，更重要的是要学习浙江商人敢想敢干的创业精神。只有勇于踏出创业的第一步，创造财富才会成为可能。

在撰写本书的过程中，笔者参阅了相关资料，凡属专门引述的，尽可能地注明了出处，其他情况则在书后附注的"参考文献"中列出，并在此向有关文献的作者表示衷心的谢意！如有疏漏之处，还望原谅。

本书在出版过程中得到了许多业内人士以及出版社工作人员的大力支持和热心帮助，在此表示衷心的谢意。

由于时间仓促，书中纰漏难免，欢迎读者批评斧正。

周锡冰

2023 年 3 月 28 日于财富书坊